本书的出版得到北京外国语大学"双一流"建设重大标志性项目经费资助

"十三五"国家重点出版物出版规划项目

翻译学
核心话题系列丛书
Key Topics in
Translation Studies

■ 理论翻译研究
Theoretical Translation
Studies

外语学科核心话题
前沿研究文库

国外翻译理论发展研究

On the Development of Translation Theories Abroad

王东风　编著

外语教学与研究出版社
FOREIGN LANGUAGE TEACHING AND RESEARCH PRESS
北京 BEIJING

图书在版编目（CIP）数据

国外翻译理论发展研究 / 王东风编著 . -- 北京：外语教学与研究出版社，2020.12（2024.1 重印）
（外语学科核心话题前沿研究文库 . 翻译学核心话题系列丛书 . 理论翻译研究）
ISBN 978-7-5213-2314-6

Ⅰ. ①国… Ⅱ. ①王… Ⅲ. ①翻译理论－研究 Ⅳ. ①H059

中国版本图书馆 CIP 数据核字（2021）第 005425 号

出 版 人　王　芳
选题策划　常小玲　李会钦　段长城
项目负责　董一书
责任编辑　段长城
责任校对　董一书
装帧设计　杨林青工作室
出版发行　外语教学与研究出版社
社　　址　北京市西三环北路 19 号（100089）
网　　址　https://www.fltrp.com
印　　刷　北京九州迅驰传媒文化有限公司
开　　本　650×980　1/16
印　　张　21
版　　次　2021 年 4 月第 1 版 2024 年 1 月第 5 次印刷
书　　号　ISBN 978-7-5213-2314-6
定　　价　85.90 元

如有图书采购需求，图书内容或印刷装订等问题，侵权、盗版书籍等线索，请拨打以下电话或关注官方服务号：
客服电话：400 898 7008
官方服务号：微信搜索并关注公众号"外研社官方服务号"
外研社购书网址：https://fltrp.tmall.com

物料号：323140001

出版前言

随着中国特色社会主义进入新时代，国家对外开放、信息技术发展、语言产业繁荣与教育领域改革等对我国外语教育发展和外语学科建设产生了深远影响，也有力推动了我国外语学术出版事业的发展。为梳理学科发展脉络，展现前沿研究成果，外语教学与研究出版社汇聚国内外语学界各相关领域专家学者，精心策划了"外语学科核心话题前沿研究文库"（下文简称"文库"）。

"文库"精选语言学、应用语言学、翻译学、外国文学研究和跨文化研究五大方向共25个重要领域100余个核心话题，按一个话题一本书撰写。每本书深入探讨该话题在国内外的研究脉络、研究方法和前沿成果，精选经典研究及原创研究案例，并对未来研究趋势进行展望。"文库"在整体上具有学术性、体系性、前沿性与引领性，力求做到点面结合、经典与创新结合、国外与国内结合，既有全面的宏观视野，又有深入、细致的分析。

"文库"项目邀请国内外语学科各方向的众多专家学者担任总主编、子系列主编和作者，经三年协力组织与精心写作，自2018年底陆续推出。"文库"已获批"十三五"国家重点出版物出版规划项目，作为一个开放性大型书系，将在未来数年内持续出版。我们计划对这套书目进行不定期修订，使之成为外语学科的经典著作。

我们希望"文库"能够为外语学科及其他相关学科的研究生、教师及研究者提供有益参考，帮助读者清晰、全面地了解各核心话题的发展脉络，并有望开展更深入的研究。期待"文库"为我国外语学科研究的创新发展与成果传播作出更多积极贡献。

外语教学与研究出版社
2018年11月

"外语学科核心话题前沿研究文库"学术委员会

主　任：孙有中　王文斌　王克非　文秋芳　张　剑
委　员：蔡金亭　陈　红　刁克利　董燕萍　高一虹　韩宝成
　　　　黄立波　蒋　严　马秋武　秦洪武　司富珍　谭惠娟
　　　　王东风　王立非　徐　浩　许家金　许　钧　杨金才
　　　　袁毓林　张　辉　张　威　朱　磊

"翻译学核心话题系列丛书"编委会

总主编：王克非

"理论翻译研究系列"主编：王东风
"应用翻译研究系列"主编：王克非
"翻译文化研究系列"主编：许　钧
"语料库翻译研究系列"主编：秦洪武　黄立波
"口译研究系列"主编：张　威

目录

总序 ··· 王克非　xi
前言 ··· 王东风　xvi

第一章　翻译研究的肇始期：经验的沉淀　　　　　　　　　　1

　　1.1　黄金时代前期：西方翻译思想之发端·····························3
　　　　1.1.1　青年西塞罗：翻译与演说家的成长·····················4
　　　　1.1.2　精英西塞罗：翻译与文化征服·························6
　　　　1.1.3　演说家西塞罗：翻译与自我捍卫·······················7
　　1.2　黄金时代后期：诗歌翻译之要义··································10
　　　　1.2.1　翻译与模仿···11
　　　　1.2.2　文学翻译的功能··12
　　　　1.2.3　诗歌翻译的策略··13
　　1.3　白银时代：实用主义翻译思想···································14
　　　　1.3.1　昆体良：翻译与修辞教学·····························14
　　　　1.3.2　小普林尼：翻译与素质培养·························16
　　1.4　教父时代：翻译与宗教··18
　　　　1.4.1　哲罗姆的务实翻译观：寻根溯源，形意结合······18
　　　　1.4.2　奥古斯丁的神学翻译观：阐释与翻译················21
　　1.5　结语···23

第二章　翻译研究的启蒙期：法则的建构　　　　　　　　　　25

　　2.1　14世纪民族语言的兴起与翻译································27

2.2	15—16世纪新教的崛起与翻译	32
2.3	17—18世纪欧洲翻译理论的形成	41
2.4	19世纪英伦译诗观的延续	55
2.5	结语	59

第三章　翻译研究的成型期：哲思的凝聚　　60

3.1	赫尔德论翻译方法：宽松还是适应	62
3.2	歌德：翻译建构了世界文学	63
3.3	A. W. 施莱格尔：翻译是不完美的近似	67
3.4	洪堡：语言学意识的介入	70
3.5	施莱尔马赫：现代阐释学翻译理论的形成	71
3.6	本雅明：传统翻译思想的解构	75
	3.6.1 解构读者取向的文学翻译传统	77
	3.6.2 解构意义取向的文学翻译传统	78
	3.6.3 可译性的意涵	81
	3.6.4 译者的任务	83
	3.6.5 译学影响	88
3.7	结语	89

第四章　翻译研究的成熟期：语言的转向　　91

4.1	翻译与等值	91
	4.1.1 20世纪60年代语言学视角的等值观	92
	4.1.2 20世纪七八十年代功能主义的等值观	96
	4.1.3 20世纪八九十年代至今社会文化视角的等值观	99
4.2	翻译与语境	101

4.2.1 卡特福德论语境与翻译 …… 102
4.2.2 哈蒂姆和梅森论语境与翻译 …… 104
4.2.3 奈达论语境与翻译 …… 108
4.2.4 格特论语境与翻译 …… 110
4.3 翻译与意义 …… 112
4.3.1 奈达论翻译与意义 …… 114
4.3.2 卡特福德论翻译与意义 …… 116
4.3.3 纽马克论翻译与意义 …… 116
4.3.4 拉森论翻译与意义 …… 117
4.4 翻译与交际 …… 119
4.4.1 奈达论翻译与交际 …… 119
4.4.2 纽马克论交际翻译 …… 122
4.4.3 其他有关译者交际能力的研究 …… 123
4.4.4 德国功能学派论交际目的 …… 124
4.4.5 跨文化交际 …… 126
4.5 翻译与功能 …… 128
4.5.1 语言学视角下的翻译与功能研究 …… 128
4.5.2 德国功能学派的翻译理论 …… 130
4.6 多模态翻译研究 …… 136
4.6.1 多模态研究的不同途径 …… 137
4.6.2 多模态翻译研究的现状与发展趋势 …… 140
4.7 结语 …… 144

第五章 翻译研究的繁荣期：文化的反思   148

5.1 多元系统理论 …… 150
5.2 操纵学派与文化转向 …… 158

5.3 翻译与政治 ································· 165
5.4 翻译与解构 ································· 175
   5.4.1 福柯对主体的解构及其对话语秩序的思考 ······· 176
   5.4.2 德里达翻译思想中的解构主义特质 ············ 180
5.5 翻译与社会 ································· 186
   5.5.1 布迪厄的社会学理论与翻译研究 ·············· 187
   5.5.2 行动者网络理论、社会系统理论与翻译研究 ···· 192
   5.5.3 西方翻译社会学研究的发展趋势与展望 ········ 195
5.6 翻译史研究 ································· 196
   5.6.1 西方翻译史研究的缘起与发展 ················ 197
   5.6.2 西方翻译史研究的范畴和领域 ················ 200
   5.6.3 西方翻译史研究的范式和方法 ················ 202
5.7 翻译与形象 ································· 205
   5.7.1 形象学与翻译学的历史渊源 ·················· 206
   5.7.2 翻译中的他者形象 ·························· 209
   5.7.3 翻译与自我形象 ···························· 211
5.8 结语 ······································· 213

第六章 翻译研究的未来：疆域的拓展　　　　　　　　　215

6.1 翻译的产业化和专业化 ······················· 215
   6.1.1 翻译市场描写研究 ·························· 216
   6.1.2 翻译的专业社会学研究 ······················ 217
   6.1.3 翻译专业社会学研究的反思 ·················· 220
   6.1.4 翻译的产业经济学和项目管理 ················ 223
   6.1.5 去专业化的忧虑与挑战：互联网时代非职业翻译
        的兴起 ···································· 224

    6.2 语料库翻译研究 228
        6.2.1 用于翻译研究的语料库类型 228
        6.2.2 语料库翻译研究概览 231
        6.2.3 发展与创新 237
        6.2.4 反思与展望 238
    6.3 本地化与全球化 239
        6.3.1 本地化产业及相关概念 240
        6.3.2 本地化与传统翻译活动的异同 247
    6.4 翻译与认知 251
        6.4.1 聚焦口译的发轫期 252
        6.4.2 渐具规模的发展期 254
        6.4.3 不断拓展的兴盛期 255
        6.4.4 挑战与应对方法 259
    6.5 翻译与技术 261
        6.5.1 翻译技术的独立发展历程 262
        6.5.2 翻译技术的融合发展历程 265
        6.5.3 翻译与技术的互为关系 265
    6.6 结语 266

参考文献 268
推荐文献 305
索引 307

总序

翻译是沟通不同语言文化的中介和桥梁；翻译也是不同语言容器里文化内容的交换。人类的进步、文化的繁荣皆与翻译密不可分，怎么估量它的意义也不为过。然而，翻译的价值至今未得到应有的评价，对翻译活动及其影响的研究也远远不够。

季羡林先生曾从事非常重要的文化翻译工作，对翻译有着深切的体会和极高的评价。他谈及五千年中华文明虽历经波折却始终绵延不绝、蓬勃发展的原因时，曾这样说：

> 倘若拿河流来作比，中华文化这一条长河，有水满的时候，也有水少的时候，但却从未枯竭。原因就是有新水注入。注入的次数大大小小是颇多的。最大的有两次，一次是从印度来的水，一次是从西方来的水。而这两次的大注入依靠的都是翻译。中华文化之所以能长葆青春，万应灵药就是翻译。翻译之为用大矣哉！

一语道尽翻译对中华文化的演进、对人类各民族文化交流发展的巨大作用。

翻译活动最基本的三个要素是语言、文化和译者。语言离不开民族、社会、文化，并浸润其中；双语文本转换离不开执行转换的人，即译者；

译者则必定是因某种语言文化滋润而生又受到另一种语言文化"增补"的人。于是，翻译成为语言文化间的信使。在翻译三要素中，最容易看见也最容易理解的是语言这个要素。因此，从古至今对翻译的关注都从语言开始，都跟语言分不开。这既是说，若没有语言，翻译就无所依附；同时又是说，若没有千差万别的语言，也就不需要翻译。因此翻译与语言有天然的联系。

但我们说翻译离不开语言时，并不意味着翻译是语言的附庸，或语言可以完全离开翻译。一方面，翻译与语言几乎是共生的，没有脱离语言的翻译。另一方面，我们不难看到，若无翻译，语言的交流、认知和传承等重要功能就难以充分展开；没有翻译，人们只能与来自本地域的人而不能与来自其他地域的人深入交流和沟通；没有翻译，人们对世界的认识和描述也受到局限，不能同其他地域操不同语言的人们分享经验和探讨问题；没有翻译，知识的传承范围有限，受益范围有限。Casagrande（1954：338）在考察翻译目的时提出了"译者事实上不是在翻译语言，而是在翻译文化"的观点。这可以从三方面来解释：一是翻译所涉及的两种语言都是一定社会文化的产物；二是翻译活动的动因及其影响背后都有文化因素在起作用；三是翻译的难点有时并不单在语言的差异上，而是在文化的距离上。

由此可见，翻译的中介性是双重的，它不但表现为传统认识上将一种语言翻译为另一种语言这样直接的中介性，还有另一层意义上的中介性，即译文间接地对所译入的母语及其文化产生不同程度的影响。所有这些都表明，翻译是一项极为复杂、特殊的人类思维与人类交往活动。

对于翻译这样重要而又复杂的活动，千百年来人们抱有经久不衰的好奇心和探究心：

从思维层面尝试阐释上述翻译沟通问题，是理论翻译研究的着力思考点；

从实践层面努力解决上述翻译沟通问题，是应用翻译研究的关注重点；

从历史文化的角度分析上述翻译沟通问题，是翻译文化研究上下求索的要点；

从各类语料库驱动的视角考察上述翻译沟通问题，是语料库翻译学的兴趣所在；

从古至今频繁进行的口译活动，则是探究隐秘心理过程的关键实验台。

这套"翻译学核心话题系列丛书"即分理论翻译研究、应用翻译研究、翻译文化研究、语料库翻译研究以及口译研究五个板块，对翻译问题给予了全方位的关注。

"理论翻译研究系列"梳理国内外翻译理论的发展脉络，从哲学和文化层面总结概括翻译学方法论在中西方的发展历史及特点，并对翻译研究中起步较晚、发展较快的新兴研究领域作了重点介绍。本系列首批计划推出《国外翻译理论发展研究》《翻译过程研究：理论、方法、问题》《译学方法论研究》《翻译认知过程研究》等四部图书，其特点如下：(1)纵横阐述。这些图书既从历时的角度描述了翻译学理论和方法论的发展历程，还对当前的主要观点和流派，特别是对最新的认知心理过程研究模式作了细致的分辨和论述。(2)中外互鉴。对不同时期、不同流派的理论作了系统归纳，透视出中外文化背后哲学思想和理念的异同。(3)点面结合。既有对理论和流派的全面梳理，又兼顾对研究热点和研究走向的前瞻式分析。

"应用翻译研究系列"首批推出的选题不仅有致力于翻译教学方法和实施效果探讨的《翻译教学研究》，以及以翻译教学应用为导向的、以实证型研究方法为主的《翻译测试与评估研究》和《翻译能力研究》，还包括探讨翻译技巧、翻译策略在具体领域(如科技翻译、商务翻译、新闻翻译等)中如何应用的《实务翻译研究》。此外，随着计算语言学等学科的发展，翻译技术发展迅速，成为现代翻译实践中不可或缺的要素，《翻译技术研究》也是本系列首批推出的选题之一。

"翻译文化研究系列"重在探讨翻译对于文化(尤其是目标语文化)的意义和影响以及文化对于翻译的制约作用。翻译文化研究是在当下学科疆域迅速扩大的背景下,指导我们在译学领域如何做到"古为今用""洋为中用"而展开的重要译学课题之一。这个系列包括中国和西方的翻译文学、文化研究,中国典籍外译研究,以及中文小说的英译研究,这些都是我国近十年来翻译研究发展最为显著的领域。此外,该系列还有专著对翻译史研究方法加以阐述。

自20世纪90年代以来,随着各类双语语料库的创建,越来越多的研究者采用平行语料或类比语料进行翻译研究。语料库翻译学的研究方法日益受到研究者青睐,研究范围涉及翻译语言特征、译者风格、语体变化、语言对比、翻译规范、翻译教学、语言接触以及相应的双语语料库技术等等。"语料库翻译研究系列"首批策划出版的选题包括以下六部:《语料库翻译学理论研究》《双语语料库的研制与应用》《语料库文体统计学方法与应用》《基于语料库的文学翻译研究》《基于双语语料库的应用翻译研究》和《基于语料库的语言接触研究》。这些选题重视理论与实践结合,兼顾文学文本与应用文本翻译,将数据检索与统计方法运用到语言和翻译研究当中,实现了宏观与微观、定量与定性、形式和意义、文体和诗学分析的有机结合,代表了大数据时代语料库翻译学研究的最新进展。

作为翻译学的一个子学科,口译研究十多年来发展迅速,摆脱了过去经验式的探讨,开始运用现代技术开展关于口译(包括同声传译和交替传译等)认知过程的各类实证研究。"口译研究系列"首批推出的选题包括从学科建构视角梳理口译研究的发展脉络和方法路径、提出整体性口译研究框架的《口译理论研究》,致力于口译教学方法应用和实施效果探讨的《口译教学研究》,以及系统探讨基于语料库的口译研究并提供新的研究思路和方向的《语料库口译研究》。

以上也是近二十年来国际译学研究所涉及的主要方面。当然，丛书也有未顾及的一些问题，如翻译叙事研究、机器翻译、译者主体性、女性主义和后殖民主义等，也许以后还有机会弥补。我们期待通过这套丛书，与读者共同探讨翻译研究的种种重要问题，梳理相关研究的国内外进展，评介主要的理论、方法、流派，判断和设计研究课题，分析今后的发展趋势，并推介重要的参考文献。希望读者朋友，特别是初涉翻译研究的青年研究者能够开卷受益，拓宽视野。

王克非
北京外国语大学
2018年11月

参考文献

季羡林，2007，《季羡林谈翻译》。北京：当代中国出版社。

Casagrande, J. B. 1954. The ends of translation. *International Journal of American Linguistics* 20: 335-340.

前言

一

西方翻译理论历史悠久，源远流长，距今已有两千多年的历史。20世纪50年代以来，新的翻译理论不断涌现，推动了翻译学科的繁荣发展，也为中国的翻译研究提供了许多借鉴。目前，国内介绍国外翻译理论的图书不少，但大多未对西方翻译理论的发展状况和当前的研究热点作系统梳理。有鉴于此，本书将尽可能全面地描述西方翻译理论的发展情况，并探讨一些当代翻译理论研究的热点和前沿话题，供国内翻译研究者和爱好者参考。

考虑到所讨论的内容较为烦冗且时间跨度较长，本书首先将西方翻译理论进行大致的分类，进而分别论述。正如苏珊·巴斯内特（Susan Bassnett）（1980：50）所说，本书在介绍特定的翻译理论时，所遵循的只是一个"松散的时间结构"（a loosely chronological structure），并未试图在不同的理论之间确立泾渭分明的理论分界。因此，本书对翻译理论的范畴化在考虑这些理论产生的时间顺序的基础上，参照詹姆斯·斯特拉顿·霍姆斯（James Stratton Holmes）（1972/1988）对翻译理论体系的划分方法和翻译研究范式的变化情况，将西方翻译理论分为六章阐述。整体而言，全书的主要内容涵盖早期经验主义与阐释学派的翻译思想以及语言学转向时期、文化转向时期和当前大数据技术与认知技术飞速发展背景下的翻译理论研究。

二

据史料记载,西塞罗(Cicero)在公元前1世纪左右就提出了二元对立的翻译观——自由译(free translation)与词语对词语的翻译(word-for-word translation)。学界一般认为,这一对概念的提出标志着西方翻译理论的萌芽。西方翻译理论的萌芽期大约为公元前1世纪至公元5世纪左右。这一时期涌现出许许多多的翻译家,其中包括古罗马时期著名的译者西塞罗、贺拉斯(Horace)、昆体良(Quintilian)、哲罗姆(Jerome)和奥古斯丁(Augustin,亦写作Augustine)等,他们提出了许多朴素的翻译思想。古罗马时期,译者们主要翻译两大类著作:古希腊文学作品和《圣经》。在大量的翻译实践中,译者们根据自身的直接经验总结出尚未理论化的翻译思想,如昆体良的竞赛论等。本书第一章选取西塞罗、昆体良、小普林尼(Pliny the Younger)、哲罗姆和奥古斯丁等代表性译者的翻译思想展开讨论。

公元5世纪,西罗马帝国灭亡,欧洲进入了长达一千多年的中世纪(公元5—15世纪),辉煌一时的古罗马翻译(无论是世俗文本的翻译,还是宗教文本的翻译)陷入了沉寂。其间虽偶有翻译活动发生,但都是宗教翻译,有关翻译的讨论寥若晨星,不复当年盛况。就在欧洲处于黑暗世纪中时,欧洲一侧的阿拉伯帝国迅速崛起,并在公元8—10世纪掀起了一场长达二百多年的阿拉伯翻译运动,翻译了大量的古希腊文献。这些译作随着阿拉伯帝国的扩张,最终又回到欧洲,被西班牙的犹太人发现。于是,以西班牙古城托莱多(Toledo)为中心,聚集了一大批译者,他们翻译了大量业已译为古叙利亚语的古希腊文学、哲学以及医学等方面的作品,并把这些译作带到了意大利的罗马。他们的翻译对后来的文艺复兴产生了重大影响,因此可以说,这些翻译在一定程度上左右了西方文明的发展进程。

14世纪末,发源于意大利的文艺复兴吹响了西方文明复兴的号角,古希腊、古罗马文化重新回归时人视野,欧洲的译者们竞相翻译古典文献。此时,由于西方各地民族语言渐渐兴起,译者们热切期待通过自己的民族语言打破拉丁语一统天下和一统宗教的霸权地位,因此民族语言在当时的翻译中起到了举足轻重的作用。使用民族语言开展翻译活动的代表性译者包括意大利的但丁·阿利吉耶里(Dante Alighieri)、科卢乔·萨卢塔蒂(Coluccio Salutati)、莱昂纳多·布鲁尼(Leonardo Bruni),法国的让·德·默恩(Jean de Meun),德国的马丁·路德(Martin Luther)以及英国的约翰·威克里夫(John Wycliffe)和杰弗里·乔叟(Geoffrey Chaucer)。与此同时,新教也渐渐兴起,其目的同样是突破中世纪以来的宗教束缚。许多译者溯回希伯来语版《旧约》与希腊语版《新约》,重译和重释《圣经》。因此,这一时期产生了许多新的《圣经》版本。由于新旧译本间的差异,新旧宗教彼此间对于翻译的争执越来越多,随之兴起了有关宗教作品翻译的大辩论,代表性人物包括法国译者艾蒂安·多雷(Étienne Dolet)、雅克·佩尔蒂埃(Jacques Peletier)、约阿希姆·杜·贝莱(Joachim du Bellay),德国译者马丁·路德以及英国译者乔治·查普曼(George Chapman)、托马斯·莫尔(Thomas More)、威廉·廷代尔(William Tyndale)、威廉·富尔克(William Fulke)、格雷戈里·马丁(Gregory Martin)、约翰·奇克(John Cheke)等。

时至十七、十八世纪,西方早期经验性的翻译观点逐步系统化并日趋成熟,一系列具有代表性的翻译理论著作相继出版;一大批具有代表性的译者横空出世,其中包括英国译者亚伯拉罕·考利(Abraham Cowley)、约翰·德纳姆(John Denham)、约翰·德莱顿(John Dryden)、亚历山大·蒲柏(Alexander Pope)、塞缪尔·约翰逊(Samuel Johnson)、亚历山大·弗雷泽·泰特勒（Alexander Fraser Tytler）、乔治·坎贝尔（George Campbell）以及法国译者尼古拉·佩罗·达布朗库（Nicolas Perrot d'Ablancourt）、皮埃尔–达尼埃尔·于埃（Pierre-Daniel Huet）和夏尔·巴特（Charles Batteux）等。这一时期的两部划时代标志性的论著是泰特勒的《论翻译的原则》（*Essay on the Principles of Translation*）和坎贝尔的《四部福音书，译自希腊语（内附导论、评注及释注）》（*The Four Gospels, Translated from the Greek. With Preliminary Dissertations, and Notes Critical and Explanatory*）。

19世纪英伦三岛的诗歌翻译理论基本上仍延续了之前的传统，出现了一些著名的译者及翻译理论家，如爱德华·菲茨杰拉德（Edward FitzGerald）、马修·阿诺德（Matthew Arnold）和弗朗西斯·威廉·纽曼（Francis William Newman）等。其中，阿诺德与纽曼对于《荷马史诗》的翻译问题的大讨论影响深远。第二章正是基于上述译者及其翻译理论展开讨论的。

德国从不缺乏伟大的思想家，在翻译和翻译研究方面亦是如此。18世纪末，德国涌现出一大批著名的翻译家兼翻译思想家，如约翰·哥特弗雷德·冯·赫尔德（Johann Gottfried von Herder）、约翰·沃尔夫冈·冯·歌德（Johann Wolfgang von Goethe）、威廉·冯·洪堡（Wilhelm von Humboldt）、奥古斯特·威廉·冯·施莱格尔（August Wilhelm von Schlegel）、弗里德里希·冯·施莱格尔（Friedrich von Schlegel）、诺瓦利斯（Novalis）等。他们非常关注翻译中语言与思维、语言与民族性的关系，推崇保留原文异域情调的翻译方式，也就是劳伦斯·韦努蒂（Lawrence Venuti）（1995：24）后来所称的"异化"翻译法。到了19世纪，弗里德里希·施莱尔马赫（Friedrich Schleiermacher）结合前人的论述和他的阐释思想，发表了论文《论翻译的方法》（"Über die verschiedenen Methoden des Übersetzens"）。这是西方翻译史的一个里程碑，乔治·斯坦纳（George Steiner）（1975：249）甚至认为这标志着西方翻译史上第二个翻译理论期的开端。及至20世纪，瓦尔特·本雅明（Walter Benjamin）为其所译的组诗《巴黎即景》（*Tableaux Parisiens*）写下长序《译者的任务》("The task of the translator")，此序从哲学和诗学的高度对文学翻译进行了反思，引发了哲学领域的解构主义思潮。上述有关德国翻译理论的介绍便是本书第三章的主要内容。

20世纪五六十年代，现代语言学研究的兴起促使翻译研究从传统的经验式评述逐渐转向对"翻译科学"的探索，史称翻译研究的"语言学转向"。从研究范式的角度讲，这是一次具有革命性意义的范式转向，它促使翻译研究从过去的经验性评论转向系统化、科学化的理论建构，对于现当代翻译研究具有举足轻重的意义。其中，最具影响力的研究包括让-保罗·维奈（Jean-Paul Vinay）与让·达波内特（Jean Darbelnet）（1958/2000）从比较语言学和文体学角度对英语、法语的翻译问题的探讨，约翰·坎尼森·卡特福德（John Cunnison Catford）（1965）借用系统功能语法的观点对翻译的探讨，以及尤金·阿尔伯特·奈达（Eugene Albert Nida）（1964）从比较语言学角度对翻译的讨论等。纵观这些研究，它们共有的一个基本特征是，从语言本体出发探索翻译中语言的变化。这些研究凸显出翻译研究中语言本体的重要性，为翻译研究的进一步发展奠定了坚实的学术基础。本书的第四章综合上述相关理论，提取翻译语言学研究中的六个核心问题——等值、语境、意义、交际、功能和多模态，厘析出有关的研究观，进而一一详述。

由于翻译语言学研究聚焦于翻译中语言的本体问题，而忽略了文化类因素等其他影响因素，且随着研究的深入，这一缺陷愈发明显，翻译语言学研究逐渐受人诟病，因此翻译文化研究在20世纪七八十年代渐渐兴起并走向鼎盛，形成了著名的"文化转向"。本书第五章选取翻译文化研究中的七大热点问题，依次论述。首先，20世纪70年代，以色列特拉维夫大学教授伊塔玛·埃文-佐哈尔（Itamar Even-Zohar）提出了多元系统理论，开创了描写主义翻译研究的先河。他的同事兼学生吉迪恩·图里

（Gideon Toury）进一步发展了他的描写主义翻译研究观，并揭开了翻译文化研究的序幕。其后，以西奥·赫曼斯（Theo Hermans）、安德烈·勒菲弗尔（André Lefevere）、巴斯内特等为代表的翻译操纵学派名声大振，成为翻译文化研究的主要流派。霍姆斯提出建立翻译学的构想。而后，于20世纪60年代在法国兴起的解构主义开始对翻译研究产生影响，翻译文化研究逐渐跳出最初的结构主义思维惯性，开始关注政治、权力、性别和身份对翻译的影响。其中，佳亚特里·C.斯皮瓦克（Gayatri C. Spivak）和特贾斯维莉·尼南贾纳（Tejaswini Niranjana）的后殖民主义翻译研究最具代表性。20世纪90年代，西方社会学的兴起引起了翻译学界的关注，而有关社会学与翻译的论述主要包括法国社会学家皮埃尔·布迪厄（Pierre Bourdieu）的社会实践理论、布鲁诺·拉图尔（Bruno Latour）和米歇尔·卡龙（Michel Callon）的行动者网络理论以及德国社会学家尼克拉斯·卢曼（Niklas Luhmann）的社会系统理论等。比外，受比较文学研究领域中形象学研究的影响，近年翻译研究领域有关翻译与形象学的研究也较为引人关注。与此同时，翻译史的研究方兴未艾，渐渐成为当今翻译研究的一大主要研究领域。

20世纪末，大数据和人工智能产业迅速崛起，人类社会发生了巨大的变革。受此影响，翻译领域中的语料库研究和认知过程研究渐渐成了研究热点，进一步拓宽了传统翻译研究的视域。此外，翻译实践逐步趋于全球化和产业化，渐渐形成了翻译产业链；与此相关的新兴翻译研究领域，如翻译技术研究、翻译本地化研究等也渐成气候。本书的第六章将对这些新兴研究领域作一概述性介绍。

以上为本书所要呈现的主要内容。

三

《国外翻译理论发展研究》几经增删、修改，历时四年得以完成。全书于2017年拟定整体框架，经2018年撰稿、2019年和2020年改稿与重修，最终于2021年定稿、付印。整体而言，全书是集体智慧的结晶，具体分工如下：首先由主编王东风制定写作框架并拟定各章节的主题，然后由十几位近年来在翻译学界崭露头角的青年才俊编写各章节的初稿，最后由主编王东风扩展初稿内容，校订全书，直至定稿。全书各章节初稿作者如下：

第一章	刘芳
第二章	赵嘏
第三章：	
第一——五节	赵嘏
第六节	王岫庐、彭勇穗
第四章：	
第一节	谢桂霞
第二节	潘韩婷、刘家呐
第三、四节	潘韩婷
第五节	王运鸿
第六节	陈曦、潘韩婷
第五章：	
第一、二节	王岫庐
第三、四节	陈庆、王岫庐
第五、六节	李红满
第七节	王运鸿
第六章：	
第一节	李文静

第二节　　　杨晓琳
第三节　　　谢桂霞
第四节　　　邓志辉
第五节　　　管新潮

书稿付梓之际，感谢各位作者的辛勤写作、编辑人员不厌其烦的校正以及所有为此书出版作出努力和贡献的老师、学生以及朋友们！

王东风
中山大学
2021年3月

参考文献：

Bassnett, S. 1980. *Translation Studies*. London: Methuen.

Catford, J. C. 1965. *A Linguistic Theory of Translation: An Essay in Applied Linguistics*. Oxford: Oxford University Press.

Holmes, J. S. 1972/1988. The name and nature of translation studies. In J. S. Holmes (ed.). *Translated! Papers on Literary Translation and Translation Studies*. Amsterdam: Rodopi. 66-80.

Nida, E. A. 1964. *Toward a Science of Translating: With Special Reference to Principles and Procedures Involved in Bible Translating*. Leiden: E. J. Brill.

Steiner, G. 1975. *After Babel: Aspects of Language and Translation*. Oxford/New York: Oxford University Press.

Vinay, J.-P. & J. Darbelnet. 1958/2000. A methodology for translation, trans. J. C. Sager & M.-J. Hamel. In L. Venuti (ed.). *The Translation Studies Reader*. London/New York: Routledge. 84-93.

Venuti, L. 1995. *The Translator's Invisibility: A History of Translation*. London/New York: Routledge.

第一章 翻译研究的肇始期：经验的沉淀

一直以来，古希腊文明和古罗马文明就被公认为西方文明的源头。前者孕育于爱琴海诸岛，于公元前5世纪至公元前4世纪达到鼎盛，并随着马其顿王国亚历山大大帝（Alexander the Great）的铁骑扩散到了整个地中海地区乃至中东的广大区域。然而，公元前3世纪，随着罗马共和国迅速崛起，亚历山大的后继者们被逐个消灭。公元前30年，马其顿王国最后一个继任国——托勒密王国覆灭，希腊化时代[1]正式结束。不过，作为征服者的"蛮族"罗马人并没有摧毁希腊文明，反而以极大的热情吸收并发展了希腊文化，从而形成了在西方世界影响深远的希腊罗马文化（Greco-Roman culture）。正如当代古典学家吉尔伯特·海特（Gilbert Highet）（2015：1）所指出的那样：就大多数思想和精神活动而言，我们是罗马人的孙子，希腊人的重孙。[2]

罗马人对希腊文明，特别是希腊文学的继承，主要是通过翻译实现的。公元前240年，卢修斯·李维乌斯·安德罗尼库斯（Lucius Livius Andronicus）受托为罗马节节庆活动编写演出剧本，他首次将希腊剧本译

---

[1] 通常认为，希腊化时代从公元前323年（亚历山大大帝逝世）持续到公元前30年（托勒密王国覆灭）。这一时期，地中海东部原有文明区域的语言、文字、风俗、政治制度等逐渐受希腊文明的影响而形成新的特点，故被后世的史学家称为希腊化时代。
[2] 本书中的引文翻译，除非特别注明，均为本书作者所译，特此说明，不再另注。

入拉丁语并搬上舞台，这一创举掀开了罗马文学史的大幕，使后人争相仿效。开创了文学翻译先河的罗马人同时也是西方翻译思想的始祖，他们留下的许多关于翻译的经典论述，不仅烙上了深深的时代印记，同时也给整个西方翻译思想史带来了持续而深远的影响。然而，目前已有的翻译史研究并未对古罗马翻译思想给予足够充分的讨论。

乔治·斯坦纳（George Steiner）（2001：248-249）曾将西方的翻译理论发展史分为四个阶段，其中第一阶段注重"翻译经验"，标志着该阶段大致起始时间和结束时间的代表性人物分别是古罗马的西塞罗（Cicero）和19世纪初的弗里德里希·荷尔德林（Friedrich Hölderlin），该阶段有关翻译的经典论述均来自译者的亲身实践和体验。在斯坦纳看来，这一阶段的翻译论述还只是关于翻译问题的初步探讨和技术分析，不能称之为理论。路易斯·G. 凯利（Louis G. Kelly）（1979）也认为，一个完备的翻译理论应该包含三个部分——对功能和目标的说明、对操作的描述和分析以及对目标与操作之间关系的批评性论述。然而，很少有学者能够提出一个广泛适用的翻译理论。粗略看来，西方早期的翻译论述的确零散不成体系，与当代翻译理论相比显得幼稚和粗糙。因此，在20世纪90年代以前，古罗马翻译论述的价值在翻译研究者的眼中往往只停留在翻译操作层面，或者说研究者关注的仅仅是那时的翻译方法的选择问题。

传统的"直译""意译"之争主要关注译者在译文中多大程度地再现了原文，却往往忽略了翻译发生的具体语境（Hatim & Mason 2001：6）。这种脱离文本语境谈论翻译策略的取向有一定局限性；同样，脱离具体历史语境谈论传统译论的做法也不可取。在翻译研究的文化转向之后，以安德烈·勒菲弗尔（André Lefevere）（2004）和道格拉斯·罗宾逊（Douglas Robinson）（2006）为代表的研究者逐渐超越了语言转换的层面，结合历史、文化、政治等方面的因素对译论史进行重新挖掘和解读。在翻译学科奠基之作《翻译学》（*Translation Studies*）中，苏珊·巴斯内特（Susan Bassnett）（2002：18）将文化与翻译列为翻译学的首要议题，并指出翻译史研究是翻译学的四大板块之一，它包括历代翻译理论研究、翻译批评研究、翻译的委托和出版过程研究、特定时期翻译的历史角色和功能研究、翻译方法的发展研究及译者作品研究等。

文化观照下的翻译理论史研究意在发掘各种翻译论述背后的翻译动机、身份意识和文化归属等过去未得到翻译界充分重视的问题；而历时性的翻译理论史研究则既要关注同一时期的译者和翻译批评家在其独一无二的语境中所体现出来的鲜明的个体思想特征，也要把握每个时代的翻译思想的共性，并在此基础上厘清这些思想的发展脉络。

本章对于古罗马翻译思想的讨论即是文化关照下的历时性的翻译理论史研究，所涉及的时间跨度为500年，即从古罗马共和国晚期至西罗马帝国崩溃（公元前60年—公元476年）。在此期间，古罗马最重要的语言——拉丁语，从一个区域性语言上升为欧洲的通用语言，关于翻译的论述也多以拉丁语撰述，其主要贡献者则是活跃在拉丁文学史上的杰出人物。拉丁语与其他欧洲语言的交流，特别是与希腊语的交流是这一时期西方翻译史的核心，流传至今的史料也最为丰富。若将拉丁文学发展脉络与政治历史进程相结合，大致可以将拉丁文学的发展史划分为六个阶段[1]，而本章讨论的译论史横跨其中三个阶段：黄金时代、白银时代和教父时代。

1.1 黄金时代前期：西方翻译思想之发端[2]

拉丁文学的黄金时代分为两个阶段，西塞罗便是第一阶段的代表性人

1　这六个阶段分别是：(1) 早期(公元前240年—公元前84年)；(2) 黄金时代(公元前83年—公元14年)，又分为西塞罗时期(公元前83年—公元前43年)和奥古斯都时期(公元前43年—公元14年)；(3) 白银时代(公元14年—公元138年)；(4) 教父时代(公元2世纪末—公元5世纪)；(5) 中世纪(公元6世纪—公元14世纪)；(6) 文艺复兴(约公元15世纪)至今。参见Teuffel (1891)和Wheelock (2005: xxxii)。
2　本节内容发表于《中国翻译》2016年第2期，在原文基础上略有改动，已获得编辑部的使用许可。

物。他是古罗马历史上的显赫人物，也是拉丁文学史上最为耀眼的明星之一，他的演说辞、修辞学和哲学著作以及大量书信，构成了古罗马拉丁文学的一座宝库。西塞罗被誉为拉丁文学之父，他所开创的拉丁散文风格被后世争相模仿，他创造的拉丁哲学术语和文学术语被广泛接受，成为拉丁语言的一部分。

西塞罗从青年时期便开始从事翻译实践，并在其修辞学著作和哲学著作中多次论及翻译，他的译论被后人频繁引用。自哲罗姆（Jerome）开始，翻译学界就将西塞罗奉为西方翻译思想史上反对硬译、倡导自由译的先驱，且一般将其视为西方翻译理论的奠基人。但在罗宾逊（Robinson 2007：47）看来，"西塞罗并非第一个翻译理论家，他只是首先提出了如今大多数人认为'正确'的翻译方法"。其实，他的翻译思想远不仅限于对翻译方法的讨论。要真正理解其翻译思想，就必须跳出翻译方法的窠臼，进入其当时的历史语境。

从西塞罗生平来看，其翻译实践大致集中于青年求学时期和晚年时期；在这两个人生阶段，西塞罗的身份地位发生了变化，他对翻译的思考、对翻译的诉求和采取的翻译策略也有所不同。

1.1.1 青年西塞罗：翻译与演说家的成长

青年时期的西塞罗翻译成果颇丰，既有诗歌翻译作品，如对阿拉托斯（Aratus）天文天象长诗《物象》（*Phaenomena*）的翻译，又有哲学翻译作品，如对色诺芬（Xenophon）的《经济论》（*Oeconomicus*）和柏拉图（Plato）的对话录《普罗泰戈拉篇》（*Protagoras*）等的翻译（Jones 1959：23-24）。从古罗马翻译史来看，当时的罗马人更热衷于希腊名剧的翻译，那么，青年西塞罗为何对天文学和哲学著作情有独钟？直到晚年，西塞罗才在《论演说家》（*De Oratore*）中揭开谜底。此时，他已是演说界的权威，对于如何成为一名优秀的演说家有着丰富的经验和完备的理论。在《论演说家》中，他借马库斯·李锡尼·克拉苏·迪弗斯[1]（Marcus Licinius Crassus Dives）之口提出了一项重要观点：全面而扎实的知识储备是优美表达的基础，没有百科全书般广博知识的演说家不能称之为优秀演说家（Cicero 1942：17）。而年轻的演说家们要想达到这样的高度，就不应将眼光局限于传统的演说训练。显然，青年西塞罗就是这样走向成功的：他翻译天文学、哲学等看似与演说毫不相干的领域的著作，正是为了扩大视野，掌握百科知识，以提高应对各种主题的能力，为成为一名优秀演说家打下坚实基础。

翻译不仅能帮助演说学习者们拓宽知识面，更能丰富其语言表达。在《论演说家》中，西塞罗回顾了自己在青年时代为提高拉丁语表达的探索历程：他先是模仿一些拉丁语范文并试图对其加以改造，却发现最优美的词汇已被使用，无法再有突破；之后他找到了另外一种更为有效的词汇扩充方法——"自由地翻译（translate freely）最著名的希腊演说家的演讲"——"当我把读到的希腊文转换为拉丁文时，发现自己不仅仅是在使用最优美却又极常见的拉丁语词，而且还通过类比创造出了一些对我们来说全新的词汇……"（Cicero 1942：107）。

作为演说练习的翻译实践采用的是自由式的翻译方法，译者无须向原作和原作者负责，更不必追求译作的准确性。从理论贡献来看，西塞罗率先将文学翻译从社交消遣领域拓展到了修辞教育领域，最先将文学翻译的修辞教育功能理论化并写入书中。他对翻译的这一独特应用得到了后世演说家如昆体良（Quintilian）的肯定和推崇，而他所说的"自由地翻译"则演变成了西方翻译界的关键词——自由译[2]（free translation）。

---

1 下文也写作李锡尼·克拉苏。
2 西方翻译界所言的"自由译"与中国翻译界所说的"意译"并不完全对应，从历史的角度看，前者的自由度可以远远大于中国翻译界所认同的"意译"的自由度。

1.1.2 精英西塞罗：翻译与文化征服

公元前80年，26岁的西塞罗因赢得一场重要诉讼而声名鹊起，跻身罗马顶尖演说家之列（Petersson 1920：104）。此后，西塞罗进入了职业生涯的上升期，他36岁成为罗马公认的最具名望的辩护律师，43岁被选举为罗马执政官，达到了政治权力的巅峰（Petersson 1920：1）。在其政治生涯最为活跃的时期，西塞罗的文学活动明显停滞。直到公元前56年，远离权力中心的西塞罗才重新拾笔撰文。从一开始的《论演说家》一直到最后的《论义务》（*De Officiis*），在其人生的最后十多年间，西塞罗创作的修辞学和哲学著作有近20部。这时的他大力翻译希腊哲学作品，希望借此延续自己的政治生命，期望希腊人的伦理思考对罗马同胞有所裨益，也希望凭借自己的努力可以扭转族人对本土拉丁文学的偏见，从而推动拉丁文学的发展。

作为罗马精英阶层的一员，晚年的西塞罗已经具有一定的话语权和影响力，不再仅仅将自己定位为希腊哲学的学习者，而是希腊哲学的引入者和批判者。在《论法律》（*De Legibus*）中，西塞罗（Cicero 1928：391）[1]写道："翻译他人的思想实在是简单，要是不想做我自己，我也可以翻译。用几乎同样的字眼去表达他人表达过的思想，何难之有？"因此，西塞罗此阶段的翻译与青年时代的哲学翻译不同，基本没有以篇章为单位的全文翻译，更多的是以引文形式出现在其作品中的段落式翻译。西塞罗认为，经过自己批评和编辑并用优美拉丁文呈现的希腊哲学作品，已然具备了与希腊哲学家们的原著相抗衡的分量，完全可以取而代之，成为古罗马的哲学经典。例如，《论至善和至恶》（*De Finibus Bonorum et Malorum*）借用了柏拉图著作中的对话形式来讨论希腊的伦理哲学流派。虽然其中有些重要引文的翻译非常贴近原文，明显倾向于直译（Powell 2007：1135），但在西塞罗看来，自己的作品比直接翻译原著更具价值：

---

[1] 《论法律》约作于公元前52年，这里参考的是其英译本。这本于1928年出版的书中还收录了《论共和国》（*De re publica*）的英译本。

> 假如我们并不仅仅是一名译者，而是在保留我们所选的圣贤之言的同时，融入我们自己的批评和条理：那些反对者们[1]又有什么根据，把希腊文凌驾于这些风格优美且又并不仅仅是翻译的作品之上呢？
>
> （Cicero 1914: 7）

西塞罗的这一观点反映了他作为一名罗马精英的文化心态：热切期待罗马在语言和文学力量上能超越希腊。但究竟该如何超越？在《图斯库兰讨论集》(*Tusculanae Disputationes*)中，西塞罗给出了自己的答案。他发出如下号召：

> 我号召所有有能力这样做的人，从气数已尽的希腊手中夺取这门学问（哲学）的优秀成果，让这些成果成为我们城邦的财产；就像我们的先人以坚持不懈的热情将希腊的其他艺术形式一一运送[2]过来一样……一旦我们把这些学问都运送过来，希腊的图书馆也就没有存在的必要了。
>
> （Cicero 1886: 91-92）

显然，西塞罗认为，希腊的哲学思想成果如同罗马在征服希腊之后所缴获的其他战利品一样，只要罗马需要，就完全可以掠夺它、改造它，并最终将其化为罗马自己的财产。

1.1.3 演说家西塞罗：翻译与自我捍卫

晚年时期的西塞罗除了在哲学翻译上倾注心力外，有一篇演说辞的译序《论最佳演说家》("De optimo genere oratorum")也颇为引人注目，此译序已成为西方译论史上的经典。但从历史语境来看，此译序的写作目

---

[1] 这里的反对者是指那些排斥阅读拉丁语哲学作品的罗马人。
[2] 西塞罗在此处频繁使用的"运送"一词，拉丁原文为 transferant。它是 transfero 的第三人称复数形式，在古罗马常用来表达"翻译"之意，在有些英译本中被译为 translate。

的不是讨论翻译问题,而是要通过解读何为"真正的"阿提卡派[1]及规定何为最佳的演说家,来反驳一些年轻演说家的质疑,捍卫"西塞罗式"演说风格的正统地位,维护其社会资本。关于西塞罗在文中探讨的翻译问题,后人往往关注的是他在两种翻译方法之间的选择,却忽略了演说家与译者这两种身份选择背后的文化意蕴。身份不同,其翻译价值取向和选择的翻译方法也不相同。西塞罗之所以拒绝以译者的身份来翻译,既是因为在古罗马的社会阶层中,演说家身份远比译者身份高贵,也是因为罗马的译者往往缺乏修辞学教育,难以胜任文学翻译。西塞罗以演说家这一身份来翻译希腊演说辞,既与翻译目的的高尚性——教育后辈演说家相契合,又保证了译本质量。

在《论最佳演说家》中,西塞罗从一名演说家的角度,对应当采取什么样的方法来翻译演说辞给出了自己的见解:

> 我不是作为一名译者,而是作为一位演说家来翻译的。我(在译作中)保留了与原作相同的思想和形式,或者说"思维方式",但使用的是符合我们讲话习惯的语言。在翻译过程中,我认为无须作词语对词语的翻译,只需保留原作语言的总体风格和气势。因为我认为不应该把作品内容像数钱币似的数给读者,而应当让读者感受到它们的分量。
>
> (Cicero 1949: 365)

在西塞罗看来,若以译者的身份来翻译,那就意味着要采取词语对词语的翻译方法(即"硬译"),就像把原作内容如同数钱币似的数给读者;而若以演说家的身份来翻译,则意味着主要保留原作语言的总体风格和气势(即他所采用的"自由译"),让读者感受到原作的分量。从现代译论的

---

[1] 阿提卡大区是希腊传统的分区之一,其中心城邦为雅典,演说术由此发源和兴盛。阿提卡派则代表了公元前1世纪初兴起的回归雅典质朴风格的演说风潮。

角度来看,西塞罗的这段译论从演说辞的文本类型特点出发,将语言风格视为翻译的关键要素。在他看来,要再现原作的风格和气势,就必须在翻译中有所取舍。在《论最佳演说家》的末尾,西塞罗(Cicero 1949: 373)对此作出了进一步的说明:成功的翻译应该保留原作的所有优点,包括思想、修辞和结构顺序等方面;而译者对原作语言的跟随,应当以不背离本族语的语言习惯为前提,对于这种跟随的尺度的把握,他认为不必逐词逐句地对应,而应尽量在语词类型上与原作保持一致。

古罗马时期没有"硬译"这个术语,而用"词语对词语的翻译(word-for-word translation)"来表达相同的意思。这是因为,古罗马时期的一些译者在翻译《圣经》时,觉得就连原文的语序都有着某种神秘的含义,在翻译时唯恐违背上帝的旨意,因此往往采用逐行对照、一词对一词的译法,故称"词语对词语的翻译"(简称"词译")。在西塞罗的话语体系里,与其对应的另一种译法是"自由译"。显然,这两种说法都还不是一种术语化的呈现方式,这也正是翻译研究前理论时期的一种表现。

值得注意的是,与其一贯的"自由译"的主张相比,西塞罗此时的翻译主张有两个显著的不同点:(1)原作的地位有所提升;(2)译者的自由度有所减少。这种以再现原文为导向的忠实观既不符合古罗马文学的翻译传统,也与西塞罗寻求自我表达的一贯主张明显脱节。从历史语境来看,西塞罗之所以强调自己的翻译与原文接近,是因为他希望读者相信自己的拉丁语译文没有篡改希腊语原文,而是保留了正宗阿提卡演说的精华与气势;他的译本完全可以替代原文,成为阿提卡演说的拉丁语标杆。可见,西塞罗是想借助这项特殊的翻译活动,以特殊的翻译策略来实现捍卫自己演说风格和地位的这一终极目标。

尽管西塞罗在《论最佳演说家》中所表达的对原文的重视是特定历史语境下的特殊产物,但这种观点却为翻译的忠实观日后成为主流的翻译观埋下了伏笔。400年后的哲罗姆因一份不甚忠实的译文而受到指责时,便引用了西塞罗《论最佳演说家》中的翻译论述来为自己的意译策略辩护。

由此，西塞罗和他的《论最佳演说家》被认定为古罗马意译思想的源头。哲罗姆根据西塞罗的"词语对词语的翻译"，以类比的方式创造出"意义对意义的翻译（sense-for-sense translation）"这一术语（简称"意译"），二者相互呼应，使翻译的二分法变得更为清晰工整，便于传播。直至今日，二元对立式的翻译方法仍是翻译理论中总结翻译方法的经典范式，只是在不同理论中的表达方式和角度略有出入而已。正是由于哲罗姆对西塞罗译论的"经典化"，使得西塞罗成了西方翻译思想史上意译派的先驱、"词译""意译"二分法的创造者以及以原文为导向的等值思想的启蒙者。然而，无论是青年时期的西塞罗，还是晚年时期成长为罗马精英分子的西塞罗，其翻译行为都体现出将原文为我所用的强势姿态，其翻译主张虽在论及目标语的自由程度时与后世的意译思想有相似之处，但背后的文化意蕴却已明显超越了以原文为导向的语际转换层面的词译和意译。

1.2 黄金时代后期：诗歌翻译之要义

拉丁文学黄金时期的第二阶段是奥古斯都（Augustus）时期。与西塞罗时期显著不同的是，此时罗马的共和制已被元首制取代，原来的公民大会、元老院等政治机构形同虚设；大殿之上的政治演说已辉煌不再，逐渐走向衰落，而诗歌艺术则由于元首奥古斯都对文人的荫庇和扶持，繁荣更胜往昔，涌现出维吉尔（Virgil）、贺拉斯（Horace）、奥维德（Ovid）等杰出诗人。尽管在古罗马诗人们的创作中，古希腊文化的影响无处不在，但是他们对于翻译的直接讨论却并不多见，仅有寥寥数篇流传后世。其中，贺拉斯的翻译论述对后世的影响最大，他的金句被后人频繁引用，他本人则被尊崇为意译派的典型代表。

1.2.1 翻译与模仿

贺拉斯对拉丁文学的一大突出贡献是将希腊诗歌的格律引入了拉丁诗歌。他在创作中也借鉴了很多希腊元素。当时的罗马国力鼎盛，国民对过分追随希腊文化的行为十分敏感。贺拉斯的《长短句集》(*Epodes*)和《颂诗集》(*Odes*)出版后，就有批评家指摘他的作品缺乏原创性，只是在单纯地模仿希腊作品。在《书信集》(*Epistles*) 1.19[1]中，贺拉斯向盖乌斯·梅塞纳斯(Gaius Maecenas)[2]倾诉，并为自己的诗歌辩护：

> 啊，模仿者，你们这群奴隶，你们的喧哗时常让我恼怒，也时常惹我发笑。我是在一片处女地上留下自由足迹的第一人，我走的是他人未曾踏足之地。人若相信自己，必能统领苍生。是我最先将帕罗斯(Paros)的短长格(iambics)[3]展现给罗马人。我追随的是阿基罗库斯(Archilochus)的节奏和精神，而非他侮辱[4]吕坎拜斯(Lycambes)的主题或言语。你们不要因为我不敢改变诗歌的格律和形式，就给我戴顶稀疏的桂冠。看看莫气勃发的萨福(Sappho)是如何从阿基罗库斯的节奏中锻造出了自己的缪斯，再看看阿尔凯奥斯(Alcaeus)又是如何找寻到了自己的灵感……此前的阿尔凯奥斯无人诵读，而我，一名拉丁姆[5]的诗人，却让他声名远扬。我的快乐就是带来了前所未闻之事，让贵人们捧在手中，看在眼里。
>
> （Horace 1929: 383）

---

1 贺拉斯的《书信集》共有两部，此处的1.19是指第一部中的第19封信，下同。
2 贺拉斯在潦倒之际，朋友维吉尔将其引荐给奥古斯都的谋臣梅塞纳斯。这位慷慨的艺术赞助人为贺拉斯提供了优渥的物质条件，贺拉斯的诗才也得以发挥，创作了许多传世之作。
3 这里所说的短长格后来发展成为欧洲格律诗的基本节奏——抑扬格。抑扬格在音节有长短之分的语言中表现为短长格，而在音节长短不明显的语言（如英语）中则表现为轻重格。
4 原文中使用的是hound一词，本书作者结合上下文、所引文献的脚注以及当时的历史背景，在翻译时作了一定的修辞性补充，以帮助读者理解。
5 拉丁姆为意大利古地区名，后扩展为意大利中西部的拉齐奥大区。

贺拉斯认为是他首先将短长格引入拉丁语言，其他跟在后面的罗马人只是在拙劣地模仿。而针对那些称其诗歌一味追随希腊形式、缺乏创新性的批评意见，贺拉斯则以希腊诗人间的相互模仿为例，来证明自古以来文学创作就是建立在对前人的模仿和借鉴之上。这种模仿和借鉴既可以是语内的，如萨福和阿尔凯奥斯从本族语诗歌中汲取灵感；也可以是语际的，如贺拉斯对阿基罗库斯和阿尔凯奥斯的效仿和翻译。

贺拉斯认为，文学模仿是有优劣之分的，作为模仿的一种形式，翻译也同样如此。相对于主题和言语，他认为格律和精神更值得模仿。至于如何才能恰当地模仿希腊文学，贺拉斯在之后的《诗艺》中作了详细的解答。

1.2.2 文学翻译的功能

上文提到，贺拉斯（Horace 1929：383）如此表达自己对于文学翻译功能的理解："我的快乐就是带来了前所未闻之事，让贵人们捧在手中，看在眼里。"可见，同西塞罗一样，贺拉斯将翻译与拉丁文学的发展以及对拉丁民众的教育联系起来，体现出强烈的功用主义倾向。他在《书信集》2.1中有这样一句名句——"被征服的希腊人将艺术带到了粗鄙的拉齐奥，以此征服了他们野蛮的征服者"（Horace 1929：409）。从上下文看，他是在比较希腊和拉丁两种文化的优劣，并主张罗马取长补短，构建更为强大的文化。因此，本质上贺拉斯和西塞罗抱有同样的精英使命感，他们赋予了翻译活动超越文字的文化竞争精神以及振兴罗马文化的使命。在《书信集》2.3中，也就是后来被昆体良称为《诗艺》（"Ars poetica"）的书信中，贺拉斯进一步表达了对罗马本土文学的赞赏以及对其超越希腊文学的期待。但贺拉斯也清醒地指出，要实现这样的诗歌成就，罗马的诗人们需要付出更多的努力：

> 我们自己的诗人对于各种（创作）风格皆有尝试，他们敢于不追随希腊人的足迹，而歌颂本国的事迹，他们将本国的题材写成悲

剧或喜剧，搬上舞台，并赢得荣誉。只要我们的每一个诗人都能忍受打磨作品的艰苦和辛劳，我们拉丁姆人的文学成就也绝不会亚于我们的赫赫战功。

（Horace 1929：475）

1.2.3 诗歌翻译的策略

究竟什么才是正确的翻译方法？如何才能在吸取希腊诗歌的精华的同时，保证自己的独立精神？针对这些问题，贺拉斯在《诗艺》中作出了解答。他在书信的前半部讨论如何在诗歌创作中选择题材、组织材料及呈现材料时，充分肯定了借鉴希腊文学的必要性，认为这是文学新手创作的捷径。但他同时指出，在模仿时一定不能作一名"奴性十足的译者"：

……不要像一个奴性十足的译者（slavish translator）般作那种词语对词语的翻译，不要在模仿的时候自陷窄井，既怕被人耻笑又怕触犯写作规则，裹足不前。

（Horace 1929：461）

"不要像一个奴性十足的译者般作那种词语对词语的翻译"，贺拉斯此语与西塞罗《论最佳演说家》中的那句"在翻译过程中，我认为无须作词语对词语的翻译"形成了明显的互文关联。不难看出，贺拉斯不仅和西塞罗一样反对词语对词语的翻译，他对于"奴性十足的译者"的轻视和西塞罗对于"仅仅是一名译者"身份的不屑也是一脉相承的。可见，他们更看重的是建立在模仿基础上的超越，而不是没有任何创意的鹦鹉学舌。

贺拉斯在《诗艺》中一方面强调"学习希腊范文"，另一方面也认为不能拘泥于范文，尤其不能作一个"奴性十足的译者"（Horace 1929：472-473）。在拉丁语和希腊语双语教育普及、罗马中心主义思想盛行的背景下，当时的罗马精英阶层普遍对古罗马文学创作有一种焦虑情绪，唯恐翻译后的文字留下太多原作的痕迹，无法贴上自己的标签，将其据为己有。因此，无论是西塞罗还是贺拉斯，他们都曾努力地为自己译作的"原创性"辩护，并告诫后辈在模仿时应避免与原文过于接近。

1.3 白银时代：实用主义翻译思想

奥古斯都去世后的公元1—2世纪被誉为拉丁文学的白银时代。之前主要模仿希腊文学的罗马人，此时已经掌握了几乎所有的希腊文学体裁，也创作出了能与希腊经典相媲美的作品，于是开始以罗马的经典作家（如维吉尔、西塞罗）为模仿和竞争对象，并发展出创新和崇古两种倾向（王焕生 2008：346-347）。随着罗马民族文化自信的树立，罗马人不再对翻译寄以教育国民、振兴民族文化的厚望，而对其实用功能更为重视，开始将其应用于修辞教学、素质培养等领域。

1.3.1 昆体良：翻译与修辞教学

昆体良是罗马帝国第一位领受国家薪俸的修辞学教授，他所著的十二卷本《演说术原理》（*Institutio Oratoria*）既是全面而专业的修辞学著作，也是优秀的教育理论和文艺批评作品。昆体良在书中评价了希腊文学和拉丁文学的重要作家，对西塞罗的作品和观点尤为赞赏，认为他是希腊语和拉丁语演说领域的集大成者（Quintilian 1876：271-273），西塞罗将翻译应用于修辞教学的做法也借由此书发扬光大。

《演说术原理》第一卷讨论儿童的家庭教育和初级教育。在第九章中，昆体良介绍了在拉丁语教学初期的文法教育阶段，如何通过《伊索寓言》的翻译练习来帮助学童提高语言表达能力。这种翻译练习和西塞罗所倡导的做法非常接近，二者都提倡保留原文的意思和精神，在语言上大胆地创新。由于是为学童设计的练习，昆体良特别强调，在选材上要注重趣味性，在难度上要注意循序渐进，以使其更符合修辞教学的需要。在《演说术原理》第十卷第五章中，昆体良以西塞罗等古典演说家的作品和观点为例，证明将希腊语译为拉丁语是古罗马演说家的优良传统：

> 我们的老一辈演说家认为，将希腊语译成拉丁语是非常好的练习（方法）。在西塞罗的名作《论演说家》中，（曾提及）李锡尼·克拉苏说他自己经常这么练习。西塞罗自己也多次推荐这种方法，他甚至通过这种翻译练习，出版了柏拉图和色诺芬的著作。米撒拉（Messala）也认可这一方法。在其现存的演说辞译文中，希佩里德斯（Hypereides）替芙里尼（Phryne）[1]辩护的演说辞风格尤其精致，可与原文匹敌。这对罗马人来说颇为难得。这种练习的目的很明显：希腊作家们资源丰富，在研究雄辩技艺的时候引入了很多艺术手法；在翻译的时候，我们就是要用他们所用的最好的词语，因为这些词语最终也可能归我们所有。但是对于语法形式——语言的主要修饰形式——我们可能还得创造出多种多样的形式来，因为在这点上，拉丁语和希腊语差异很大。
>
> （Quintilian 1876: 293）

可见，昆体良不仅像西塞罗一样看重翻译对于丰富拉丁语词汇的作用，他对两种语言在语法层面的不同也深有感触，认为翻译对于拉丁语言的语法发展是很有帮助的，可以通过翻译来丰富本民族的语言。

由于白银时代的罗马人已经有了自己的文学经典，修辞学习的素材大大扩充，翻译练习也不再局限于希腊语和拉丁语之间的"语际翻译"。昆体良将拉丁语内部的散文与诗歌之间、演说辞与演说辞之间的"语内翻译"也看作一种提高拉丁语能力的捷径。

---

1 芙里尼是公元前4世纪左右古希腊著名交际花，因在波塞冬节上裸泳被告上法庭，被指控亵渎神明，她当时的辩护人就是演说家希佩里德斯。

昆体良在《演说术原理》第二卷第十四章中，专门探讨了"演说术"或"修辞学"的术语翻译问题。他认为，拉丁语言在翻译希腊文字时总是存在词到用时方恨少的问题。关于这个问题，古罗马共和国时期的诗人卢克莱修（Lucretius）也曾有类似的观点。不同的是，卢克莱修认为这是由拉丁语词汇贫乏和罗马人不熟悉这些话题造成的，有自我贬低的倾向[1]；而昆体良则认为，在将拉丁语作品译入希腊语时也会遇到同样的情况，这是由两种语言和文化之间的差异而造成的，并不存在两种语言或文化孰优孰劣的问题。昆体良的观点一方面证明了罗马人的翻译思想逐渐成熟，另一方面也体现了拉丁语言和文学的进步以及古罗马人已经真正树立起来的文化自信。

1.3.2　小普林尼：翻译与素质培养

昆体良的学生小普林尼（Pliny the Younger）对翻译的功能有另外一番见解。在他看来，翻译不仅可以提高人的品位，还可以提高人的洞察力。

小普林尼是老普林尼（Pliny the Elder）的外甥和养子，家境富有，仕途顺利。作为律师、作家和议员，他对罗马精英的社交之道和文学圈了如指掌，在他著名的十卷本《书信集》（*Epistles*）中，关于罗马上层社会的方方面面都有涉及。通过这些措辞考究的信件，小普林尼试图将自己塑造为一个理想的罗马绅士，并建构出一个行为举止、思想观念及交际方式都合乎理想的罗马精英形象（Johnson 2010：35）。要理解小普林尼关于翻译的看法，只有结合这一历史语境才能看得清楚。

小普林尼有一封论翻译的书信极为有名，收录在《书信集》的第七卷中。他在回复格涅乌斯·佩达努思·福斯库斯·萨林内特（Gnaeus Pedanius Fuscus Salinator）的信（7.9）中指出：

1　当然，卢克莱修也有可能是想通过强调翻译难度来为自己的译作辩护，或者反衬译作的优秀（McElduff 2013：149）。

很多人认为，无论是将希腊语翻译成拉丁语，还是将拉丁语翻译成希腊语，都是一种有益的做法。这种练习能使你的表达更加贴切、华丽，修辞手段更为多变，论述说理更具说服力；模仿这些典范之作最终能让你拥有（与原作者）相当的创作才能。此外，有些细节读者可能会忽略，但却逃不过译者的眼睛，这些细节能够培养译者的品位和洞察力。如果你阅读时足够用心，能在过后回想起原作中的内容和论点，不妨以竞争的心态将它们写下来，再与原作作比较，仔细思考你和作者各自在表述上的优点，这将对你有益无害。倘若你在某些方面强于他，你会非常高兴；倘若你处处不如人，则会羞愧难当。有时也可以选择（原作中）最有名的部分，与（译作中）那些最精彩的片段比较。这种竞赛尽管大胆，却不至于唐突无礼，因为它是在私下进行的。我们看到许多人在这类竞赛中赢得了声望，也有许多人因为坚持不懈，最终超越了那些他们原本以为紧紧跟随就已足够的前辈。

（Pliny the Younger 1879: 225-226）

从信中不难看出，小普林尼将翻译视为一种修心养性的好方法，而且认为翻译可以培养译者的品位和洞察力，有效地提高其文学素养。这段言辞中有一个观点特别值得关注，即翻译是在与原作竞赛。虽然自西塞罗以来，译作与原作的较量说就一直存在，但小普林尼是第一位对这种"竞争"作了深入论证的人。这种竞争的需求实际上主要来自他的罗马精英朋辈，他们将翻译的优劣与个人的声望和影响力直接联系在一起：当译文优于原文时，译者将获得同侪的赞誉；若译文比原文逊色，译者则会羞愧难当。这种愧疚感的产生并非出自对原作者的亏欠，而是因为译者自感技不如人。和以原文为中心的忠实观相比，古罗马的翻译伦理别具一格，但也正是这种独特的伦理观赋予了译者极强的能动性，使翻译活动本身具备了更多的现实功能。

1.4 教父时代：翻译与宗教

从公元2世纪末开始，罗马进入帝国后期，这一阶段一直持续到5世纪后期西罗马帝国灭亡。这一时期的罗马帝国政权频繁更替，原本靠武力征服建立起来的庞大帝国，因为缺乏强有力的中央集权制度，最终分裂成东西两国。混乱的政局对经济、文化皆有冲击，这一时期世俗文学成就平平，反倒是基督教文学随着基督教的发展而蓬勃兴起，出现了一批基督教作家，如安波罗休（Ambrose）、哲罗姆、奥古斯丁（Augustin或Augustine）等，所以这一时期也称教父文学时期（the Patristic Period）。在这300多年里，关于翻译的讨论更为深入，不过探讨的主要对象不再是世俗文学翻译，而是《圣经》翻译。

1.4.1 哲罗姆的务实翻译观：寻根溯源，形意结合

哲罗姆是早期西方基督教会四大权威神学家之一，被认为是罗马神父中最有学问的人。他精通拉丁语、希伯来语和希腊语，拥有丰富的《圣经》翻译经验，同时也留下了许多与翻译相关的论述。《致帕马丘书》("Letter to Pammachius")是其翻译思想的代表作。这是一篇火药味十足的文章。哲罗姆写这篇文章的起因是：他替朋友翻译了大主教伊皮法纽（Epiphanius）的一封希腊语信件，译文流传出去后被人指责不够忠于原文，是对大主教的大不敬；于是哲罗姆恼羞成怒，给朋友帕马丘（Pammachius）写了一封长信，一方面指责批评者，一方面为自己辩护。

哲罗姆在信中谈及自己的翻译原则时如此说道：

> 我坦承，我从来不会用词语对词语的方法去翻译希腊作品，而是用意义对意义的方法去作翻译。不过只有翻译《圣经》时例外，因为《圣经》中连词序都具有一种神秘感。
>
> （Jerome 1956: 136-137）

为了体现意译法的理论权威性,哲罗姆大段地引用了西塞罗的《论最佳演说家》和贺拉斯的《诗艺》中关于翻译的论述。尽管这两位先辈对于翻译的理解同哲罗姆并不完全一致,但哲罗姆的引用却进一步建构了他们在译论史上的意译派先驱形象。

哲罗姆之所以选择意译作为文学翻译的原则,主要基于两大论点。首先,翻译中的绝对忠实很难做到,因为

> 可能我根本就找不到表达某些词语意思的对应词,于是为了达到目的,我不得不偏离正道,(就好比)本来只有短短一个街区的路程,却绕了好几英里的弯路。除此之外,还要面临词语变位、格的变换以及修辞手法纷繁多样等困难,而最困难的是如何反映不同语言自身特质的精髓。

(Jerome 1956:138-139)

其次,硬译会破坏原文的样貌,哲罗姆打比方说:

> 如果有人还是不清楚翻译如何消减了原作的魅力,就让他以词语对词语的方式把《荷马史诗》硬译成拉丁语,甚至是拉丁语的散文。这样一来,文字的顺序将会显得荒谬可笑,最具才情的诗人也会变得笨嘴拙舌。

(Jerome 1956: 139)

接下来,他除了引用圣安东尼(St. Anthony the Great)的译意而非译词的观点和精修圣人依拉喱(St. Hilary)的征服式翻译的思想之外,还指出世俗文学采用意译法不足为奇,因为《圣经》翻译中也有同样的情况:无

论是埃及亚历山大城的七十士[1]，还是《新约》的作者和基督使徒，他们都没有采用严格意义上的词语对词语的翻译方法。哲罗姆随后一口气罗列了14个例子来说明《圣经》翻译中的删、改、错、漏等情形，并总结道：在翻译《圣经》的时候，应该考虑的是内容而不是字词本身（Jerome 1956：148）。

如此看来，哲罗姆对于《圣经》和世俗文学的翻译策略并非像一开始所说的那般不同——文学翻译重译意，《圣经》翻译重译词；实际上，他认为这两种类型的文本都应该摒弃硬译，注重对原文的形和意的双重传达。哲罗姆早在《纪年》[2]（*Chronicon*）的序言中就表达了对希伯来语版《圣经》的赞赏，他认为这些经文如同文学经典一般优美动人，可惜当时已有的希腊语和拉丁语译文将原文的节奏、韵律破坏殆尽，这是拙劣译者的拙劣翻译造成的。

> 还有什么能比《圣经》中的《诗篇》更悦耳动听呢？它就像我们的弗拉库斯（Flaccus）[3]和希腊的品达（Pindar）的作品，一会是抑扬格，一会是阿尔凯奥斯诗体；一会充满萨福的风格[4]，一会用半音步。还有什么作品比《申命记》和《以赛亚书》中的旋律更优美，比所罗门的《箴言》更庄严，比《约伯记》更完美？所有这些广为流传的篇章都像约瑟夫斯（Josephus）[5]或俄利根（Origen）[6]所写的那样，是用五音步和六音步的诗行写成的。（可）当我们读希腊语译文时，它们听起来已经意义有变；而在读拉丁语译本时，它们已经前言不搭后语了。
>
> （Jerome 1893/2004：760）

---

1 七十士译《圣经》的故事具有传奇色彩，历史真相无从知晓，关于具体的译者人数更是说法不一，一般认为有70人，也有人说是72人。
2 哲罗姆的《纪年》编译自优西比乌（Eusebius）所著的《纪年》。
3 即贺拉斯，他的拉丁文全名为Quintus Horatius Flaccus，译作昆图斯·贺拉提乌斯·弗拉库斯。
4 阿尔凯奥斯和萨福是古希腊的两位著名诗人，他们创造的诗体是两种重要的古典诗歌形式。在前文贺拉斯的译论中也曾提及两位诗人。
5 约瑟夫斯是著名犹太历史学家，对《希伯来圣经》研究颇为深入。
6 俄利根是早期希腊教会中著名的神学家，也是一位哲学家，他通晓希腊文学，精通希伯来语。

哲罗姆曾接受过良好的修辞学教育，对于文体风格极为敏感，他推崇西塞罗庄严华美的文风及其演说家式的翻译风格，反对生涩的硬译。同时，作为当时教会中为数不多的精通希腊语、希伯来语和拉丁语三种语言之人，他通过对比发现了逐词翻译的《圣经》希腊语译本和拉丁语译本的种种不足。虽然当时的《圣经》翻译伦理要求译者要绝对忠于原文，但在强大的宗教压力面前，哲罗姆仍然敢于否定主流的逐词翻译的方法。他指出，翻译本质上是一种语言转换活动，在这种转换活动中，逐词翻译的弊端十分明显，因而他提出了"直译""意译"相结合的《圣经》翻译主张。

在这些翻译思想的指导下，哲罗姆后来以希伯来语版《旧约》为基础重译了《圣经》，花了整整23年的时间才完成了《通俗拉丁文本圣经》(*Vulgate*)。这一版本的《圣经》之后成为罗马天主教承认的唯一标准文本；哲罗姆本人也因此被封圣，成为"圣哲罗姆"。他是中世纪之前欧洲最后一位著名的翻译家。进入中世纪之后，教会不再允许任何形式的《圣经》翻译，这一禁令一直延续到中世纪末。

1.4.2 奥古斯丁的神学翻译观：阐释与翻译

奥古斯丁是一位基督教神学家，也是一位哲学家。他本人并未从事过大量翻译工作，只是校订过《圣经》拉丁语译本的某些部分。不同于哲罗姆从语言转换层面来理解翻译，奥古斯丁对翻译的理解始终与解经相关联，极具神学和符号语言学色彩。

奥古斯丁著述颇丰，他的与翻译最为相关的代表作是《论基督教教义》(*De Doctrina Christiana*)，该书共分四卷。奥古斯丁关于语言和翻译的观点主要集中于《论基督教教义》第二卷，该卷的核心议题是符号。他认为符号有两种——自然符号和约定俗成的符号，而语言属于后一种，也是人类用来交流的最主要的符号。基督教教义认为，巴别塔倒塌之后，人类的语言和思想陷入混乱，互不相通。《圣经》最初也是用一种语言写的，但后来被译成各种各样的语言，传播到四面八方，这样各族人民都能研读它(Augustin 1890: 757)。在此,奥古斯丁肯定了翻译对于传播《圣经》的积极作用以及《圣经》译本存在的必要性。然而,在阅读《圣经》时,不认识的符号或者语义模糊的符号会妨碍人们的理解。语言中的符号有实义符号(proper sign)和喻义符号(figurative sign)之分。奥古斯丁(Augustin 1890: 762)指出,对于不认识的实义符号,可主要借助语言知识来理解。他认为拉丁语读者需要希伯来语和希腊语知识来帮助他们,因为众多的《圣经》拉丁语译本说法不一,有时只有借助原文才能解惑。

> 译者的能力和判断决定了译文(的呈现形式)。当他们译法不一时,除非我们借助他们翻译的源语来考证,否则很难理解他们究竟想要表达什么意思。此外,如果译者学识不够渊博,(其译作)往往会偏离作者的本意。有鉴于此,我们必须掌握《圣经》拉丁语译本的源语言,或者获取那些逐词翻译的译本,并非因为这样的译本足够好,而是因为这些译本的译者往往在字词和意义层面都紧随原文,我们可以用他们的译本校正其他译者自由发挥的译本,或纠正其他译者的翻译错误。比方说,有些译者希望沿用拉丁古语的用法,把一些根本无法翻译的单词——有时甚至是整个短语——译成拉丁习语。尽管这样的翻译并不影响(读者)对全篇的理解,但对于那些更乐见保留事物符号纯洁性的人来说,这是极大的冒犯。
>
> (Augustin 1890: 764)

奥古斯丁在此明确地表达了对《圣经》以往的拉丁语译者的不信任:译者既可能因学问不够而误译,也可能因翻译策略过于自由大胆而使得译文的意思偏离原意。在他看来,词语对词语的翻译是再现《圣经》本来面目的唯一途径,虽然这样翻译出来的译本可读性不高,但这样的译本更便于读者追溯原文。此外,他还明确地反对用拉丁习语翻译原文的做法,认为这样会"冒犯"原文的"符号纯洁性"。

值得注意的是，奥古斯丁在《论基督教教义》中始终没有将译经者归入解经者的阵营。实际上，他和持"上帝感召论"的斐洛·尤迪厄斯（Philo Judaeus）[1]一样，认为译经者的能动性是有限的，他甚至反对译经者发挥太多的能动性。在他看来，好的译经者应当尽可能地在字面上追随原文，不轻易地将自己的理解放入译文之中，而将阐释的工作留给解经者。

奥古斯丁虽然和哲罗姆一样对原文极为重视，但他们的出发点却大不相同。对于哲罗姆来说，追本溯源可以使翻译更准确，而奥古斯丁却认为这是为了维护阐释的准确性和正典的权威性。奥古斯丁并不认为《圣经》拉丁语译本可以将上帝的智慧完美地传递出去，他甚至也不对译者作出这样的要求。因为在他眼中，虽然译本的语言各不相同，但神的旨意却是永恒不变的。"如果你不相信，你就不能理解"（Augustin 1890：763），奥古斯丁认为，只要带着对上帝的信仰，仔细研读、正确理解《圣经》的不同译本，就一定能聆听到上帝的感召。

1.5 结语

本章所介绍的古罗马翻译思想跨越了拉丁文学的三个发展时期，主要研究了六位代表人物的代表性译论。若从语言转换的角度来看，这些关于译什么、如何译的经验之谈，似乎大多只关乎翻译方法的选择问题。然而，若将其置于话语的语境和历史的维度中去考察，这些古老的译论便会焕发出勃勃生机。比如，被称为意译派代表人物的西塞罗其实在不同的人

---

[1] 与《亚里斯提亚书信》（*Letter of Aristeas*）中所讲述的故事不同，犹太哲学家斐洛认为，七十士在翻译《圣经》的过程中没有集体商讨、共同翻译，而是每个人都逐字逐句地翻译了所有经卷。虽然他们在翻译过程中并未互相协商，但最后所有人翻译的结果却完全一致。斐洛认为，这足以证明七十士在翻译过程中受到了上帝的感召。

生阶段其翻译动机和方法并不相同；同处黄金时代的贺拉斯尽管和西塞罗一样反对硬译，但他的意译主张却和拉丁语诗歌发展的具体语境更为相关；还有后世的哲罗姆，其对西塞罗意译思想的推崇，表面上与世俗文学翻译相关，实际上却是对当时主流《圣经》翻译规范的反抗。事实上，除了这些代表人物之外，古罗马还有很多历史人物的译论值得挖掘，如老塞内加（Seneca the Elder）、革利乌斯（Gellius）等人都曾发表过对翻译的看法。这些不同时期不同身份的古罗马人，其所关注的翻译问题、表达的翻译主张不尽相同。他们的翻译思想既是个体利益和诉求的投射，也受群体意识和行为的裹挟。回归语境，见微知著，这也正是翻译理论史研究的价值所在。

　　随着西罗马帝国的衰亡，曾经荣光无限的古希腊罗马文明转入颓势，文学经典也大量流失。中世纪时期，希腊语在欧洲西部几乎被彻底遗忘，而拉丁语则保住了通用语的地位，部分拉丁语典籍依靠修道院僧侣们的传抄保留了下来，欧洲西部各国在吸收罗马文化、基督教文化以及拉丁语言养分的基础上逐渐建立了各自的民族文学。不过，当时为数不多的翻译活动仍然受限于宗教目的和宗教组织。与此同时，欧洲东部的拜占庭帝国虽仍自称为罗马帝国，但其与欧洲西部各国在政治、经济和文化等方面的差异越来越大，随着官方语言拉丁语被希腊语所取代，除法律外的拉丁文化遗产在欧洲东部也几乎荡然无存。倒是在伊斯兰教占领的周边地区（如西班牙），因为统治者宽容开放的政策，大量古希腊罗马典籍被翻译和保留下来。直到十一、十二世纪，西方城市开始兴起和繁荣，文化需求重新高涨，许多被遗忘已久的希腊罗马经典随着欧洲的人口流动和文化交流被重新发现并通过翻译活动流传开来，新知识和新思想才开始大量涌入各个城市。这场被誉为"12世纪的文艺复兴"的运动通过翻译为西欧找回了哲学和科学的源头，实现了西欧文明的再次繁荣，并为15世纪文艺复兴的发生作好了铺垫。

第二章 翻译研究的启蒙期：法则的建构

公元5世纪，西罗马帝国灭亡，欧洲进入了长达1000多年的中世纪（5—15世纪），亦称"黑暗世纪"（Dark Ages）。在这一漫长的时期中，欧洲处于严酷的宗教统治之下，非宗教的世俗文化受到了严厉的压制，曾经活跃的翻译活动趋于沉寂，前期流入古罗马的一些古希腊世俗文献及其译本或流失，或被损毁，古罗马也开始了它盛极而衰的历程。但与此同时，在欧洲之侧的奥斯曼土耳其帝国和阿拉伯帝国相继崛起。值得注意的是，它们亦如同昔日的战胜国古罗马帝国一样，在攻城略地的同时，也开始了针对古希腊的翻译活动。尤其值得一提的是阿拉伯帝国的翻译家们，他们"把古希腊、古波斯和古印度大多数的重要典籍都译入了阿拉伯语"（Yücesoy 2009：523）。迪安·普特南·洛克伍德（Dean Putnam Lockwood）发现：

> 对亚里士多德（Aristotle）的研究在5世纪时就开始由拜占庭传入叙利亚，直至8世纪，叙利亚的学者都在翻译和评介古希腊大师的典籍。后来是在巴格达，从8世纪到10世纪，叙利亚学者不仅把亚里士多德和其他许多古希腊评论家的典籍译成了阿拉伯文，还把柏拉图、希波克拉底（Hippocrates）和盖伦（Galen）的作品翻译成阿

拉伯文。最后在11世纪的伊斯法罕[1]，阿拉伯最伟大的学者阿维森纳（Avicenna）建立了他的医学体系和亚里士多德哲学。阿维森纳的作品，连同众多古希腊典籍的阿拉伯译文，被摩尔人（Moors）带到了西班牙。于1150年前后，这些作品经托莱多[2]的一批博学的犹太人的译介，为西方学者所得。

(Lockwood 1918：124)

进入中世纪后，古希腊文明对欧洲的影响基本上就被阻断在了古罗马，没有进一步深入欧洲的腹地，尤其是西欧。但古希腊文明随后却又选择了另一条路径，再度回到欧洲。这条线路，就是先经过中亚，然后随着阿拉伯帝国对西班牙的入侵进入西班牙，最后经西班牙托莱多的一批犹太知识精英将这些阿拉伯语的译文转译成拉丁文，使失落千年的古希腊文明再次回到欧洲。彼得·伯克（Peter Burke）和夏伯嘉（Ronnie Po-chia Hsia）说：

历史上所有主要的文化交流都涉及翻译：无论是中世纪早期将梵文和巴利文的佛教文本翻译成中文；还是中世纪早期将希腊哲学译入阿拉伯语，并随后在中世纪鼎盛时期将同样的文本从阿拉伯语译入拉丁语；……

(Burke & Po-chia Hsia 2007：1)

公元15世纪，奥斯曼土耳其帝国攻陷君士坦丁堡，东罗马帝国国王君士坦丁十一世战死，东罗马帝国灭亡，中世纪的宗教中心被击破。经西班牙用拉丁语转译而再次进入意大利的古希腊世俗思想，让人们再次看到一千多年前曾让他们的祖先兴奋无比的智慧之光。于是欧洲再次以意大利为中心，掀起了一场翻译古希腊世俗经典的运动；理性开始挑战神权，科

1　伊朗一城市。
2　西班牙一城市。

学开始挑战愚昧，艺术开始挑战说教。

随着14世纪末文艺复兴浪潮的掀起，翻译活动——特别是文学翻译——才开始重新焕发出生机和活力。文艺复兴的初衷是重温古希腊、古罗马辉煌的文艺作品，进而从中世纪的神学压制中走出来，其思想核心是人文主义。这一思想召唤欧洲文艺重回其源初，发掘理性主义与宗教信仰的关系，并构建仁慈博爱的人文价值观。在这一溯源过程中，翻译无疑扮演了极其重要的角色。在文学翻译方面，文艺复兴时期的作家们以各自的民族语言翻译了大量古希腊、古罗马的世俗和宗教典籍；在文学创作方面，随着民族语言的日益成熟，作家们纷纷采用各自的民族语言创作，最终颠覆了拉丁语作为欧洲通用书面语的局面，使欧洲各国的民族语言和民族文学走向成熟，推动了民族国家的形成。随着大量翻译活动的发生，翻译研究也进入了启蒙期，一系列影响延续至今的翻译法则始见雏形。

2.1　14世纪民族语言的兴起与翻译

作为欧洲文艺复兴的发源地，意大利涌现了大批翻译家，其中主要包括文学家兼翻译家弗朗切斯科·彼特拉克（Francesco Petrarca）、但丁·阿利吉耶里（Dante Alighieri）、乔万尼·薄伽丘（Giovanni Boccaccio）、科卢乔·萨卢塔蒂（Coluccio Salutati）、莱昂纳多·布鲁尼（Leonardo Bruni）等。他们共同铸造了意大利文学创作与翻译的辉煌时代。

在思想方面，意大利人为摆脱中世纪的宗教压制，转向了古希腊和古罗马文化，从而引发了文艺复兴运动。在翻译这些古典作品时，译者们没有完全采用古希腊文学和拉丁文学的形式，而是采用一种杂糅的形式——将他们自己特有的文学与古希腊文学和拉丁文学相结合——翻译并仿效了许多古希腊作家的作品。这一时期，虽然他们翻译了大量的文学作品，但对于翻译理论的论述还是比较少。其中较为著名的是但丁的论述，散见于著作《论白话》(*De Vulgari Eloquentia*[1])和《飨宴》(*Il Convivio*[2])中。在《飨宴》中，但丁以比喻方式探讨了不可译性和语言间的不对等性。他认为，在拉丁语与意大利语的翻译转换中，由于两种语言的不对等关系，根本无法实现对原文真正的遵从（true obedience）。而真正的遵从必须遵守如下三条法则：这样的遵从必须是愉悦的，而非苦痛的；必须完全可控，而非自发任意的；必须是有限度的，而非无限度的（Dante 2002: 48）。据此，他认为，由于拉丁语与意大利语存在不对等关系，如果在翻译中一定要遵从原文的表达方式，则其结果可能是苦痛的、难以完全控制的，更谈不上是有限度的。在将一种语言转换为另一种语言时，如果不破坏原作的美妙与和谐，诗歌翻译就无法进行，因此完全遵从原文的翻译根本无法实现。换言之，所谓不作任何改动的翻译是不存在的。

在语言方面，文艺复兴之前，意大利各城邦文学所使用的主要语言并不是意大利语，而是古罗马核心区域拉齐奥大区所用的拉丁语。直至13世纪，随着意大利各地方言的融合，意大利语才逐渐形成并进入意大利诗坛。后经一批卓越译者兼作家的传播，意大利语终于成为整个意大利最重要的文学语言。这实际上就是欧洲白话文运动的开始。欧洲跟古代中国一样，也曾有过"言文分离"的时代，那时"文言"（即书面语）就是拉丁语，"白话"就是但丁所说的人民口头的语言。继意大利出现的这种白话文运动之后，欧洲其他各国也出现了类似的运动，最终欧洲各国的民族语言取代了曾经一统欧洲的官方语言——拉丁语。

但丁从拉丁语与意大利语之间不对等的关系想到了民族语言所独有的特征。在《论白话》中，他明确阐述了民族语言（即他所称的"白话"）的独特性以及优越性。在他看来，白话就是"小孩在刚开始学说话时从他周围人那里学到的语言"（Dante 1990: 47），它不同于后天习得的拉丁语。这种弃拉丁文、兴民族语言的潮流后来被胡适称为"欧洲的白话文运动"。

1　英译名为 *On Eloquence in the Vernacular*，国内学界也常将其译作《论俗语》。
2　该作品大约创作于1304年至1307年之间。

但丁对白话的推动甚至影响了中国的白话文运动。胡适就曾说过：

> 欧洲中古时，各国皆有俚语，而以拉丁文为文言，凡著作书籍皆用之，如吾国之以文言著书也。其后意大利有但丁（Dante）诸文豪，始以其国俚语著作。诸国踵兴，国语亦代起。路得（Luther）创新教始以德文译《旧约》《新约》，遂开德文学之先。英法诸国亦复如是。今世通用之英文新旧约乃一六一一年译本，距今才三百年耳。故今日欧洲诸国之文学，在当日皆为俚语。迨诸文豪兴，始以"活文学"代拉丁之死文学。有活文学而后有言文合一之国语也。
>
> （胡适 1917/2020：126）

在但丁（Dante 1990：48）看来，相较于拉丁语而言，白话更加"高贵"，原因有三：(1) 它是人类使用的第一语言；(2) 它是全世界使用的语言，只是在发音和形式上各不相同；(3) 它对我们而言是自然习得的，而拉丁语则更多的是艺术的产物。这也成为他在翻译中选用意大利语（即白话）而非拉丁语的最重要原因。

与但丁不同，萨卢塔蒂更关心译本的谬误以及赞助人对翻译的影响。他反对在翻译中为了成为一名忠实的译者而采用词语对词语的翻译方法，要求译者顾及全局，通过使用和增加不同的连词而使全篇语义及逻辑连贯通顺。可见，萨卢塔蒂十分注重译者在翻译中的自由度。他还强调译者要研究并学习过往译本，要质疑其中的误译并加以改正。

与萨卢塔蒂的翻译观相似，布鲁尼同样强调翻译中要明辨过往译本的不当之处。他认为，"翻译的本质就在于将一种语言所表述的内容准确地转换成另一种语言"（Bruni 2002：58），而实现准确的翻译是一项非常困难的工作。为达到这一目的，布鲁尼（Bruni 2002）认为译者需要做到以下三个方面：(1) 译者必须对源语有充分的了解，而这种了解只能通过反复地、仔细地阅读各种作家的作品来实现。(2) 译者必须充分掌握目标语，以便完全自如地驾驭目标语，唯有如此，才能在必须要使用词语对词语的翻译方法时，实现准确的翻译。另外，译者还要十分熟悉目标语中优秀作家所使用的各种习语和修辞手法，并在翻译时加以模仿。(3)译者要对声音有一双灵敏的耳朵，这样在翻译时才不会干扰和破坏原作的完整性和节奏特征。除此之外，由于每一位作家都具有各自独特的写作风格，译者还应该具有洞悉原作风格的能力，并在翻译中体现出原作的风格。显然，较前两位学者而言，布鲁尼对翻译，特别是译者的翻译能力有更加系统化的论述。他对译者能力的论述一方面继承了古罗马时的翻译思想，另一方面也结合了他本人的翻译经验，无疑是这一时期对译者翻译能力最为全面的论述。

与意大利的情形相似，这一时期法国的翻译活动同样经历着从中世纪向文艺复兴的转变。法国诗人兼翻译家让·德·默恩（Jean de Meun）提出，翻译应该顾及广大民众的阅读能力，因此译者应采用民族语言来翻译，这也顺应了当时欧洲各国力图摆脱拉丁语一统欧洲书面语的文化趋势。在《玫瑰传奇》(Le Roman de la Rose)的序言[1]中，默恩表示要以平实的语言为普通民众翻译；唯有如此，才会使大众获益。他指出，若按拉丁语文法结构，用词语对词语的方法翻译，那么这样的译作对大众而言势必会显得太过晦涩（de Meun 2002: 47）。因此，翻译中应摆脱拉丁语文法结构的束缚，以朴实的民族语言译出原作者的意思。就民族语言观而言，默恩是因读者群的语言接受能力而决定采用民族语言的；而但丁则是在比照两种语言之后，认为民族语言具有无可比拟的优越性和高尚性。这一时期，除默恩外，法国翻译界的其他译者相对沉寂，译作数量较少，翻译思想也不是很活跃。

与此同时，英国译者一面着手用英国的民族语言——英语来翻译《圣经》，一面兴趣盎然地试译法国和意大利的文学作品。约翰·威克里

---

[1] 《玫瑰传奇》是13世纪法国寓言长诗，分为两部分。第一部分写于13世纪20年代，由法国诗人基洛姆·德·洛利思（Guillaume de Lorris）创作；洛利思逝世40年后，默恩于13世纪60年代创作了该诗的第二部分。这篇序言大约写于1280年。

夫（John Wycliffe）可谓其一的先行者。在他的指导下，他的学生尼古拉斯·赫里福德（Nicholas Hereford）和约翰·普维（John Purvey）先后翻译了《圣经》的《旧约》与《新约》。几经修改，这部《圣经》成为当时较为完整的英译本。它的问世标志着"英国人民具有了以自己的白话形式去阅读、理解并拥有《圣经》的权利"（Barnstone 1993：201）。与当时其他英语作品相比，威克里夫的《圣经》拥有更为庞大的阅读人群，影响力也更大，因此渐渐引起了英国教会的关注，他们绝不容忍拉丁语以外的《圣经》译本存在。1401年，大主教阿伦德尔（Arundel）宣布威克里夫是异教徒，禁止使用《圣经》英译本，并在英国国内展开了一场清除异教徒的行动。这一冲突体现了当时英国教会与宗教改革派在语言观、宗教观上形同水火的敌对关系。当时，教会认为《圣经》拉丁语译本是至高无上的，上帝的声音只能用拉丁语来传递；而宗教改革派一直想打破这个规矩，威克里夫的译本正好顺应了宗教改革派的意愿。教会禁止神职人员以外的人解读《圣经》，而翻译本身就是一种解读行为，因此用民族语言翻译《圣经》被教会视为异教徒行为而被禁止。

教会的禁令并没有阻挡人们用民族语言翻译《圣经》的热情，更无法阻碍英语作为书面语的传播。许多英国作家纷纷选择以英语来创作和翻译，杰弗里·乔叟（Geoffrey Chaucer）就是其中的代表。这位英国文学之父一生用英语创作了大量的诗歌，并翻译了许多拉丁语、意大利语和法语文学作品，其中就包括上面提到的《玫瑰传奇》。虽然乔叟没有像但丁一样赞美民族语言的优越性，但他的创作和翻译展现出他对民族语言的信心。难怪在当时英国人的心目中，他还是一位"杰出的翻译家"（Abrams et al. 1979：95）。

乔叟之后，英国翻译家威廉·卡克斯顿（William Caxton）翻译了许多作品，其中包括《世界明镜》（*The Myrrour of the Worlde*），《特洛伊历史故事集》（*The Recuyell of the Historyes of Troye*）和《埃涅阿斯纪》（*The Aeneid*）等。在《埃涅阿斯纪》的序言中，卡克斯顿首先探讨了目标语的问题。他指出，由于时代和地域的差异，英语产生了各种各样的词汇，其中既包括古怪的、令人费解的词语，又包括大众所用的粗鄙词语。许多牧师建议他选用前一种，而他自己却另辟蹊径，采用了处于两种语言之间的一种语言形态。这样，译作的语言就既不会粗鄙也不会古怪了。同时，卡克斯顿意识到，由于语言的变化和语言形式的多样性，很难取悦每一位读者。因此，他强调他的译本"并非为那些粗俗的、未受过教育的人而存在，而仅仅是为那些知书达理的牧师和绅士们服务的"（Caxton 1490/2002：61）。卡克斯顿的论述主要可以归纳为以下两点：(1) 与之前但丁、默恩的民族语观相比，他对民族语具有更进一步的认知。他观察到民族语言具有多样性、区域性的特征，因此他有选择地区分了各种繁杂的民族语并选定了他认可的民族语形式为目标语。(2) 他明确界定了他的读者群——社会中上层知识精英。与默恩对大众读者的关怀相比，卡克斯顿更强调读者是否接受过文化教育，是否具备一定的阅读能力。

2.2　15—16世纪新教的崛起与翻译

文艺复兴后期，受民族语言兴起的影响，翻译不再仅仅关注文学，也开始关注宗教。思想家们在阐释《圣经》时，渐渐开始质疑中世纪的宗教思想，认为这些思想与古希腊、古罗马时期的哲学思想相去甚远。他们要求回溯古希腊、古罗马的思想之源，重新探究其中的本源问题。就《圣经》而言，就是回归希伯来语的《旧约》与希腊语的《新约》——基督教神学之源。在比较原文与译文的过程中，他们发现"拉丁语译本中误译颇多"（Barnstone 1993：154）。因此，他们开始质疑拉丁语译本的正确性和合法性，随即推动了以民族语言重释和重译《圣经》的历史进程。与此同时，复兴古典文艺、开创新文艺仍是当时人们的共同心声，因此大量的古希腊、古罗马文学作品被译入各民族语言，进一步推动了欧洲文艺复兴运动和各国民族语的发展。

宗教翻译方面，法国学者在当时影响最大，他们冲破了拉丁语译本的禁锢，重新翻译和解读《圣经》，艾蒂安·多雷（Étienne Dolet）便是其中的代表人物之一。而文学翻译方面，主要译者有雅克·佩尔蒂埃（Jacques Peletier）和约阿希姆·杜·贝莱（Joachim du Bellay）。

多雷是一位印刷商和翻译家，也通常被认为是文艺复兴时期第一位因翻译而殉难的学者（译者）。他引导大众阅读《圣经》的法语译本，其作品的思想经常游走于正教与异教之间。作为出版商，他还出版了许多加尔文主义的著作。他的种种行为激起了教会的愤怒，教会最终将他处以极刑。在教会给多雷罗织的罪名中，误译经典是其"最大的罪行"。教会认为，在翻译《申辩篇》[1]时，多雷擅自给苏格拉底的话语中添加了"（人死后）一切皆空"这一表达，否定了"灵魂不灭说"，有严重曲解原作之嫌。对于这一点，教会无法指摘原文作者柏拉图，只能迁怒于译者多雷，认定他有意误译，事实上就是以"莫须有"的罪名置他于死地。（Robinson 2002：95）

在翻译理论方面，多雷也作出了重要贡献。他最为著名的论述见于其作品《论如何出色地翻译》（*La Manière de Bien Traduire d'une Langue en Aultre*）。在该书中，多雷（Dolet 1540/2002）提出了著名的翻译五原则：（1）译者必须完全理解原文作者想要表达的情感和内容；（2）译者必须通晓原文作者所使用的语言及目标语语言；（3）译者应摆脱逐词对译的窠臼；（4）译者必须采用通俗的语言形式；（5）译者应选择恰当的词语和语序，使译文具有适当的风格和效果。多雷的这一翻译五原则，对西方后世的翻译思想和理论产生了很大的影响。

佩尔蒂埃是一位人文主义诗人和翻译家，一生翻译了许多诗歌。他在《诗艺》（*L'Art Poétique*）（Peletier 1555/2002：106）中着重强调了两方面：（1）好的文学翻译可以丰富本族语；（2）与词语对词语的翻译和释译

---

1 当时人们普遍认为《申辩篇》的作者是柏拉图。

(paraphrase)相比,拟译(imitation)的最真实形式才是翻译。佩尔蒂埃所认同的翻译是一种艺术性的模拟,即拟译;译者不仅要依从于原作者的创作内容,顺从他的语言组织形式,还要在译者能力以及目标语允许的范围内顺从他的风格,因为忽略其中任何一点都会损害原作的风格和意义,会"剥夺作者的优雅(风格),篡改他的意思"(Peletier 1555/2002:106)。在他看来,拟译不同于词语对词语的翻译。词语对词语的翻译有损于原作的高雅风格,这不是因为词语对词语的翻译违反翻译的法则,而是因为两种语言在措辞方面绝对不会完全一致;人类的思想是共通的,但词语和言语形式对于每个民族来说却是独特的(Peletier 1555/2002:107)。他还认为,拟译不同于释译。如果译者过度地采用释译方式,那就形同转述(circumlocution),"是十分恼人的,并且还会剥夺原作者智力劳动的价值"(Peletier 1555/2002:107)。由于翻译源自艺术,因此它本身就是一门艺术,译者必须明白这一点,才能理解翻译的规则。在翻译过程中,译者必须以最自然的目标语展现出原作的艺术品质。

受佩尔蒂埃影响,同时期的许多法国作家和诗人,特别是七星诗社(La Pléiade)的成员也翻译了许多诗作,还留下了一些翻译理论,其中贝莱对后世的影响较大。贝莱一生翻译了大量古希腊、古罗马诗文;他还写了一本题为《为法语一辩》(*La Déffence, et Illustration de la Langue Françoyse*)的论著。书中,他秉承了贺拉斯的自由译的观点,力倡"通过自由拟译古希腊和古罗马的文学作品来丰富法国文化"的翻译观(Robinson 2002:106)。

在贝莱看来,若要丰富法语的表达,古罗马人的拟译方法最值得借鉴。他认为,忠实的译者只能正确地理解源语与目标语,而无法在翻译时保留原作的优雅风格,因为"每一种语言都有它自身的独特之处;如果你恪守翻译规则,极力将一种语言的固有特征译入另一种语言,使它不能突破原作的限制,那么你的措辞将会变得拘谨、乏味且没有任何魅力"(du Bellay 1549/2002:103)。因此,译者要像古罗马的拟译者一样,将创作和演讲的文采融入翻译之中，最终使译作读起来如同原作者本就使用法语创作一样。唯有如此，译者才可以通过拟译古希腊、古罗马的优秀作品，达到丰富法语的表达并扩展法国文学疆域的目的。

由此也可以看出，就拟译而言，贝莱与佩尔蒂埃的观点是有明显差异的。佩尔蒂埃认为拟译就是模拟原作风格的翻译，而贝莱则认为拟译就是古罗马时的那种自由式翻译，后者在下面所要谈到的德莱顿的拟译观中得到了进一步阐释。

受法国人文主义的影响，德国也掀起了一场以马丁·路德（Martin Luther）为首的宗教翻译活动，且这一活动最终成为当时宗教改革的核心。它声势浩大，影响了整个欧洲的宗教改革，进而也深刻地影响了欧洲的语言版图。事实上，在《路德圣经》（Luther Bible）之前，德国就已经有了《圣经》德语译本；早期是哲罗姆所译的《通俗拉丁文本圣经》的节译本，14世纪才出现了德语全译本。但由于当时"教会当权者一直竭力阻止《圣经》德语译本的印发"（Gritsch 2003：62），这些译本均未印发流通。最终，在其赞助人的支持之下，路德于1522年出版了他译自希腊语的《新约》，于1534年出版了他译自希伯来语的《旧约》，前后历时12年之久。译本几经删改、最后定稿为《路德圣经》。在翻译过程中，路德以德国图林根一带比较统一的公文用语（也称高地德语）为基础，吸收各地方言之精华，并遵从民众可接受的表达方式来翻译。他的翻译一方面推动了德国语言统一化的进程，另一方面也极大地影响了当时欧洲的宗教改革和宗教发展，逐渐从根本上改变了拉丁语作为欧洲通用书面语的局面。也正因他对德语以及德国文学的巨大影响，后世称他为"德国文学语言之父"（Robinson 2002：83）。而关于他的翻译理论，主要散见于长文《关于翻译的公开信》（"An open letter on translating"）和《〈诗篇〉翻译之辩》（"Defense of the translation of the Psalms"）。

结合他一生的翻译实践及其相关论述，路德的翻译理论主要可归纳如下：

1)翻译不是只能在直译与意译之间二选一,而是要因时制宜,两种策略要根据不同文本和语境的需求相互调合。他认为,在重要的地方要采用直译,而在其他地方则不必直译,因为要考虑德国人如何表达。这里所说的"重要地方",是神职人员路德按照他对基督教教义的理解来定义的,主要包括两个方面:(1)原文表述较晦涩、可以作多种不同解读的地方;(2)希伯来语中更具表意、表情功能的一些表达方式(Stolt 2014:385)。

2)翻译时要尽可能选用德国大众耳熟能详的词语,务必使目标语本土化。路德的这一语言观影响了后来整个德国语言的发展与统一,对德语乃至欧洲语言的发展有着巨大的贡献。对于目标语,他形象地说,译者要出去问问屋里的妈妈、街上的孩子以及市场里随便某个人(Luther 1977:9),看看他们所用的语言,就明白该用什么样的译文和语言形式了。有时,为了寻得一个纯正、清晰的德语表达方式,他和他的学生们常常花上两周、三周、四周甚至更长时间才能找到一个合适的词语。由此可见,他对译文所用语言的要求非常严格,这让我们不禁想起严复(2009:203)的那句名言——"一名之立,旬月踟躇"。

3)拉丁语与德语之间存在明显差异,二者的语法形式不可能一一对应,因此翻译时要调整语法结构。路德认为,之前的《圣经》译本对此都视而不见,因此他会在翻译时通过一些变通手段,如增补情态助词等,将原作的语义补充完整。

4)为准确理解《圣经》,译者需广纳众言,讲求团队合作。为了准确把握不同《圣经》版本的差异并参透其中要义,路德与他的学生对经文进行了无数次的讨论,并与其他领域的专家进行了合作。他的朋友乔治·罗尔(Georg Rörer)和约翰尼斯·马特修斯(Johannes Mathesius)记录下了许多这样的讨论场面,马特修斯甚至列出了参加讨论的专家名单。由此可见,路德的《圣经》翻译绝非一人之力,而是集思广益、团队协作的成果。

5)翻译是以读者为导向的活动,因此译者必须关注读者的阅读诉求。

无论是选词还是表达，路德都尽力追求译文的可接受性。首先，他选择了撒克逊宫廷的官方语言作为他的翻译基础。当时，这种德语流行于出版界和上流社会，因此译本很容易被出版商与上流社会人士所接受。其次，他还创造性地吸纳各种方言、俗语以及民歌的表达方式。两相结合，最终形成了广为大众所接受的德语表达方式。这种做法既考虑到了上流社会读者的趣味，又满足了广大普通读者的需求，可谓一举两得。

6）翻译不仅仅要传达出原作中的信息，还要传递出原作中的情感，实现原作的移情功能。当代著名翻译理论家、《圣经》翻译家尤金·阿尔伯特·奈达（Eugene Albert Nida）（1972：13）就曾指出：情感意义的研究与宗教语言的本质是紧密相连的，由此也引发了翻译中一系列关于情感传达的问题。路德正是由于感受到了《圣经》话语注重情感表述的特征以及"移情"教化的功效，因而在翻译过程中十分强调情感的表达。

综上所述，从路德有关翻译的思考中不难看出，他十分强调目标语文本的民族性和可接受性，追求读者导向的翻译，这也是"路德对翻译理论最重要的贡献"（Robinson 2002：84）。他对宗教作品的翻译进一步推进了目标语民族化和语言民族化的进程，使得各国译者纷纷效仿，最终打破了教廷和上流社会从语言层面对宗教作品解释权的控制，使得各民族在语言和思想两方面都得到了解放。

与欧洲其他各国相比，虽然文艺复兴之风进入英伦三岛的时间稍晚，但英国仍涌现出一大批文艺复兴后期著名的学者、诗人以及翻译家。其中主要从事文学翻译的有苏格兰诗人、文学翻译家加文·道格拉斯（Gavin Douglas），伊丽莎白时期最著名译作《希腊罗马名人传》（*Lives of the Noble Grecians and Romans*）的译者托马斯·诺思（Thomas North），以及菲尔蒙·霍兰（Philemon Holland）和乔治·查普曼（George Chapman）；宗教翻译家和理论家有宗教保守派托马斯·莫尔（Thomas More）和与莫尔针锋相对的宗教改革派威廉·廷代尔（William Tyndale），《圣经》翻译理论家、新教信奉者威廉·富尔克（William Fulke）和与富尔克观点相左的罗马天主教信徒格雷戈里·马丁（Gregory Martin），以及宗教改革派翻译家约翰·奇克（John Cheke）等。

这一时期，英国文学翻译界虽出现了许多经典译本，然而对于文学翻译理论的探讨却并没有实质性的进步，多数仍为经验性评说。相比而言，查普曼的论述较具代表性。1598—1611年，他出版了译作《伊利亚特》（The Iliad），共24卷；1616年，他又出版了译作《奥德赛》（The Odyssey）。其译作虽与《荷马史诗》在风格上不尽相同，但由于他具有卓越的才华，译作一时风靡英伦三岛，也影响了之后的许多诗人和译者。关于翻译理论，查普曼最为代表性的论述见于《伊利亚特》的致读者前言（Chapman 1611/2002）。关于诗歌翻译，他在文中明确反对硬译，也声明自己不欣赏太过自由的意译，而是倾向于选择一种折中的翻译方法。他认为，翻译时译者要学会鉴赏原作，理解原作的语法和词汇，进而把握其意义和风格。唯有如此，译者方能对源文本有较深的认识，译出堪与原作媲美的作品。查普曼认为，翻译是译者与原作者一种精神上的交流，是一种移情的艺术（参见Steiner, T. R. 1975：11）。

此时的宗教翻译理论也竟相绽放，保守派与改革派对翻译理论都各有所论。宗教保守派代表莫尔的相关论述散见于他的著作《关于异教的对话》（Dialogue Concerning Heresies）和《驳廷代尔的回复》（The Confutation of Tyndale's Answer）。在《关于异教的对话》中，莫尔虽然体现出对《圣经》英译本的容忍，但他更强调中世纪的宗教传统。关于《圣经》翻译，他主要从译者和目标语两方面来论述。对于译者，莫尔认为，由于《圣经》是圣哲之人写出来的，因此《圣经》的翻译应由学识渊博之人完成。此外，译者必须经教廷赋予其翻译权利后方能开始翻译，不能任由马丁、威克里夫之流任意改写《圣经》。对此，他多次强调"要让《圣经》翻译远离那些外行人之手"（More 1529/2002：79）。对于目标语，莫尔表示，由于《圣经》的语言是高贵的、庄重的，因而译者要尽量保留源语的特征，而不是以粗俗的、大众的语言取而代之。这样的译作只会放任目不识丁的大众随意解读《圣经》、胡乱猜测未读懂部分的意思，最终对《圣经》产生种种误解。总之，莫尔对当时用民族语言翻译《圣经》而引起的译作通俗化潮流持极力反对的观点，并认为保留《圣经》的语言和文体风格才是最重要的。莫尔的翻译观受到了宗教改革派译者的极力反对，其中最为著名的是廷代尔。

作为《圣经》英译本的著名译者，廷代尔影响了英国十六、十七世纪三大《圣经》译本。他对宗教翻译的论述主要见于他与莫尔的辩论之作《答托马斯·莫尔爵士》("An answer to Sir Thomas More's dialogue")（Tyndale 1531/2002）[1]。在该文中，廷代尔逐条批驳了莫尔的论述。关于译者是否需要教廷赋予翻译权利这一点，廷代尔认为，教廷永远都不希望有新的译本出现，因此才规定只有经过教廷授权的译者才能翻译《圣经》，其目的在于借此阻止他人翻译《圣经》。对于目标语，廷代尔指出，《圣经》中摩西等圣贤都是按上帝的意愿以他们的母语与大众交流的，那么英国民众为何不能以自己的母语看懂上帝的意愿、理解圣贤的话语呢？他坚持认为，《圣经》英译本——而非操控在少数人手里的拉丁经本——才是民众所需的、最为正确的经本。他曾豪迈地说过："我不管教皇和他的规条；如果上帝假我以年，在短短数年之内，我要使扶犁耕田的农家孩子，比你更懂《圣经》！"[2] 这一豪言壮语中其实隐含着一个翻译理念——读者取向。廷代尔本来就深受路德的影响；这一观点表面上看是当时西方宗教改革派的一种宗教思想，但其中读者取向的翻译理念却由此而逐渐融入西方的翻译思想之中，成为历经数百年不变的主流翻译规范，直到20世纪末才受到了解构主义思潮的挑战。

莫尔与廷代尔之间的论战牵扯到了当时英国每一位罗马天主教徒和新教徒的神经，许多译者纷纷卷入其中。新教徒富尔克和罗马天主教徒马丁之间的争论就非常典型。由于宗教派别不同，马丁的翻译观与新教

1　该作品于1536年出版成书。
2　详情参见https://en.wikiquote.org/wiki/William_Tyndale（2018年8月28日读取）。

徒的翻译观产生了很大的分歧。为此，他曾写了许多文章和论著，《评当今异教徒对圣经的种种歪曲》(*A Discovery of the Manifold Corruptions of the Holy Scriptures by the Heretics of Our Days*)[1]就是其中之一。在该书的序言中，马丁列举了异教徒扭曲、玷污《圣经》的五种行为，其中一项就是"通过误译来维护各种错误(观点)和异教邪说"(Martin 1582/2002: 119)。马丁认为，究其原因，主要是异教徒译者不具备早期《圣经》译者(如哲罗姆等人)对圣本的那份谦恭之心和对天主教义的遵从之心，他们在遇到翻译困难时不是尽力地去解决，而是粗暴地牺牲原意；他们如今不能更改原文，就顺从自己的意思转译，如果有可能的话，他们也会让原文迎合他们的译文(Martin 1582/2002: 120-121)。马丁指出，异教徒希望借助这样的译本，达到混淆视听、欺骗大众的目的；《圣经》只是因时代、国别和外在环境的改变才需要重译，绝不能为了其他异端意图而重译。

对于马丁的指责，富尔克(Fulke 1583/2002)给予了有力的回击。在《为真诚和真实的〈圣经〉英译本辩护：驳格雷戈里·马丁的吹毛求疵》(*A Defence of the Sincere and True Translations of the Holy Scriptures into the English Tongue: Against the Cavils of Gregory Martin*)一书的序言中，他对马丁的指责一一进行了辩驳。他以历史上著名译者奇克批评《七十士译本》(*Septuagint*)为例，提出在翻译《圣经》时应质疑以往译本中存在种种的错谬并加以改正，而不应愚蠢地盲从。由此，他认为马丁批评新译本的出发点就是要求新教徒永远盲从那些错误的教义，而不能对其进行反思与指正。最后，富尔克表示，马丁之所以批评新译本，是因为他渴望维护罗马天主教至高无上的统治地位和其对欧洲教会的操控力。对于目标语的大众化，富尔克基本上和廷代尔持相似的语言观，认为《圣经》拉丁语译

---

[1] 该书的英文全称是 *A Discovery of the Manifold Corruptions of the Holy Scriptures by the Heretics of Our Days, especially the English Sectaries, and of Their Foul Dealing herein, by Partial and False Translations to the Advantage of Their Heresies, in Their English Bibles Used and Authorized since the Time of Schism*。

本同样是以一种大众化的语言翻译的，同样是为了让民众理解其中的教义，因而没有理由阻止新教徒用同样通俗明了的英语来翻译《圣经》。

正是在如上所述的宗教与政治因素的影响下，世界上最著名的英译《钦定版圣经》(The King James Version Bible，简称KJV)最终横空出世。这一译本是詹姆斯一世指派47位学者完成的[1]。该译本对之前多个英译本进行了汇总和修订，它的最大功绩是影响了现代英语和英国文学的发展。

2.3　17—18世纪欧洲翻译理论的形成

与16世纪的翻译活动相比，欧洲十七、十八世纪的翻译活动在理论方面有了较大的进步。与之前的经验之谈相比，这一时期关于翻译的论述逐步转向学术化和系统化，译者们开始关注影响翻译的相关因素，并进行系统化的理论建构，这对后来翻译理论的发展产生了很大的影响。

就这一时期的欧洲而言，英法两国的文学翻译相对较为兴盛，影响也相对较广。英国的文学翻译界，尤其是诗歌翻译界，涌现出许多著名的译者和翻译理论家，其中主要包括：亚伯拉罕·考利（Abraham Cowley）、约翰·德纳姆（John Denham）、约翰·德莱顿、亚历山大·蒲柏（Alexander Pope）、塞缪尔·约翰逊（Samuel Johnson）以及亚历山大·弗雷泽·泰特勒（Alexander Fraser Tytler）。在这些学者中，对后来翻译理论建构具有奠基作用的是德莱顿和泰特勒，对翻译批评作出重要贡献的是约翰逊，其余几位则均对诗歌翻译提出了具有建设性的见解。

考利是一位诗人、评论家及翻译家，他编译并出版了《品达歌集》(Pindarique Odes)。与其好友德纳姆一样，他主张意译，反对硬译，认为翻译中译者应享有较大的自由度。他赞同极为自由的翻译方法，认为

---

[1] 实际上，詹姆斯一世共指派了54位编译者，但最终只有47人参加。

译者可以在原作主题的基础上自由发挥，最终译出与原作一较高下的作品。他这样的翻译方法即德莱顿之后所界定的拟译。在《品达歌集》的序言中，他说：

> 如果有人用词语对词语的方式翻译品达的作品，会被认为是一个疯子在翻译另一个疯子的作品；如果不懂原作（译者注：品达的希腊语诗作）的人阅读被直译成拉丁散文的品达作品，就只能读到一派胡言……在此我不想为我的翻译方法——拟译作太多辩护。……我在翻译品达的这两篇颂歌时，随意采摘，随意删减，随意增补。我的目的并非在于让读者知道原作者讲了什么，而是让读者明白作者是怎么讲的。
>
> （Cowley 1975: 66）

在他看来，在诗歌翻译中，为了再现原作的美，译者必须在语言和语法层面摆脱原作的束缚，以其母语自由地对原作进行增、删、改；他十分强调诗歌翻译中自由度的重要性和拟译策略的可行性。他的这篇序言也被誉为"17世纪末自由派译者的宣言"（Steiner, T. R. 1975: 66）。

德纳姆同样是这种自由式拟译的主要倡导者。他的代表译作是维吉尔诗歌《埃涅阿斯纪》的英译本。他认为，诗歌之所以被称为诗歌，是因为它自身独特的语言具有独特的优雅风格与令人愉悦的特质，而这些在译作中是根本无法保留下来的（Steiner, T. R. 1975: 23）。为了避免失去这些诗歌元素，唯一办法就是给译作植入新的神韵。因此，在诗歌翻译中，词语对词语的方法是根本行不通的，必须采用自由拟译的方法。在《特洛伊城的毁灭》(*The Destruction of Troy*)的序言中，他写道：

> 我认为在诗歌翻译中，要求译者务必忠实是非常低级的错误。忠实是处理纪实类、信仰类文本的译者才应该去关心的；如果译诗时也

以此为目标，那就如同在做不必要的事一样，结果想做的事永远也做不了。因为译者要做的不仅仅是把一种语言译成另一种语言，更是把诗译成诗。诗的神韵是十分微妙的，如果只是以语言译语言，这种神韵就会凭空蒸发。在转换过程中，如果没有新的神韵加入译文之中，那译文就不过是毫无价值的废物；更何况每一种独特的语言都有其独特的优雅（风格）与令人愉悦的特质，这些都为词语注入了生命与活力。译诗时若采用语言翻译的方法，就如同年轻的旅行者将自己的语言遗失在了国外却并没有带回别的东西一样不幸。因为拉丁语词会因转换成英语词而失却了优雅（风格）；英语短语也会因转换成拉丁语短语而丢失了优美（之处）。

（Denham 1975: 64-65）

在此，德纳姆明确地提出了"以诗译诗"的理念，而且他认为，唯一可以实现这一理念的方式就是创造性地意译。可见，他与考利的诗歌翻译观是相互呼应的、一致的。

德莱顿是英国古典主义流派的主要代表人物，也是17世纪最伟大的翻译家之一。他的翻译活动影响了整个英国的诗歌翻译。在实践方面，他一生翻译了大量的文学作品，其中包括维吉尔、奥维德、薄伽丘等人的诗作；在理论方面，他具有承前启后的作用，尤为重要的是，他开启了翻译理论系统化的序幕。因此，德莱顿一般被认为是第一位真正的翻译理论家。翻译界和诗歌界常说的"戴着脚镣跳舞"（Dryden 1800: 16），就是他在描述翻译之难时说的。

他的相关论述主要以论文或序言的形式发表，均被埃德蒙·马龙（Edmond Malone）收入了《德莱顿批评杂文集》(*The Critical and Miscellaneous Prose Works of John Dryden*)（1800）[1]。他与翻译理论有关的讨论主要见于以下序言和论文：《奥维德书信集》(*Ovid's Epistles*)的译序（1680）；《西尔维诗学杂记之二》(*Sylvae: Or, The Second Part of*

Poetical Miscellanies)的序言(1685);《论讽刺诗的起源与发展》("A discourse concerning the original and progress of satire")(1693);《论史诗》("Discourse on epick poetry")(1697);《古今寓言集》(*Fables, Ancient and Modern*)的序言(1700)。

基于他自身的翻译实践和思考，德莱顿提出了一个著名的翻译三分法——硬译(metaphrase)、释译(paraphrase)和拟译(imitation)。

> 第一类是硬译，即翻译中逐词逐句地将原作者的话语从一种语言转换成另一种语言。本·琼森(Ben Jonson)在翻译贺拉斯的《诗艺》时就基本采用了这种方法。
>
> 第二类是释译，或称有一定自由度的翻译，即译者时刻关注原作[1]，以防漏掉（原作的意思）。不过，（译者）不必像紧随原作意义那样紧紧跟随原作的用词；同样，（译者）可以增补（话语），但不可改变（原作的意思）。瓦勒(Waller)先生在翻译维吉尔的《埃涅阿斯纪》第四卷的时候就是这么做的。
>
> 第三类是拟译，指译者（如果此时他还没有失去这个名称的话）不仅享有改变词语和词义的自由，还享有视情况抛弃原文的词语和词义的自由；只要他愿意，他甚至可以根据原文大概的提示，在此基础上自由发挥。考利先生在将品达的两首颂歌和贺拉斯的一首颂歌译入英语时就采用了这种方法。
>
> (Dryden 1800: 14)

这一三分法的学术价值在于，它使人们对翻译的思考开始走向理论化。它使用了三个术语，覆盖了三个范畴；术语化和范畴化是理论化的两个重要标志，而三分法本身则是系统化的体现。

---

1 这里Dryden原本使用的是the author(即原作者)，但本书作者认为，这里其实是在"以人代物"，实则指向原作。

在这一分类方法中,硬译指逐词逐句地翻译。德莱顿在使用metaphrase这个术语的同时,还使用了该术语的一个同义词——literal translation(这个术语在后来的翻译研究中更为常用)。释译指给予译者一定的自由度,但同时保持了原作者风格的翻译。它所追求的是意义和风格的对应,而非词语上的对应;原作意义在一定程度上可以延展,但不可以改变。拟译指译者有充分的自由度,可以自由地更换词句,改变原作的意义;译者只需了解原作的大概意思,就可以随意翻译和创作。古罗马的知识精英常用这种方法来学习古希腊先贤的语言风格和修辞手法,在他们看来,这只是一种模仿;但文艺复兴以来,人们逐渐意识到这种模仿实际上就是一种翻译方法。德莱顿正式将这种方法确立为翻译的三种方法之一,拟译从此成为翻译的一个重要术语。

德莱顿的认识有一个变化的过程:他在1680年的《奥维德书信集》译序中说:拟译和硬译是翻译的两个极端,为避免过于极端,译者应走中间路线,即释译(Dryden 1800:19);而在1693年的《论讽刺诗的起源与发展》一文中,他又称,他常用的翻译方法是释译,或者比释译更宽松一点的方法,介于释译与拟译之间(Dryden 1800:218);但到了1697年,在《论史诗》一文中,他又觉得译者还是要在释译与硬译之间驾驭翻译,而且还指出,译文要尽量靠近作者,不要丢失作者的优雅风格(Dryden 1800:536)。

德莱顿在1680年的《奥维德书信集》译序中提出了三个翻译标准:faithfulness[1]、perspicuity和gracefulness(Dryden 1800:16-17),我国翻译家严复后来提出的"信、达、雅"与其意思很接近。

虽然德莱顿有关翻译的论述并非长篇大论,但他的观点对之后的翻译理论研究起到了思想启蒙作用。查尔斯·汤姆林森(Charles Tomlinson)(2001:3)称德莱顿是"英国翻译之父",足见其影响之大。

---

1 原文使用的是副词形式——faithfully。

继16世纪的查普曼之后,蒲柏成为又一位著名的《荷马史诗》译者。在阅读了查普曼的译作之后,蒲柏认为查普曼译笔"胆大妄为",而且太过幼稚,"给人的感觉就好像荷马当年写作时还没到懂事的年龄"(Pope 1715/2002:195)。因此,他用十多年时间重译了荷马的两部史诗。因其译笔隽秀,在相当长一段时期内很受读者欢迎。但由于蒲柏的译作删改了太多原作中古朴的文学元素,同时增补了许多18世纪英国文学的元素,使译作不再像荷马的作品,而更像是蒲柏自己的作品,这也成为他的译作受后人诟病的原因。总之,蒲柏所译的《荷马史诗》充满了他个人的文体风格和语言特色,是一部体现了18世纪英国文学特色的《荷马史诗》。

关于诗歌翻译,蒲柏较著名的论述见于其译作《荷马史诗:伊利亚特》(*The Iliad of Homer*)的序言。关于翻译的基本方法,他认为:

> 对于那些用高贵的语言创作的优秀作品,采用硬译的方法是行不通的;而认为通过粗糙的释译就能弥补硬译的缺陷,同样也是一个(许多人都犯过的)重大错误,(因为)这样的翻译会把原作变成现代作品,使其丢失原本的古风。
>
> (Pope 1715/2002:193)

显然,蒲柏赞同德莱顿后期的翻译观——单纯的硬译和释译都是不可取的,认为那些过度自由的翻译方法和严苛的硬译方法都无法展现出原作的风格,只有折中的翻译方法才能译出原作的神韵。此外,蒲柏还强调译者要尽可能地忠实于原作,并指出译者不要企图超越原作者。总之,在理论方面,蒲柏赞同德莱顿的翻译观,但他的翻译作品却更多地体现了他的个人风格,与他的翻译理念并不一致。

当论及18世纪著名的诗人、批评家和翻译家时,有一个名字不得不提——塞缪尔·约翰逊。谈及约翰逊,人们往往会想到他独立编写的英国历史上第一部里程碑式的词典——《英语词典》(*A Dictionary of the*

English Language），而忽略了他在其他方面的贡献。事实上，他一生翻译并创作了大量的文学作品。1781年，他编撰出版了《英国诗人传（附诗作批评）》(*The Lives of the Most Eminent English Poets; with Critical Observations on Their Works*)。全书概括性地评论了英国著名的诗人、他们的主要作品和所取得的成就，其中对与他同时代的诗人兼译者的评论格外引人注目。在这部作品中，约翰逊以文学批评的眼光，一一评论了德莱顿、考利和德纳姆等人所译诗歌的优缺点，使该作品成为后人研究诗歌翻译和翻译批评的重要文献。

在翻译思想方面，约翰逊的代表作是散文《翻译的历史》（"History of translation"）。在文中，他首先指出翻译为英国文学的发展和英语的演化作出了重大的贡献；然后，他以一贯的文学批评笔调，评论了英国一众著名译者；最终在谈及翻译的方法以及翻译的自由度和忠实观等问题时，他说自己认同德莱顿对这些问题的论述，并由衷地赞美了德莱顿关于翻译理论的卓越见识：

> 德莱顿很早就注意到，贴近原文的翻译可以最大限度地保留原作者的意思，而自由译可以最好地展现原作者的神韵。因此，德莱顿是最值得褒奖的，因为他既能以忠实而令人愉悦的方式再现原文，又能以同样优雅的方式传达与原文相同的思想。他在翻译时，除了（所使用的）语种，什么也没有改变。
>
> （Johnson 1759/2002: 205）

经过17世纪和18世纪初的发展，英国的翻译研究成果最终在18世纪末凝结成两部翻译理论专著——一部为乔治·坎贝尔（George Campbell）的《四部福音书，译自希腊语（内附导论、评注及释注）》(*The Four Gospels, Translated from the Greek. With Preliminary Dissertations, and Notes Critical and Explanatory*)，另一部为泰特勒的专著《论翻译的原则》(*Essay on the Principles of Translation*)。

坎贝尔在其著作中首次提出了一个翻译三原则：

1）正确地再现原作（the original）的意思；
2）尽可能地把作者的精神、表达方式及风格特点传达出来；
3）译本至少要像原创作品（an original performance）一样自然而流畅（easy），不要给批评家抓住把柄而指责译者用词不当、词不达意、表意含糊，抑或结构不合乎语法、粗制滥造。

（Campbell 1789/1893：323）

毫无疑问，坎贝尔对翻译原则的讨论对于翻译理论的建构具有开创性意义。

其后，泰特勒的著作出版。无独有偶，他也提出了一个翻译三原则：

1）译作应完全传达出原作（the original work）的思想；
2）译作的风格和表达方式应与原作（the original）保持一致；
3）译作应与原创作品（original composition）一样流畅（ease）。

（Tytler 1791/1907：9）

虽然泰特勒的三原则在时间上晚于坎贝尔的三原则，但其在翻译理论方面的影响却远远超越了后者。泰特勒指出，这三条原则是按重要程度由高到低排列的，如果在翻译实践中需要牺牲其中一条，那么必须要充分考虑每条原则的相对重要性，才能作出最终的抉择。这三条原则又分别包含若干细则。作为佐证，他以希腊语、拉丁语、法语、西班牙语、意大利语以及英语的作品互译为例，对每条原则一一论证。

针对第一条原则，译者要做到两点：(1) 对原作的语言文字要有全面的了解；(2) 对原作所描写的事物要有充分的了解。这两条是必要条件，若不懂原作的语言或不了解原作所描述的事物,译者是不可能把原作者的意思传递出来的。

对于第二条原则,他认为把握原文的风格要比理解原文的意思更难,好的译者必须具备一眼就能识别出原作的风格和手法且能在译文中予以再现的能力。如果译者没有这种识别能力,即使他对原作的意思了如指掌,也只能通过别扭的表达方式来体现原文(Tytler 1791/1907: 63-64)。因此,他跟德莱顿一样,也认为只有诗人才能译诗(Tytler 1791/1907: 111)。

泰特勒认为,第三条原则的实现难度最大(Tytler 1791/1907: 112)。它不仅仅要求译者把原作的特征在译作中完全表现出来,把原作的意义以同样的风格表现出来,还要求译作的语言表达堪比目标语原创作品一般流利。此外,他还将译者与临画的画家相比,认为"译者的工作与画家是完全不同的。他用的不是与原作相同的颜料,但却要求他所临摹的画具有与原作相同的气势和效果。译者不能复制原作的笔调,而要用自己的笔法来制作出完美的摹本"(Tytler 1791/1907: 113-114)。对此,泰特勒(Tytler 1791/1907: 114)作了个很形象的比喻:"译者必须既具有原作者的灵魂,又要以他自己的喉舌来发声。"

在其专著中,泰特勒开宗明义地告诉读者,他写此书就是为了描述何为优秀的翻译,并为翻译艺术设定原则。泰特勒(Tytler 1791/1907: 7)明确指出:"优秀译者的职责在于传递原作的意义和神韵,在于完美地理解原作者的思想,并以他认为最合适的方式去表达出来。"

对于优秀的翻译,他是如此定义的:

> 原作的优点被完全融入到另一种语言当中,以至于该语言所属国家的人和讲原作语言的人能够同样清楚地理解并强烈地感受到这种优点。
>
> (Tytler 1791/1907: 8-9)

不难看出，这里已经有读者同等反应论或等效论的思考。一百多年之后，美国翻译学家奈达将这一思考理论化，提出了一套翻译等值论。

此外，泰特勒还论述了翻译中的增删自由度问题、诗歌翻译中的诗体和音韵等问题以及习语的翻译问题。泰特勒的三原则理论系统而深入地探讨了翻译问题，与德莱顿的翻译思想一样，对翻译理论的发展具有里程碑意义。

由于坎贝尔和泰特勒的著作先后问世，且各自的三原则有明显的相似之处，因此出书在先的坎贝尔指责后者有剽窃之嫌，而泰特勒坚决予以否认。但从二者三原则中的关键词original和ease/easy的用法可以看出，二者在观点上的重合度还是比较高的，尤其是original的用法及其所指涉的意思基本相同：坎贝尔在第一原则中提及原作的时候，用的是特指——the original，泰特勒在第一条和第二条原则中提及原文时用的也是特指；但有意思的是，在第三原则中，坎贝尔用的不是特指，而是an original performance，泰特勒用的也不是特指，而是original composition。国内学者以往在翻译二人的第三原则时，多将其中的非特指术语解读为原作。其实，这里如果是指原作，就应跟前面的原则所采用的表达方式一致，仍应在original前面加定冠词才对，但这里没加定冠词，也就不是回指上面所说的原作了，而是另一个意思，即原创作品；意思是说，译文的语言要像原创作品一样流畅。这一点从坎贝尔稍加展开的第三原则中可以看得很清楚，而泰特勒在其著作的进一步探讨中也有较为清晰的表达——"以他自己的喉舌来发声"（Tytler 1791/1907：114）。这个观点实际上是古罗马翻译观的一个延续，即译文读起来不应像翻译作品，而要像用目标语创作的原创作品。西塞罗在谈到他用拉丁语翻译希腊演说家埃斯基涅斯（Aeschines）的作品时，就提出好的译文"要让我们听到埃斯基涅斯自己用拉丁语说话"（Cicero 2002：10）。中国翻译界也有类似观点，如傅雷（2009）就曾说过，好的译文仿佛是原作者在用中文写作。

坎贝尔和泰特勒之间的是是非非虽随着时间流逝而早已被人忘却，但他们三段式的翻译原则却对后世的翻译理论产生了深远的影响。

与此同时，受到古典主义思潮的影响，法国的文学翻译也进入高峰期，并涌现出一批著名的翻译家和翻译理论家，如尼古拉·佩罗·达布朗库（Nicolas Perrot d'Ablancourt）、皮埃尔-达尼埃尔·于埃（Pierre-Daniel Huet）、弗朗索瓦·德·莫克鲁瓦（François de Maucroix）、雅克·德·图雷尔（Jacques de Tourreil）和夏尔·巴特（Charles Batteux）。

达布朗库以其对经典作品的意译而闻名，著名的"不忠的美人"（les belles infidèles）一说就是吉勒·梅纳热（Gilles Ménage）用来比喻达布朗库的译作的，意思是他的译作语言优雅、精炼，但准确性欠佳。达布朗库的译作因为较多地体现了他个人的创作取向，而在很大程度上忽略了原作，展现出一种极度自由的翻译风格。他的翻译观主要体现在他的《琉善》（*Lucian*）法译本序言中。他在文中明确表示，他的译本参考了之前数个译本，并以他自己的评价标准去除了原作的晦涩之处，采用了当时大众和作家都喜闻乐见的形式。他以妙语与俏皮话的翻译为例，说明由于不同语言在表达方式上存在差异，根本无法实现忠实的翻译。因此，译者绝不能用原作的词语和原作者的理性来束缚自我，而要调整表达方式和译作风格，以实现原作者的写作目的，其原因是不同的时代需要不同的理性和不同的词语。他认为，虽然"这样的翻译不是真正的翻译，但比翻译更有价值"（d'Ablancourt 1654/2002：159），这也是古代先贤——如西塞罗等著名翻译家——一贯的做法。同时，达布朗库表示，虽然他的翻译方法多数是自由式的，但只要条件允许，他在有些地方也会优雅地采用词语对词语的翻译方法。总之，他的自由译理论与实践在当时的法国引起了许多学者的关注，并引发了一系列的争论。

虽然这种自由度很大的意译在17世纪的法国翻译界占主导地位，但批评声也一直不绝于耳。法国著名的翻译批评家于埃在其著作《论翻译》（*De Interpretatione*）中批评了当时法国翻译界的各种流弊，其中就包括达布朗库的有关自由译的观点；此外，他还提出了关于翻译的一系列原则,界定了译者的职责。这些观点被称为"17世纪的法国在这一议题上的最终定论"(Robinson 2002:162)。于埃认为,译者的目标不是炫耀自己的写作才能,也不是用优雅的文字去蒙蔽读者,而是要用他的语言忠实地再现原作,"如同将原作者留在镜子里或画作中"(Huet 1661/2002:164);也即是说,合格的译者要忠实于原作者,要准确地再现原作。在该作品中,于埃首先重新界定了翻译(interpretatio)这一术语。他认为该术语已被滥用,意义繁杂,不仅包含了各种把难懂的东西解释明白的文本形式,而且还指诸如评论、词汇注释、评注、变体、释译、硬译、同义表达方式等类型的文本,甚至还涉及解谜、释梦及对神谕的解读等(Huet 1661/2002:166)。因此,他认为有必要重新严格界定这一术语:

> 翻译,严格意义上讲,就是指将某一(语言的)话语转换为另一种语言。翻译行为的发生一般与两个原因相关:其一是学习一种语言,其二是改进人们的语言风格。……我们忽略前者,因为它与我们此处的讨论无关。而对于后者,我的定义是:把原本用不为人们所熟知的语言表达的话语用人们熟知的语言再现出来。
>
> (Huet 1661/2002:166)

接着,于埃进一步将后者划分为两种情形展开论述:

> 第一种情形是,译者不仅关心原作者以及他文字背后的思想,而且要么关心读者的愉悦感和偏好,要么沉湎于自己个性化的追求;第二种情形是,译者专注于某一位作者(的作品),并竭尽所能地对这位作者的作品进行准确的翻译。
>
> (Huet 1661/2002:166)

于埃表示,古罗马诗人在翻译古希腊文学作品时所采用的方法与第一种情形中译者所采用的方法类似。它包括三种主要的翻译方法：释译（paraphrase）、迂译（periphrasis）和编译（metaphrasis）[1]。对于释译，他赞同昆体良的翻译观，认为"释译不仅仅是翻译（translation），更是（与原文）在相同意义上的竞赛和竞争"（Huet 1661/2002：166）；迂译则指"用很多词来表达原本只用一个或几个词语就可以表达的意思"（Huet 1661/2002：167）；编译指"在翻译中对原文进行增减，然后将语篇重铸成另一种形式"（Huet 1661/2002：166-167）。可以看出，与德莱顿的理论相类似，于埃的翻译理论也采用了三分法来论述翻译，但二者所采用的术语以及对概念的界定有所不同。

关于什么是最理想的译文，于埃说：

> 我认为，最好的翻译方法是：首先，译者要紧贴原作者的意思；其次，在双语能力允许的范围内，紧贴原作的实际用语；最后，译者在勾勒原作者的内在特质时，应尽其所能，并尽量把注意力只集中在一件事上，那就是不增不减，忠实完整地在译文中再现原作者（的内在特质）。
>
> （Huet 1661/2002：167）

显然，于埃十分强调以原作为导向的翻译观，认为译作要尽可能地接近于原作而不必美化或改变它。他的这一翻译观与当时盛行于法国的意译观截然不同，对当时的法国翻译界产生了巨大影响。另外，与早前的翻译理论相比，于埃的论述更为系统化，他的翻译宗旨更为明确，因而成了后世直译观的理论基石之一。

巴特是法国翻译史上另一位在理论上作出了卓越贡献的学者。他的论述主要见于他的论著《文学的原则》（*Principes de la Littérature*）。他既

---

[1] metaphrasis在古希腊语中表示"翻译"，英语中的metaphrase就源于这个词，但在英语中metaphrase是"硬译"的意思。

反对意译，也反对硬译，而倾向于折中的翻译方法。他认为：

> 作者的创作完全是出于本能的，且总是自由的。他可以根据自己的主题随意发表自己的观点，褒贬自持，他是自己思想和表达的绝对主人。……而译者所能掌控的微乎其微，他必须在所有方面追随原作者，毫无保留地顺从原作者千变万化的表达方式。
>
> （Batteux 2002：196）

他提出了一个翻译的十二条原则：

1）不得改变原文中事实和推理的先后顺序；
2）应该保留原作者观点的先后顺序，或至少保留所有观点；
3）（所有的）句号（都）应该保留，无论它们之间的距离有多长；
4）所有的连词都应该保留，它们如同将所有成分连接起来的关节；
5）只要表意通顺，语势不减，所有的副词都应该放在动词两侧（动词之前或动词之后）；
6）对称的句子就应保留其对称性；
7）为了保留原文思想的清晰程度，译文应与原文长度相当；
8）译者必须保留原作在表达思想时所用的修辞方式和表达形式；
9）通俗简练的谚语应翻译成谚语或自然流畅的习语；
10）任何释译都有错误和不完善之处，它其实不再是翻译，而是一种评论；
11）如果译文中表达的意思不够明确，感情不够生动，文体不够和谐的话，译者就必须彻底放弃这样的表达；
12）相同的观点可以用不同的语言表达形式来呈现，可以在译文中组合和拆分。

（参见 Batteux 2002：197-198）

巴特的论述已带有语言学的色彩，这对后来语言学进路的翻译研究具有重要的启示意义。

2.4　19世纪英伦译诗观的延续

虽然英国19世纪的文学翻译远不及之前丰富多彩，但它依然延续了德莱顿那个时代所开创的诗歌翻译传统，因此翻译实践与理论仍主要围绕经典诗歌的翻译展开。这一时期著名的翻译家和学者包括爱德华·菲茨杰拉德（Edward FitzGerald）、马修·阿诺德（Matthew Arnold）和弗朗西斯·威廉·纽曼（Francis William Newman）等。

菲茨杰拉德是英国翻译史上著名的翻译家，他所翻译的波斯诗人奥马尔·哈亚姆（Omar Khayyám）的诗歌《鲁拜集》（*The Rubáiyát of Omar Khayyám*）是英国最著名、最成功的译作之一。通过这部译作，菲茨杰拉德让英国读者了解到了东方的诗歌和文化。在翻译过程中，菲茨杰拉德采用意译的方法，对作品作了许多删节、合并与重组处理。他曾在写给朋友的信中表示，原诗很糟糕，因此他没有选择硬译；他之所以选择意译，目的在于使译作超越原作（FitzGerald 1859/2002：249）。可见，菲茨杰拉德是意译的坚定支持者和忠实的实践者。

19世纪，英国对欧洲翻译理论的最大贡献莫过于纽曼和阿诺德关于《荷马史诗》翻译的大讨论。1856年，纽曼出版了译著《伊利亚特》。1861年，批评家阿诺德就这部译作在牛津大学发表了题为"论《荷马史诗》的翻译"（"On translating Homer"）的系列演讲，对纽曼的译作展开了批评。为反驳阿诺德的观点，纽曼于同年出版了《〈荷马史诗〉的翻译理论与实践：答马修·阿诺德》（*Homeric Translation in Theory and Practice: A Reply to Matthew Arnold*）一书。1862年，阿诺德再次发表演讲，并出版了《再论翻译〈荷马史诗〉：牛津大学的一次演讲》（*On Translating*

Homer, Last Words: A Lecture Given at Oxford)一书，进一步批评了纽曼的译作。阿诺德是当时英国著名的批评家，他之所以对纽曼的译作提出批评，是因为他对经典作品在英国的命运十分担忧。在这场论战中，他秉承了他一贯的文学批评观：诗要反映时代的需求，译诗时要强调文化因素以及译作的实时性和适宜性。与他辩论的另一方纽曼是伦敦大学的拉丁语教授和古典文学研究专家。从纽曼的回应看，他更关注对源语的理解与表达的准确性以及在翻译中如何保留古典作品的语言特点。二人争论的焦点主要集中于翻译用词、译者能力、韵律取舍以及作品风格等问题。

对于原作，阿诺德认为，"荷马笔调轻快，言辞朴实，思想简洁，文风高贵"（Arnold 1896: 66）；因而在翻译时，译者应尽量保留《荷马史诗》的这些特征。他对比分析了四位译者——威廉·考珀（William Cowper）、蒲柏、查普曼、纽曼——的译作，认为他们无一例外在一个甚至几个方面没能做好。其中，纽曼的译本中最大的败笔是"用词生僻（odd），文风粗鄙（ignoble）"（Arnold 1896: 66）。

对于措辞，阿诺德指出，纽曼在翻译中总是喜欢使用一些生僻的古词，而这些词在现代英语中完全可以找到对应的表达方式，因此纽曼的译法是不合时宜的。他认为，这样用词如同对一位年轻人说一些他从没听过的古语一样，令人不知所云。同时，他对于古语能使文本具有崇高的风格持否定态度，并以《圣经》中的普通词语同样能展现崇高的风格为例来反驳纽曼的观点。他指出，相同的词语出现在不同的地方会产生完全不同的效果，有些词用在某些地方是崇高优雅的，而用在另一些地方就会变得拙劣粗鄙；纽曼对古语的使用就属于后者，因为《荷马史诗》最大的特征就是语言表达清晰明了、简洁自然，而纽曼这些生僻的表达方式只会令读者费解。此外，阿诺德认为荷马所用的语言也绝非古代权贵所用的语言，而是大众口语，是一种比《圣经》所使用的语言还要通俗的语言，因此在翻译中应该保留这种通俗特征，而不应把它改为古奥文雅的书面语。

就句法结构而言，阿诺德认为，相比考珀的译作来说，纽曼的译作更胜一筹，这也是他的译本最可取的地方。在阿诺德看来，这是因为纽曼领悟到了《荷马史诗》相对自由、自然的句式特点；但他同时表示，若与荷马的原作仔细比较，纽曼译本的句式又显得"太过简单、自由和平淡"（Arnold 1896：42），最终变得太过随意。

对于风格，阿诺德坚定地认为《荷马史诗》的风格是崇高的，这种风格源自荷马本人和他的作品，不会随着作品主题的变化而变化，是持久的、高贵的；体现在语言上，这种崇高风格的最大特征就是简洁（simplicity）。阿诺德指出，纽曼完全没有理解这种崇高的风格，因而选择了错误的翻译策略。

对于译者的能力，阿诺德认为，诗歌译者首先要对诗歌有很深刻的理解，要真正理解原作，明白原作中不同的思维方式和表达方式，并最终与其融为一体；此外译者还要具有诗人的天赋。唯有如此，译者才有可能译出优秀的作品。译者的翻译最终要让原作的研究者信服，因为只有这些学者才有资格对译本进行评价，才知道译本是否优秀。

对于这样的批评，纽曼显然难以接受。针对阿诺德对他使用"生僻"词的批评，纽曼进行了反驳。在纽曼的反驳中，他避而不用阿诺德所说的"生僻"，而是用了"奇特性"（peculiarity）一词。他指出，他的译作中具有这一特征的词语主要有三类：(1)古旧的词语；(2)表达行为活动之意但不带有道德色彩的粗俗词语；(3)在当代社会中词义发生贬义化的词语（Newman 1861：84）。纽曼认为，阿诺德对他的措辞的批评本质上就是错误的，因为"一般而言，高雅的词语都源自远古的风格"（Newman 1861：84），并表示"古雅之于诗人，非年代问题，而是其内在特质"（Newman 1861：48）。这话颇有点孔子所说的"信而好古"的意思。纽曼指出，阿诺德的批评混淆了四个基本问题：

1) 现代学者是否都理解《荷马史诗》；

2）特米斯托克利（Themistocles）和伯里克利（Pericles）[1]时代的雅典人是否同样觉得《荷马史诗》是古老的；

3）雅典人是否完全理解荷马；

4）荷马是不是一位远古的诗人。

(Newman 1861: 34)

通过对比分析《荷马史诗》的相关译本，纽曼表示，荷马的作品并不是所有学者都能看明白的，许多译本中都出现了令人无法理解的误译。另外，即便当时的雅典人能理解《荷马史诗》，《荷马史诗》对于他们来说也是奇特的，因为《荷马史诗》中所有的概念、比喻和短语都十分奇特，这与古希腊一贯的文学特征完全不吻合，但正是这些特征才使得荷马的作品具有崇高的风格。因此，纽曼在翻译中使用一些奇特的词语就是为了保留原作的特定风格。

对于韵律，纽曼表示他并没有寻求与原作在声音方面有相仿的韵律节奏，因为这两种语言在语音方面相差太大：英语是辅音较多的语言，而古希腊语却是元音较多的语言，二者在听觉上没有可比性。纽曼认为，因为每一种格律都有不足的一面，他所选择的格律或许并非最佳。

对于受众群体，他认为"最好的读者是充满阳刚气质的学者；最差的读者是那些吹毛求疵的小文人，在他们眼里，一切奇巧的表达都是粗鄙拙劣的"（Newman 1861: 48）。在这里，纽曼既表达了他对理想的读者群的定位，同时也表达了他对阿诺德批评的不满和揶揄。在他看来，翻译不可能尽善尽美，它本质上就是一种妥协。如果原作是历史上的经典，那么译本就会在某种程度上不及原作。

阿诺德和纽曼的这场论战，在西方翻译史上具有重要地位。它不仅是一次翻译批评的盛宴，还是一场有关翻译策略的大讨论。整体而言，他们两人在翻译立场上代表了两种对立的翻译观——归化与异化。阿诺

---

[1] 特米斯托克利：雅典政治家和将军。伯里克利：雅典黄金时代杰出的希腊政治家、演说家和将军。

德是归化翻译观的代表，他强调译作在本土的可接受性；纽曼是异化翻译观的代表，他着眼于译作对原作特有的风格特征的保留，着力体现原作的个性特征。他们的争论影响了19乃至20世纪对文学翻译，特别是对诗歌翻译的思考，对欧美翻译理论的发展产生了深远的影响。20世纪末，美国翻译学者劳伦斯·韦努蒂（Lawrence Venuti）在重构翻译的异化理论时，还特地提到了这段历史公案。与阿诺德不同，韦努蒂（Venuti 1995）对纽曼使用古语翻译的方法就特别认同，认为那是异化翻译的一个重要标志。

2.5 结语

综上所述，14世纪至19世纪见证了欧洲的翻译理论从经验积累期向具有现代意义的启蒙期发展的整个过程：从最初由于民族语言的兴起而引发的用各民族语翻译《圣经》的热潮，到由此而引发的欧洲文学运动，翻译不仅引发了整个欧洲的宗教革命，还进而激发了欧洲各国的语言革命和文学革命。在理论建构方面，从14世纪至17世纪，欧洲翻译理论较早期虽有所发展，但仍处在经验积累的后续阶段，研究形态以点评式、随感式为主，初步具备了理论意识。到了18世纪，整个欧洲翻译理论的雏形逐渐形成，并诞生了欧洲最早的两部关于翻译理论的专著——坎贝尔的《四部福音书，译自希腊语（内附导论、评注及释注）》和泰特勒的《论翻译的原则》——这标志着欧洲翻译理论不再是点评式的散论，而逐渐转向体系化、理论化的论述。19世纪的欧洲翻译理论延续了18世纪诗歌翻译理论的传统，继续对诗歌翻译理论展开相关的理论探讨。若仔细分析其中每一次翻译理论的发展，都会发现它们与社会、文化、政治和宗教的重大变革有着密切的关系，这充分体现了翻译理论与社会和思想的变革紧密相随，也说明了人类的翻译实践和翻译理论与社会的发展相互作用、相互影响。

第三章 翻译研究的成型期：哲思的凝聚

在经历了长时间的经验积累和经验探讨后，盛产哲学家的德国学界自18世纪末开始从哲学的角度探讨翻译问题，思考语言与思维的关系、思维与阐释的关系以及阐释与翻译的关系，一系列最终引发哲学领域语言转向的问题被相继提了出来。哲学家们对哲学问题的关注，最终居然都绕不过翻译这一道关，这是因为他们发现，语言决定思维，而语言在思维上的投射实际上就是一种翻译。于是，德国哲学家们在讨论哲学问题时，就不可避免地留下了一些富有洞见的、对当今翻译理论发展产生深远影响的哲学思考。

迈克尔·N. 福斯特（Michael N. Förster）（2010: 9）称德国18世纪的约翰·哥特弗雷德·冯·赫尔德（Johann Gottfried von Herder）为"首屈一指的哲学家"，认为格奥尔格·威廉·弗里德里希·黑格尔（Georg Wilhelm Friedrich Hegel）后来的研究是对赫尔德的思想的进一步发展，弗里德里希·施莱尔马赫（Friedrich Schleiermacher）的语言观、翻译观和艺术观植根于他的思想，弗里德里希·威廉·尼采（Friedrich Wilhelm Nietzsche）的历史观、思想观和价值观也深受他的影响。

乔治·斯坦纳称，德国浪漫主义时期施莱尔马赫的《论翻译的方法》（"Über die verschiedenen Methoden des Übersetzens"）"开启了西方历史上第二个翻译理论期"（Steiner, G. 1975: 249），在西方翻译理论史上具有里程碑意义。实际上，不只是施莱尔马赫本人，从18世纪下半叶起，整个德国浪漫主义时期的学者对翻译的思考都极具鲜明特色，超越了此前西方译论重实践、重经验、重方法的历史传统，开始进入形而上的层面，重新审视和思考翻译的本质和功能。这一时期，德意志民族涌现出了一大批著名翻译思想家，其中包括赫尔德、约翰·沃尔夫冈·冯·歌德（Johann Wolfgang von Goethe）、威廉·冯·洪堡（Wilhelm von Humboldt）、奥古斯特·威廉·冯·施莱格尔（August Wilhelm von Schlegel）[1]、弗里德里希·冯·施莱格尔（Friedrich von Schlegel）[2]、诺瓦利斯（Novalis）以及施莱尔马赫等。这些翻译理论家虽然未完全摆脱传统译论的原文至上的观念，但其论述重心已开始向目标语文化的需要倾斜，体现出明显的目标语文化关怀。相应地，原文的地位也由译文对其绝对忠实转变为只供译文借鉴参考，而这种借鉴又基于一种阐释观念——以浪漫主义时期人们推崇的主体性创造精神来阐释原文。

但随着德国哲学家对形而上的思考逐渐加深，他们不久就对前人的研究作出了极具解构性的反思。瓦尔特·本雅明（Walter Benjamin）基于对德国浪漫主义的研究，在翻译了夏尔·皮埃尔·波德莱尔（Charles Pierre Baudelaire）的组诗《巴黎即景》（*Tableaux Parisiens*）之后，写下了别具一格的长篇序文《译者的任务》（"The task of the translator"）。该文不仅成为德国20世纪关于翻译理论哲学思考的一座丰碑，还引发了解构主义翻译学派的诞生。保罗·德·曼（Paul de Man）称，本雅明的这篇文章流传甚广，"如果你还未曾对这篇文章发表过只言片语，就说明你在翻译界还只是无名之辈"（de Man 1985/2000：11）。

1　下文简称为A. W. 施莱格尔。
2　下文简称为F. 施莱格尔。

3.1 赫尔德论翻译方法：宽松还是适应

赫尔德对德国浪漫主义思潮影响深远，在翻译思想领域也同样如此，他几乎影响了19—20世纪德国每一位翻译理论家。从赫尔德起，德意志民族就开始了对翻译功能的重新阐释，努力将浪漫主义的主体性精神融入翻译讨论中。赫尔德是德国狂飙运动的先驱，其代表论著为《论语言的起源》(*Abhandlung über den Ursprung der Sprache*)。他的翻译思想主要出自《论当代德意志文学之断片集》(*Über die neuere deutsche Literatur. Fragmente*)，对德国浪漫主义翻译理论产生了深远的影响。由于赫尔德认为语言是主体感性体验的产物，因此他强调人的主体能动性和创造性。对他而言，翻译不仅是一种文学活动，还是一种主体性的哲学思辨行为，因而他认为译者应是一名跟随时代变化的语言革新者和哲学思辨者。他指出，译者不仅要将原作的意义译入目标语，还要发现原作中独特的表述，从而抓住原作者风格的本质，并将这些特质呈现出来。对他来说，与其说这种呈现是再现伦理的要求，不如说是借鉴的需要。他主张通过翻译重新阐发原文独特的精神，进而改进德意志民族的语言，丰富德语书面语的表达形式。在他看来，一切经典的语言——如希腊语、拉丁语——都可以用来发展德语，翻译的宗旨就是改进德语，扩展德国文学的疆域。与德国早期的翻译理论家相比，他更强调翻译对德语的改进作用，但这并非因为他认为德语在其他语种之下，而是期待德语超越其他语言，最终成为世界上最优秀的语言之一。

赫尔德将翻译方法笼统地划分为两大类：宽松翻译法（lax approach）和适应翻译法（accommodating approach）。对此，福斯特认为，前者允许目标语文本的语言与思想十分自由地偏离源语文本，后者则要求目标语文本的语言和思想尽可能贴近源语文本的语言和思想（Förster 2010: 22-23）。第一种翻译方法是以牺牲语义忠实为代价的。关于第二种翻译方法，赫尔德认为译者首先应是一位阐释专家。在他看来，意义是在词语的使用之中显现出来的，因此译者必须对其所运用的语言有较强的认知力和阐释力。在实际操作中，如果源语的某一表达方式在目标语中没有对应的表达方式，那么译者势必会在目标语中选取与源语中这一表达方式最接近的对应语，以模仿原文词语的用法。

此外，赫尔德认为，要实现语义忠实，翻译时就应尽可能地忠实于文学作品的音乐形式（如诗歌的节奏和韵律等），音乐形式与语义内容是不可分离的。福斯特（Förster 2010）将其中的原因主要归纳为两点：(1) 音乐形式常常有其自身的意义；(2) 音乐形式对于准确地表达感情至关重要，而情感是意义的内核。因此，在翻译中重现原作的音乐形式对准确传达原作中词语的意义至关重要。

在安托瓦纳·贝尔曼（Antoine Berman）(1992) 看来，赫尔德的翻译理论主要强调两点——忠实与扩展，而他的这一理念源自他对德国文化不确定性的反思。18世纪之前，德国文学的影响力远不及英、法、意等国文学的影响力大，因此当时德国的知识精英认为德国语言缺少文化养分。对此，赫尔德指出，德国文学需要通过翻译将国外文学作品引入德国，扩展德国文化的疆域，最终促进德国本族语的发展。他认为，民族语言是民族精神的体现，两者具有同一性，因此这样的翻译最终也会促使德意志民族精神变得强大。

3.2 歌德：翻译建构了世界文学

1770年，年仅21岁的歌德与在斯特拉斯堡旅游的26岁的赫尔德不期而遇。两位年轻人彼此为对方的才华所折服，大有相见恨晚之感。这次相见也影响了他们之后的学术之旅，并在某种意义上影响了"德国思想的未来"（Robinson 2002: 207）。受赫尔德的影响，歌德的创作与翻译逐步走向成熟，同时他的翻译观也渐渐形成，主要散见于他的著作《诗与真》

(*Dichtung und Wahrheit*)和《西东合集》(*West-östlicher Divan*)。贝尔曼曾说,"歌德有关翻译的论述非常分散,从未形成一套理论"(Berman 1992:54)。概括起来,歌德的翻译观点主要涉及如下四个方面:(1)翻译的两大准则;(2)德国翻译史上的三种翻译方法;(3)译者是"媒婆"、中介;(4)世界文学理念。他认为,世界文学是文学翻译所要实现的终极目标。

在缅怀德国著名的翻译家、小说家克里斯多夫·马丁·维兰德(Christoph Martin Wieland)的一篇文章中,歌德指出,翻译有两大准则:准则一要求我们在翻译原作时,尽可能地使其贴近我们所用语言的表达方式;准则二要求我们置身于原作的异域环境之中,适应其语言使用习惯和独特的语言表达方式。(Goethe 1977c: 39)。他认为这两大准则构成了翻译的两极,虽有人尝试在两者间找寻折中之道,但终不及这两极给人留下的印象深刻。歌德的这两条准则让我们不由得想起施莱尔马赫(Schleiermacher 2002: 229)那句名气更大的说法:要么译者尽可能不要打扰原作者,让读者向原作者靠拢;要么译者尽可能不要打扰读者,让作者向读者靠拢。二人在表述上十分接近,但从时间上看,歌德此说的时间略早于施莱尔马赫[1]。后来,施莱尔马赫的思想由于受到韦努蒂的推崇,因而在翻译学界传播相对较广。

在《西东合集》中,歌德总结了德国历史上三类主要的翻译方法:

1)散文化翻译。虽然散文化翻译去除了"任何诗歌艺术的所有特性"(Goethe 1977a: 35),耗掉了所有的诗歌激情,使原作的异域特质彻底归化为目标语读者司空见惯的形态,但却可以使目标语读者在无意识状态下陶冶情操、开发心智。歌德认为,路德所译的《圣经》就是这类译作的代表。

2)仿译。虽然译者努力地将自己置身于异域的语言环境之中,但他真正能做到的只是努力吃透原作内容,并以己意再现出来(Goethe

---

[1] 歌德是在1813年2月给已故的维兰德致悼词时说到上面这番话的,而施莱尔马赫则是在1813年6月于柏林皇家科学院所作的报告中发表这一看法的。

1977a：36）。歌德认为，法国人在翻译诗歌时多采用这一方法，他们总喜欢让外国作品最终披上法国语言华丽的外套，变为他们自己的作品。在德国，他认为维兰德的译作就属于这一类型，因为他的译作中包含了不少他个人以及当时民众的价值观。

　　3）偏硬的直译，他的原话是"近似于逐行对照译本（close to interlinear version）"。他称此为"最高级的和终极的翻译方法，其目的在于使译作等同于原作"（Goethe 1977a：36）。这样一来，人们在评价译作时，就不会再将译作视为原作的替代品，而会认为译作是可以取代原作的。他认为，这样的译作会大大地促进我们对原作的理解，并"尽可能引导和迫使读者向原作靠拢"（Goethe 1977a：37），这样的翻译将异域和本土、已知和未知融为一体，可以让读者真正感受到原作的异国情韵，但很难判断目标语受众对它的接受程度。在德国翻译界，他认为约翰·海因里希·沃斯（Johann Heinrich Voss）采用六音步翻译《荷马史诗》是较为典型的例子。沃斯的译作虽始终未得到多少好评，也没能得到大众的认可，但其中所展现出的修辞、格律方面的异域特征渐渐出现在之后德国作家的作品和译作之中，这不能不归功于他的翻译。

　　歌德之所以倾向于这种偏硬的直译，是因为他本人就是一个伟大的诗人。诗人在创作时既注重独出心裁的意象性，又注重音韵和谐的音乐性；而这两个突出的诗学特征，如果被散文化翻译所消解，或者被仿译所归化，那么诗人最看重的诗学创造就毁于一旦了。所以对于这位诗人而言，他宁愿看那些偏硬的直译，细细咀嚼其中的诗味，也不愿意看那一目了然的、散文化的诗歌翻译。其他诗人在谈诗歌翻译时也有类似的看法，如亚历山大·谢尔盖耶维奇·普希金（Aleksandr Sergeyevich Pushkin）、弗拉基米尔·纳博科夫（Vladimir Nabokov）、罗伯特·弗罗斯特（Robert Frost）和本雅明等。从歌德的论述中可以看出，他之所以更倾向于第三类翻译方法，还因为这样的翻译可以丰富德语的表达形式并扩展德国文学的疆域。这一观点与赫尔德的翻译观一脉相承，但对歌德而言，他希望这种扩展可以更进一步，能够使得德国文学与世界各地的文学相交汇，进而形成世界文学的大融合。不过，虽然歌德倾心于这一类翻译方法，但他并没有排斥另外两类翻译方法，他认为三者间并非一种线性演化、相互取代的关系，而是相互重叠、融合的关系；译者可以根据不同的场合选择不同的方法，进而将其各自的优势发挥到极致。

对于译者，歌德有两个著名的比喻：他将译者比喻为"忙碌的媒婆"（busy matchmaker），其工作就是将"犹蒙面纱半遮面的美人渲染成楚楚动人的样子，以激起人们对原作无法抵御的渴望"（Goethe 1977b：39）；此外，他还将译者视为"精神贸易的中介"（mediator in spiritual commerce）。总之，译者要让那些从未见过国外事物的读者能想象到、感受到国外的风土人情。

在贝尔曼看来，歌德翻译思想的终极指向，就是他于1827年1月31日在一次谈话中所提出的世界文学。贝尔曼指出，歌德提出的世界文学是一个"历史概念，与不同的国别文学或地域文学之间的关系的现状有关"（Berman 1992：55）。世界文学的出现并不意味着国别文学的消失，只是标志着"后者进入到一种时空之中"（Berman 1992：55-56），在这一时空里，不同国别文学互相影响，彼此了解；同时，世界文学又意味着"所有同时代文学的积极共存"，那是一种精神空间，其作用就是让所有同时代但不同国别的文学共存与互动。要达到这种共存与互动，就需要调整不同文学间自我与他者的相互关系，翻译便在其中发挥着重要作用。贝尔曼认为，翻译"即便不是世界文学的模型，也至少是其试金石"（Berman 1992：56）。通过翻译，不同国别的文学才得以进入到世界文学领域之内，进而彼此影响。总之，歌德对世界文学的构想是基于十七、十八世纪英、法、意、德四国的文学互译现象所提出的具有历史意义的概念，它强调当下性和互动性；而翻译则犹如进入这一精神场域的桥梁，只有通过它，不同的国别文学才能够实现互动，因此它对于世界文学的形成具有决定性的意义。

3.3 A. W. 施莱格尔：翻译是不完美的近似

与歌德一样，A. W. 施莱格尔同样受到了赫尔德的影响，他一方面强调翻译主体的创造性，另一方面进一步深化了翻译即扩展的哲学观，强调翻译的共性。A. W. 施莱格尔是德国浪漫主义时期最伟大的翻译家和思想家。他博学多才，早年习得多种外语，并翻译了莎士比亚的17部戏剧和大量的骑士文学。他的翻译理论主要散见于他的一些译作前言，其中较出名的有《但丁：论神曲》("Dante: Über *Die Göttliche Komödie*")等。贝尔曼称其为"德国有史以来最伟大的翻译家之一"（Berman 1992: 129）。此外，他还是一位卓越的批评家和语言学家，他的翻译思想体现在以下三方面的哲性思考之中：

1）诗歌翻译重形式。A. W. 施莱格尔十分强调对原诗形式特征的保留。对他而言，"形式即格律"（参见 Lefevere 1977: 46）。他反对法国诗歌翻译界的传统——按法语固有的诗歌传统规则翻译外国诗歌，认为所有将格律诗译成散文体的做法都应该受到谴责，因为格律不应该仅仅是一种外在的装饰，它还是诗歌的原始条件和先决条件之一（Schlegel 1977: 52）。他指出：

> ……由于所有的格律形式都具有明确的意义，因而它们在某种特定语言中的必要特征或许可以很好地展现出来。（因为实现形式和本质的统一是所有艺术的目标，形式和本质互渗互映得越多，艺术作品就越完美。）因此，翻译这门艺术的首要原则之一就是：在语言的本质允许的范围内，应以相同的格律重新创作诗歌。
>
> （Schlegel 1977: 52）

在他看来，诗歌格律形式本身就具有特定的意义，是与艺术本质相照应的。从翻译的角度看，既然译者认为意义的翻译非常重要，那么如果格律形式具有特定的意义，便同样不可忽视这样的意义。这种将格律形式作为一种意义来认识的观点，历来是西方诗学的一个基本原则，但很多翻译家并未意识到这一点。

因此，A. W. 施莱格尔在翻译莎士比亚的戏剧时，首先对原作的语音形式进行了细致的分析，坚持在译作中体现原作的节奏形式，使译作在语音效果上尽可能接近原作。他对诗歌翻译中格律形式的反思与黑格尔在《黑格尔美学演讲录》(*Hegel's Aesthetics: Lectures on Fine Art*) 第二卷中对诗歌形式以及形式与本质的互融关系的看法有异曲同工之处 (Hegel 1975: 959-1035)。但与黑格尔所不同的是，A. W. 施莱格尔并没有将论述引向观念，而是指向语言本体；他认为，自诞生起，语言就是诗歌的首要材质，格律 (从广义上讲) 是它现实的形式 (参见 Berman 1992: 132)。在这一点上，他与其弟 F. 施莱格尔以及诺瓦利斯观点一致，他们都认为，格律具有共性且存在于所有的诗歌之中，故称之为诗歌形式的共性。

2) 所有的文学翻译都仅仅是一种不完美的近似，是处于直译和自由模仿之间的一种再创作，而衡量译作的标准就是忠实。他认为，翻译中的忠实并非对作品局部或细节的忠实，而是对整部作品的忠实，忠实意味着译作给读者带来与原作相同或相似的印象，因为这些印象才是事物之本质 (Schlegel 1977: 52)。它应该是整体的、完全的，而非支离破碎的。对于直译，A. W. 施莱格尔又称其为"精确模仿" (exact imitation)，他认为"精确模仿"可以在一定程度上留给读者一种近似于原作语调的印象 (Schlegel 1977: 54)，但这样的翻译方法只适用于一些篇幅短小的抒情诗，而不适用于长篇的叙事诗。对于自由模仿，他认为这种方法与法国人的翻译方法相似，只能达到不完美的近似，只适用于那些不可模仿的作品，如梵语作品。因此，若非迫不得已，建议不要采用。那么，处于直译与自由模仿之间的再创作又是怎样的呢？他认为首先要忠实于原作的整体印象，其次要发挥译者的批评才能和语言天赋。只有两方面都做到了，译作才能像再创作一般呈现出来。他指出：任何客观的诗歌翻译都是真正的创作,一种新的创作,其目的就是综合不同民族的所有优点,与他们共思索、同感受,从而为人类创造出一个世界性的中心(Schlegel 1977: 52)。换言之,翻译就是引导人类走向世界主义、走向共性的实践。

3)优秀的译者应该是批评家、作家和翻译家三种身份的合体;唯有如此,译者才可能对原作作出深刻的批判性分析,才能完成翻译并最终实现再创作。对此,勒菲弗尔(Lefevere 1977: 47)评论道:翻译中的再创造和对诗歌作品的批判性分析有着共同的阐释关系,在 A. W. 施莱格尔看来,这绝不是一种恶性循环,而是所有历史洞见的基础。很显然,这是一种对原作有深入洞见的翻译,一种尽可能再现原作内在本质的翻译。另外,A. W. 施莱格尔所说的这三者不仅仅指涉三种活动——批判性分析、写作和翻译,更强调的是三种活动背后相对应的三种能力:对文本作出分析、解读和评价的批评能力,精通双语或多语的语言能力以及艺术家的创作和表述能力。正如勒菲弗尔(Lefevere 1977: 47)所言,这是一种理想的译者,历史上具备如此优秀才能的译者并不多见,有些人或许具备其中一两种才能,但又未必能在翻译中合理地综合应用这些才能。

综上所述,A. W. 施莱格尔的翻译思想之源主要包括两方面:(1)翻译存在共性;(2)德语具有灵活性,能够体现德意志民族精神。关于共性,他在谈论诗歌翻译时就提出了格律形式的共性。他的诗歌格律形式具有特定意义的观点具有深刻的诗学和翻译学价值。在语言方面,A. W. 施莱格尔强调德语的优越性和语言即民族精神的观点。在《浪漫主义文学史》(*Geschichte der Römantischen Literatur*)中,他(Schlegel 1803/2002: 220)明确表示:"正是由于我们的语言特别复杂灵活,才使得它可以完美地匹配各种各样的外语,依随它们的外形,模仿它们的格律,甚至盗用它们的发音。"

3.4　洪堡：语言学意识的介入

洪堡是德国著名的教育改革家、语言学家和外交官。他前半生的多数时间都用在德国外交活动和教育建设方面，后半生则多集中在语言学研究方面，其代表性作品包括《论思维和话语》("Über Denken und Sprechen")、《论语法形式的产生及其对观念发展的影响》("Über das Entstehen der grammatischen Formen, und ihren Einfluss auf die Ideenentwicklung")、《论语言的民族特性》("Über den Nationalcharakter der Sprachen")及《论人类语言结构的差异及其对人类精神发展的影响》(*Über die Verwandtschaft der Ortsadverbien mit dem Pronomen in einigen Sprachen*)等。对于语言，他首先强调人类的思想是依赖并受限于语言的。其次，他对语言持整体观，认为语言如同"有机体""系统"或"网络"，各语言分支仅是更大的语言整体的一部分；语法是将语言"有机体"连接在一起的基本原则。福斯特（Förster 2011：90）评论道：对于洪堡而言，不同语言的语法结构虽不尽相同，但所有语言最终共享普遍语法。再次，在承认普遍语法的同时，洪堡也强调每一种语言的独特性。罗宾逊曾指出，在洪堡看来，每一种语言都是"完全独特的，且拥有各自特定的内在结构，因此每一个单词都是独特的，在其他任何语言中都没有等值体"（Robinson 2002：238-239）。洪堡的这些语言观都深深地影响了他的翻译观，并对后世的翻译观产生了深刻的影响。

关于翻译理论，洪堡首先强调忠实是对整个文本而言，而非对文本某些细枝末节的盲从。他认为，由于两种语言之间存在差异，那种在翻译中追求细枝末节的忠实是不可行的，而普遍语法的存在才使得翻译有实现的可能。

其次，他认为不同语言间的词汇不会完全等值，那些所谓的等值词在一定意义上仅是同义词而已（von Humboldt 1977：40），因此翻译中的差异性是不可避免的。与原作相比，即使最忠实、最优秀的译作，也只是尽可能地确保与原作等值和一致，有时甚至会出现"译本越忠实，（与原作的）偏差就越大"（von Humboldt 1977：41）的情况。那么，洪堡所强调的忠实指的是对什么的忠实呢？他写道："这种忠实必须瞄准原作的真正本质"，它不仅包括作品的语言，而且还包括语言所体现的民族精神（von Humboldt 1977：42）。最终，翻译不仅仅要丰富德语的表达形式，而且还要促成两种民族精神的融合，进而发展德意志民族精神。

洪堡还认为，翻译应该体现一定的异域色彩，但要体现多少异域色彩才算合适呢？洪堡自己也承认这是十分难以把握的。他指出：翻译的最高境界是陌而不生，且陌且生之译乃是译有不逮之表现（von Humboldt 1977：42）。译文要陌而不生之说看上去有点不可捉摸，而洪堡也没有对此作进一步讨论，仅表示只有毫无偏见的读者方能对此作出评判。不过，中国翻译学界对此倒是有一个很贴切的说法——异国情调，既有异国之"异"，又能让人觉得有"情调"。

最后，洪堡十分强调诗歌翻译中对于韵律的处理，因为他认为韵律一方面与作品的思想性和音乐性有关，另一方面又与作品所表达的情感有关，它能抓住人的灵魂，因为它最接近人内在感知的本质（von Humboldt 1977：44）。因此，他认为，在诗歌翻译中应尽可能重现原作的韵律，以影响后人，最终为德国文学的未来作出贡献。

3.5 施莱尔马赫：现代阐释学翻译理论的形成

施莱尔马赫是这一时期翻译理论的集大成者，他的翻译思想上承赫尔德、歌德等人的翻译思想，下启本雅明、韦努蒂等人的翻译理论，为德国乃至世界翻译理论的建构作出了巨大的贡献。

施莱尔马赫被喻为"现代阐释学之父"。1838年，他出版的论著《阐释学与批评》（*Hermeneutics and Criticism*）是其阐释学理论集大成之作。

施莱尔马赫（Schleiermacher 1838/1998：vii）在其论著的开篇就写道：阐释学作为一种理解的艺术，还没有以一种普遍的方式存在，相反，它只有几种具体的阐释学形式。笼统地讲，阐释学包括三大类型：(1) 正确表述思想的艺术；(2) 给第三方传达他人话语的艺术；(3) 正确理解他人话语的艺术（Schleiermacher 1838/1998：5）。严格意义上的阐释学指第三种，是一种"主体间的理解"，亦即"在主体意识交流层面上的解读"，而这种主体间交流的"基本空间就是语言"（Berman 1992：142）。在施莱尔马赫眼里，语言不再是工具，而是主体活动的空间，由符号组成的空间，翻译则是在由符号组成的不同空间中所进行的活动。

　　施莱尔马赫的阐释学思想聚焦话语语法和主体心理。话语（utterance）既是一种心理活动，也是语言的配整的结果；前者属于主体性方面，后者属于语言技术方面，在阐释时两方面都需兼顾。施莱尔马赫的翻译理论以此为基础，抽丝剥茧、层层推演而成。1813年，施莱尔马赫在柏林皇家科学院所作的报告《论翻译的方法》是其翻译思想的集大成之作，该文以拿破仑战争时期的普法战争为背景。这一时期，德意志民族尚处于分裂状态，"当时'德国'并不存在，莱茵河西畔只有几个公国，……东畔则是被法国控制的、主要讲德语的普鲁士君主政体"（Venuti 1995：106）。战争爆发后，法国部队长驱直入，占领了柏林，这极大地刺激了当时的德意志知识分子，民族主义情绪空前高涨。战后重建家园时，他们极其渴望建立起一个统一的德意志文化体系，重新建构民族文化身份，推进民族统一进程，使自己的民族屹立于欧洲民族之林。因而，施莱尔马赫看待语言问题和翻译问题时就带有明显的文化关切和政治关切，强调语言的民族性，希望通过翻译来发展德语书面语，使之成为统一的德意志民族文化的纽带和载体，成为强国的文化根基。

　　施莱尔马赫理论的宗旨是用异化翻译方法来抵抗法国的归化翻译传统，不过异化（foreignization）和归化（domestication）这对术语倒不是他提出来的，而是一百多年后由美国翻译学者韦努蒂在其思想的启发下提出来的。施莱尔马赫希望通过广泛吸收各国语言文化来丰富和发展德语书面语，并最终推动以德语为基础的民族性文化的形成。他的论述是基于他的民族主义感情、为民族语言建设服务的，其中的民族主义情绪多于世界主义。因此，这篇报告表面上是在讨论翻译的方法，实质上是在对翻译的功能进行重新界定，以使翻译的历史性和社会实践性更加明确。值得注意的是，施莱尔马赫的阐述极尽逻辑推演之能事，尽显德国思辨哲学传统之色彩。

对于他的这篇论文，贝尔曼给予了很高的评价，认为它是德国浪漫主义时期"唯一系统且有条理的翻译方法研究"（Berman 1992：144）。在这篇论文中，施莱尔马赫首先指出，翻译几乎无处不在，在一定意义上任何交流都是一种翻译行为。然后，他将这种广义的翻译与两种语言间的翻译区分开来，并以此为基础划分出两种译员和译事——笔译员与口译员以及和他们相对应的翻译活动。对于译事，他认为口译员适合从事商业性的翻译活动，笔译员则适合从事学术与艺术方面的翻译活动。由于两种翻译活动适用于不同的活动场所，因此对语言应用能力有着不同程度的要求。在施莱尔马赫看来，笔译员在一定程度上优于口译员，因为笔译员不仅仅在作机械式的信息传递，还要将学术或艺术作品的个性特征以及原作的语言特征传递出来。基于对口译与笔译的分类，施莱尔马赫进一步区分出"机械的翻译"与"真正的翻译"。机械的翻译指与口译相对应的实用性翻译，只要译者对两种语言具有一般性的了解，并可以在翻译中避免那些明显的错误，就可以从事相关翻译活动了。真正的翻译特指学术和艺术作品的翻译，这样的翻译比较复杂，是一种创造性的翻译活动，直接关系到独立的语言思维和创造性。只有译者具备了较强的领悟力，并能把两种语言融合到一起，才能使译作保留原作的风格。从施莱尔马赫的论述来看，他的这一分类本质上是从翻译中所体现的客观性和主观性的差异出发的（Berman 1992：145）。对他而言，译者若像原作的"仆人"一般，紧紧依随原作的"客观内容"而翻译，就属于前者，如对报纸、一般旅游宣传册的翻译；相反，译者若能"像作家那样自如地运用个人的综合能力"，并能领悟到"铭写在整个视觉和感觉系统中的语言之精神"，那么他在翻译时就可以自如地应用语言并传达出原作的思想和情感，如诗歌的翻译（Schleiermacher 2002: 226）。翻译中，译者需要同时关注两个方面——语言的配整和主体的陈述，这一切都融于语言系统之中（Berman 1992: 145）。他的这些观点与他的语言阐释观是一脉相承的。那么，译者应当如何去翻译呢？

对此，施莱尔马赫从批评当时盛行于英、法两国的两种翻译方法——释译和拟译——入手展开讨论。他认为前者仅是在语言技术层面找寻可替换的词语而已，后者则让译作与原作相去甚远，二者都不能很好地展现出原作的美。在此基础上，他提出了自己的翻译方法：一种是"译者尽可能不要打扰原作者，让读者向原作者靠拢"；另一种是"译者尽可能不要打扰读者，让作者向读者靠拢"（Schleiermacher 2002: 229）。第一类翻译方法是指，译者努力通过自己的翻译，帮助读者理解他们原本看不懂的作品，并尽力让读者明白他们所获得的印象和概念。在采用这一翻译方法时，译者要将读者放在他自己的位置上，让读者进入一个完全陌生的源语环境中去理解原作的含义。显然，这是一种原作取向的翻译方法。对于第二类翻译方法，他认为其宗旨是尽力使外国作者的作品读起来如同本国作家的作品一般，这也就意味着译者要将原作译成地道的目标语，以减少读者在阅读作品时的异域感，好像在与原作者直接沟通。不难看出，这是一种读者取向的翻译方法。显然，施莱尔马赫是在他的阐释观（翻译是一种主体活动）的基础上提出这两类翻译方法的。

如同他将阐释区分为真实阐释与非真实阐释一样，施莱尔马赫将翻译也分为了两类：真实翻译（authentic translation）与非真实翻译（inauthentic translation）。对他而言，非真实翻译"否定了连接原作者与其语言的复杂关系"（Berman 1992: 147），否定了目标语与源语之间的不一致关系，因而是一种非真实的翻译；而真实翻译则承认两种语言间的不同，但这种翻译方法也会给目标语带来一定的风险，会影响目标语的纯洁性。对于这种风险，施莱尔马赫表示并不担心。他受洪堡语言系统论的影响，认为在整个大语言系统中，没有一种语言是完全独立的。当一种语言在整个大语言系统中还没有确立其地位时，就会处于被统治状态；而当它独立且获得了合法地位时，它对整个语言体系而言就是自由开放的，就会吸纳其他语种的表述方式，而所谓的语言的纯洁性从一开始就被破坏掉了。通过真实翻译将异域的文学、文化和表达方式引入目标语，能够丰富和扩展目标语。在这里，施莱尔马赫对真实与非真实翻译的讨论已不仅仅是对翻译方法的讨论，而是涉及翻译伦理以及语言认知的讨论。总之，他对翻译的讨论可谓是当时整个德国翻译思想的结晶。

3.6　本雅明：传统翻译思想的解构

谈及20世纪德国关于翻译的哲学思考，其代表人物非本雅明莫属，因此本节将重点介绍他的翻译思想。

1892年，本雅明出生于德国柏林犹太家庭。1940年9月，他在躲避纳粹追捕途中卒于西班牙边境。他生平经历过两次世界大战，受过犹太教文化熏陶，受过德国唯心主义哲学训练，对弗兰兹·卡夫卡（Franz Kafka）、波德莱尔等人的现代主义文学兴趣浓厚，研究过德国浪漫主义时期的文艺思想。上述经历对他的思想产生了直接或间接的影响。

本雅明的代表作品包括《论语言本身和人的语言》（"On language as such and on the language of man"）（写于1916年，作者生前未发表），《德国浪漫派的艺术批评概念》（*The Concept of Art Criticism in German Romanticism*）（写于1919年，发表于1920年），《译者的任务》（"The task of the translator"）（写于1921年，发表于1923年），《评歌德的〈亲和力〉》（"Goethe's *Elective Affinities*"）（写于1921—1922年之间，发

表于1924—1925年之间),《机械复制时代的艺术作品》("The work of art in the age of mechanical reproduction")(约写于1935年底至1936年初,作者生前未发表),《论波德莱尔的几个主题》("On some motifs in Baudelaire")(写于1939年,发表于1940年)以及《历史哲学论纲》(Theses on the Philosophy of History)(写于1940年)。这些作品以1926年为界,反映了本雅明在不同时期的研究侧重点:1916—1925年,本雅明主要关注形而上学;1926年后他受马克思主义启发,主要关注艺术作品生产和接受的外部条件(Wolin 1994: viii)。他的哲学观、语言观、批评观、翻译观和历史观互相勾连,文风艰深晦涩,思想异于常人,以致在同时代传播和接受程度受限,只有几个接近、了解他的人——如格肖姆·肖勒姆(Gershom Scholem)、西奥多·阿多诺(Theodor Adorno)、胡戈·冯·霍夫曼斯塔尔(Hugo von Hofmannsthal)、贝尔托·布莱希特(Bertolt Brecht)等——比较认可他的观点。直到他去世近20年后,西方才迎来本雅明思想研究热潮,赋予他迟来的名誉。

《译者的任务》是本雅明翻译波德莱尔的现代主义诗歌《巴黎即景》后所作的序言,也是译学经典之作。不过,这篇文章在1923年发表时并没有引起人们重视,直到其英译本诞生后,才引起了西方学术界的关注。乔治·斯坦纳的《巴别塔之后:语言与翻译面面观》(After Babel: Aspects of Language and Translation)和卡罗尔·雅各布斯(Carol Jacobs)的《翻译的魔怪》("The monstrosity of translation")较早地讨论了本雅明的翻译观,但真正使《译者的任务》在译学界产生广泛影响的是雅克·德里达(Jacques Derrida)的《巴别塔》("Des Tours de Babel")和德·曼的《评本雅明的〈译者的任务〉》("'Conclusions' on Walter Benjamin's 'The task of the translator'")[1]。

---

[1] 该文的英文全称是 "Conclusions" on Walter Benjamin's "The task of the translator". Messenger Lecture, Cornell University, March 4, 1983, 因时间、地点等信息与该文主题无关,故在中文译名中略去,下同。

德·曼对本雅明的《译者的任务》一文十分推崇。上文提到，他（de Man 1985/2000：11）曾说过："如果你还未曾对这篇文章发表过只言片语，就说明你在翻译界还只是无名之辈"。事实也正如此。在德里达和德·曼等解构主义学者的影响下，《译者的任务》推动了译学基本范畴和研究范式的变革，使翻译理论从现代语言学研究路径转向后现代文化研究路径，本雅明也因此被称为他去世后40年里"最能引发翻译思考的学者之一"（Rose 1982：164）。

在《译者的任务》这篇文章中，本雅明最重要的贡献是颠覆了一系列传统的翻译观念，重新界定了翻译的目的、原作与译作的关系以及可译性的意涵，并用一系列隐喻阐明了译者的任务。

3.6.1 解构读者取向的文学翻译传统

西方的翻译观自古就有一定的读者关怀意识，文学翻译领域尤是如此。但不可忽略的是，欧洲一大翻译传统是建立在宗教翻译之上的。在相当长的一段时间里，有很多宗教人士认为，上帝的话语是不能随便改变的，即便因为翻译而导致平民百姓无法理解也在所不惜，因为之后还有神父来为他们"解经"。但这一宗教翻译规范后来在路德的宗教改革运动中遭到彻底颠覆，读者导向的翻译传统由此确立（Robinson 2002：84），进而成为了欧洲新的翻译规范。在西方世界里，这一传统后来在奈达那里实现了进一步理论化。但这一读者导向的翻译规范，这一在后来被韦努蒂称为是"帝国主义的归化"（imperialistic domestication）（Venuti 1992：13）的翻译传统，在本雅明这里却遭到了严重的挑战。

本雅明在《译者的任务》一文的开篇就提出：

> 在欣赏一件艺术品或一种艺术形式时，考虑接受者永远不会有成果。……在对艺术展开理论思考时，就连"理想的"接受者这个概念也是有害的，因为它所假设的只是人本身的存在和本性。艺术也以同

样的方式假设了人的物质存在和精神存在，但它的任何作品都与人的反应无关。没有一首诗是为读者而作的，没有一幅画是为观赏者而画的，也没有一首交响乐是为听者而谱写的。

（Benjamin 2000：15）

本雅明的上述观点乍一看去似乎很怪异：艺术难道不是给人欣赏的吗？但若转念一想，其实也不难理解，因为真正流芳千古的艺术作品最突出的特点就是卓尔不群，而"不群"其实就是没有去迎合传统、迎合群众品位的意思，正是这种独特的个性造就了美的艺术。既然"原作都不是因为读者而存在，那么译作又怎么能以读者为前提呢？（Benjamin 2000：16）"

3.6.2 解构意义取向的文学翻译传统

在传统译论中，翻译就是译意，即向读者忠实传达原作的意义，译作也因此被视为原作的派生物和附属品，而本雅明对文学翻译中的意义导向的翻译规范也发起了挑战：

一部文学作品"说"了些什么？它传达了什么（信息）？对那些读懂它的人而言，它几乎什么也没有"讲"。文学作品的基本特性不是陈述或传递信息。然而，任何旨在实现传递功能的翻译，除了传递信息——一些非本质的东西以外，无法传递其他任何东西。这是劣质翻译的标志。

（Benjamin 2000：15）

所谓"信息"，就是原作的意思或内容。自古罗马时代以来，西方翻译学界就一直推崇"意义对意义"的翻译，而这种翻译的理念主要就是为读者服务，让读者能够轻松获取原作的信息。但本雅明认为，文学作品的基本功能并不是传递信息，更不是讨好、迎合或迁就读者。本雅明的这篇《译者的任务》是他为自己的诗歌翻译作品所作的序，所以这篇文章的具体语境是诗歌翻译。也就是说，在他看来，诗歌翻译如果仅仅译出原作的意思，那便毫无趣味可言，因为诗歌在体裁上并不是信息类文本，其目的不是"言事传意"，因此一首诗说了什么并不重要，重要的是怎么说，即他所说的"意指方式"（mode of signification）（Benjamin 2000：21）。因此，译作只有与原作在意指方式上无缝对接，才是理想的译文。但这只是一种理想，实际上很难实现。语言之间的差异客观存在，因而翻译所用的语言本身即是对目标语言的一种"补充"；也就是说，语言会因为翻译而得到不断的补充，进而不断发展。因此，从这个意义上讲，"一部译作，尤其是在它刚刚问世的时候，说它读起来好像当初就是用那种语言写的，就不是对该译作的最高评价了"（Benjamin 2000：21）。若将其与上一章所说到的泰特勒和坎贝尔翻译三原则的第三条——译作要像原创作品一样流畅——相比较，便不难看出，本雅明在此又颠覆了欧洲另一个重大的翻译传统。在他看来，目标语必须要在翻译的过程中不断得到补充，如果译作的语言如同目标语的原创作品一般，那么原作的纯语言或意图必定会被这样的语言表达所压制。

在语言学家杰弗里·利奇（Geoffrey Leech）（1974：47）对语言交际功能的分类中，首要的功能就叫信息功能（informational function），指的就是本雅明这里所说的意在传递信息的功能。他所提出的另一种功能是审美功能（aesthetic function）（Leech 1974：49）。利奇的这一功能分类显然是从罗曼·雅各布森（Roman Jakobson）的功能六分法演化而来的。在雅各布森的分类体系中，上述两种功能分别被称为所指功能（referential function）（Jakobson 1987：66）和诗学功能（poetic function）（Jakobson 1987：69）。从语言学对语言交际功能的分类来看，语言在不同的文本类型和交际语境中有着不同的功能。在雅各布森看来，诗学功能是诗歌语言的"主导的、决定性的功能"。从本雅明的《译者的任务》中我们不难看出，他对此早有其哲学性洞见。从诗学的角度看,文学的首要功能一定不是信息功能,信息对文学而言确实是"非本质的东西"。那么究竟什么是文学的精华所在呢?

> 文学作品除了信息之外,其所包含的精华——即使是一个糟糕的译者也会承认——都是些深不可测的、神秘的、诗学的东西,也只有当译者也是诗人时,才能把它再现出来。我们一般不都是这样认为的吗?这实际上就成了劣质翻译的另一种特征,我们将其定义为不准确地传递了(原作)非本质的内容。
>
> (Benjamin 2000: 15)

这里面所提到的"深不可测的、神秘的、诗学的东西",就是雅各布森语言功能分类体系中的诗学功能,这是一种能"使语言讯息变成艺术品"(Jakobson 1987: 63)的功能;诗学功能不是语言艺术的唯一功能,但却是具有主导性和决定性的功能(Jakobson 1987: 69)。因此,从语言学的角度看,语言除了可以传递信息之外,还可以执行其他多种功能,其中就有文学作品中所特有的诗学功能。也正因为如此,本雅明认为在文学作品中片面追求信息的传递是一种劣质翻译的标志,因为这样的翻译会丢失原作的诗学之美。但为什么他又认为那种追求文学作品中"深不可测的、神秘的、诗学的东西"的翻译也会导致劣质翻译呢?如果把语境置于本雅明所处的时代,我们就可以更清晰地理解他何出此言了。受宗教翻译的影响,欧洲的翻译观自古罗马时代以来一直都有硬译的传统,而硬译的原因就是译者认为原作的表达方式本身就有一种"深不可测的、神秘的、诗学的东西"存在;这在《圣经》中体现为上帝的意志,而在诗歌中则体现为诗人的艺术表现形式。因此,唯有硬译才可以把原作中的精华体现出来,但结果往往就是以辞害意,译作不堪卒读,让读者不明其意,莫名其妙,不仅语言的美没有表现出来,内容也被扭曲,这就是本雅明所说的

"不准确地传递了(原作)非本质的内容"。

其实本雅明在这里批判了两种极端的翻译,也是两种常见而公认的劣质翻译:一种是为追求内容而损害诗学之美的意译,一种是为追求形式而损害内容之真的硬译。

> 忠实地复制原作的语言形式会妨碍意义的传达,因此,不能指望硬译能够保全意义。拙劣译者的无所约束的自由,对于保存意义而言更有利,但对于文学和语言来说,却更糟糕。
>
> (Benjamin 2000: 21)

3.6.3 可译性的意涵

本雅明既解构了文学翻译传统中的读者取向,也解构了其意义取向。翻译既不为读者而作,又不传达意义,那么翻译到底是什么呢?本雅明(Benjamin 2000: 16)认为,翻译是一种形式;要掌握这种形式,就必须返回原作,因为支配翻译的法则——原作的可译性(translatability)就存在于原作之中。本雅明(Benjamin 2000: 16)还进一步解释了可译性的两重含义:一是在该作品的全体读者中,能否找到一位称职的译者;二是该作品的性质是否使它适合于翻译,从而——鉴于翻译形式的重要性——呼唤翻译。在这两重含义之中,本雅明认为后者更为重要。

可译性一直是翻译研究中的一个重要概念。许多学者曾立足于不同语言及文化之间的共通点和差异,讨论过翻译的可能性和限度问题。在《巴别塔之后:语言与翻译面面观》一书中,乔治·斯坦纳(Steiner, G. 1975: 77)回顾了历史上关于可译性的争论,指出从语言哲学的角度去看,一种观点认为人类语言之间的差别主要在表层,语言的底层结构是普遍存在的、共通的,因此翻译是可能的;而另一种观点则认为所谓的语言底层结构之说过于笼统、抽象,不足以解释复杂而多样的人类语言行为,因此真正的翻译是不可能实现的。而我们称之为翻译的东西,不过是"近似类比的传统"或"粗糙的模仿物"而已。这些关于可译性的讨论所遵循的翻译标准是译作忠实于原作,目的在于为翻译实践提供相应的指引,与本雅明对可译性的讨论并不在同一个层面上。

本雅明并未从实际翻译的困难和限度的角度去讨论可译性,而是将可译性看作某些作品的本质特征:这并不是说这些作品一定要被翻译出来;而是指原作某种特定的内在意蕴,在原作的可译性中得以自我呈现(Benjamin 2000:16)。那么,通过可译性呈现出来的"特定的内在意蕴"到底是什么呢?在本雅明看来,它并非文本传递的信息。作品的信息性越强,它自身的语言品质就会越低,特色就会越少,也就意味着它能够为翻译提供的沃土就越少;相反,作品的品质越高,它就越有可译性,即便我们只能在一瞬间触及它的意义。

本雅明所讨论的可译性不仅内涵于原作语言之中,而且超乎原作语言之外,指向纯语言。

> 译者的任务就是用他自己的语言把被另一种语言魔咒所困的纯语言释放出来;在他对作品进行再创作时,把被囚禁在那部作品中的语言解放出来。为了纯语言,他要冲破自己语言的腐朽障碍。
>
> (Benjamin 2000:22)

本雅明的这段论述一方面说明了译者的任务究竟是什么,但另一方面又给很多研究者带来了困惑:纯语言是什么?在本雅明看来,理解纯语言的关键是意图(intention):

> 语言的所有超历史亲缘关系都存在于每种语言整体背后的意图之中。然而,这种意图没有一种语言能够独自实现,只有通过它们相互补充的全部意图才能实现:纯语言。
>
> (Benjamin 2000:18)

译者的任务就是在目标语中找到这种意图，从而让他的翻译语言
与原作产生共鸣。

（Benjamin 2000: 19-20）

本雅明认为，没有任何一种语言能真正把人的意图完全表达出来；在翻译时，即便译者真正理解了原作的意图，但真要用另一种语言把对纯语言的理解(即脑海里的原作意图)释放出来，也是很难实现的。即便原作中所有的表面信息和内容都被挖掘出来并传递出去，翻译最关注的那些元素也依然不可企及。这种不可译的可译性表面看来自相矛盾，但究其实质，是本雅明所说的可译性立足于语言自身的渴望与诉求，是独立于人的经验之外而寄予语言的一个客观法则，已超出传统翻译研究中对可译性和不可译性的二元区分。如果原作具备了可译性，它实际上就在召唤翻译，即便无人翻译或无人能够翻译，它的可译性依然存在。

3.6.4　译者的任务

按照通常的理解，译者的任务无非是为读者忠实地传递原作信息。然而本雅明解构了这一传统意义上的翻译观，指出文学翻译既非为读者而作，也非原作意义的复制品，文学翻译有其自身的存在价值。翻译不是简单地把一种语言投射到另一种语言，而是力图凸显语言之间的亲和性。为了进一步说明翻译的本质与译者的任务，本雅明使用了"切线""碎片""拱廊""果实与果皮""后续生命"等一系列别出心裁的比喻。

首先，译者从原作语言中读出的纯语言就像一个圆，而翻译就像与这个圆相交的一条切线，二者的接触只在那一点之上，译作在触点之后便扬长而去，走向了新的征程。而原作中等待被释放和被解放的纯语言则仍被囚禁在那个圆之中：

就像一条切线轻触一个圆，只在一个点上轻微接触了那个圆，切线

通过这种接触而不是那个点设定了继续无限延伸的法则一样，译作也同样轻触原作，而且只是在意义这个无限小的点上轻触了原作，然后就在语言的自由流动中按忠实的法则走自己的路了。

（Benjamin 2000：22）

本雅明以一个生动的比喻形象地说明了可译性的限度，也呼应了新批评派的意图谬误论（intentional fallacy）：文本的意图是语言所难以表达的，因此也是难以翻译的，抑或不可译的。虽然本雅明认为翻译就像切线擦过圆，二者只有一个接触点，但本雅明对他的翻译理想还是有所憧憬的。在此，他用了一个碎片的比喻：

要将一个容器的一堆碎片粘接到一块，就必须要粘得严丝合缝。不过，碎片的形状不必一模一样。同理，译作（的意义）也无须与原作的意义一模一样，译作要精巧细致地与原作的意指方式融为一体，从而使译作和原作被视作一个更大的语言（整体）中的碎片，就像容器的碎片之于容器一样。有鉴于此，翻译在很大程度上必须克制那种追求意同的愿望……

（Benjamin 2000：21）

换言之，翻译不应仅仅传递信息，而应该呈现将语言碎片无缝对接的可能性。因此，本雅明强调直译的优势，因为只有词与词相对应的直译，才最能够体现对语言互补性的渴望，尤其是一个诗人对诗歌翻译的憧憬。他用拱廊的隐喻来比喻直译的作用——不遮盖原作的光芒：

真正的译作是透明的；它不会遮盖原作，不会挡住它的光芒，而是允许纯语言，就像是获得了自身媒介的强力支持一样，更加闪亮地照耀在原作之上。最重要的是，这一目标可以通过语法（层面）的直译来实现。对译者来说,在这样的直译中,最基本的要素是词而不是句子。因为如果句子是耸立在原作面前的墙壁的话,那么直译就是拱廊。

(Benjamin 2000: 21)

句子是耸立在原文面前的"墙壁",原作内核中的光芒因为这不可逾越的墙壁而被遮蔽了。在翻译界,句译是意译最基本的技巧,但本雅明明确反对在文学翻译中片面追求意同。作为诗人,他更看重词语的重要性。在他看来,要把文学的光芒在翻译中体现出来,唯有针对词语的直译才是通往这个目标的拱廊。在对比了直译和意译各自的优劣之后,他得出结论:

……翻译必须以一种与原作逐行对照的方式,将直译与自由译结合在一起。因为在某种程度上,所有伟大文本的字里行间都隐含着它们潜在的译文,对于最高级别的、具有神圣意义的作品来说尤其如此。《圣经》的逐行对照译本是所有翻译的原型或理想。

(Benjamin 2000: 23)

在本雅明心目中,只有将直译和自由译相结合,才能达到他心目中的诗学境界;理想的诗歌翻译就像《圣经》的逐行对照译本一样,每个词语都能与原作相应的意指方式实现无缝对接。他的这一观点与上面所提到的歌德和A. W. 施莱格尔的翻译思想可以说是相通的。歌德推崇的是近似于逐行对照的译本,而A. W. 施莱格尔心目中的理想翻译是处于直译和自由模仿间的一种再创作。

在论及语言与内容的关系时,本雅明用了果实与果皮的比喻,形象地论证了这一关系在译作和原作中的不同:

在原作中,内容和语言合为一体,就像果实和果皮;而译作的语言却像是一件满是皱褶的皇袍,包裹着译作的内容。由于译作指向一种比它自身更具权威性的语言，因而它在高高在上的、异己的内容面前显得无所适从。

(Benjamin 2000: 19)

这一比喻说明，原作的语言与内容是一种浑然天成的一体化关系；而在译作中，语言和内容不可能像果实和果皮一样合为一体，而更像是皇袍与身体之间的关系，两者虽然相互接触，但依然保持一定距离。"这种脱节现象，既妨碍了翻译，同时又使翻译变得多余"(Benjamin 2000: 19)。本雅明的果实之喻将原作看作一个有机物，也照应了他关于译作和原作之间生命关联的阐述。因可译性而相互关联的原作和译作之间，本质上是生命及其延续体之间的关系。原作是有生命的，而译作正是原作生命的延续，是原作的后续生命(afterlife)：

……译作出自原作——与其说是出自原作的生命，不如说是出自其后续生命。由于译作的产生要晚于原作，而且世界文学的重要作品也从未在它们诞生之际就有选定的译者，因而这些作品的译作（的诞生）也就标志着它们进入了延续性的生命阶段(continued life)。艺术作品中生命与后续生命的概念完全应该从非隐喻的角度客观地看待。

(Benjamin 2000: 16)

本雅明进而指出：

……这种译作与其说是服务于原作，不如说是因为原作才得以存在。原作的生命在译作之中实现了最新、最丰满的绽放。

作为生命的一种独特而高级的形态，其发展壮大有其独特而高级的目的。

(Benjamin 2000: 17)

在本雅明看来，原作从译作中获得了生命的延续，译作促使原作中隐含的纯语言种子开花结果。本雅明的这一后续生命之说，为后世的翻译研究提供了广阔的联想空间：文化派研究者从中读出了译作独特的文化地位；解构主义学者从中读出了对原作中心地位的颠覆；目的论者从中读出了其所需的哲学依据。

这里有必要指出的是，中西方翻译学界在接受本雅明的有关afterlife的论述时，往往将其理解和翻译成"来世""后世"或"转世"，一是因为学界主要以《译者的任务》英译本为依据，二是因为受到了德里达由该文法译本展开的解构式联想的影响。

afterlife在英语中有两层意思，一是具有宗教含义的life after death（死后重生、转世来生），二是later life（后来的生命、后续生命）。就翻译活动的历史呈现来说，这两种情况确实也都存在：有的译作存世，而其原作却已轶失；但大多译本对应的是源语文化中正在流通的文本。然而，本雅明在德语原作中使用的Überleben一词并没有"死后重生""转世来生"的意思，仅有"后续生命"和由其动词形式引申出的"幸存"之意。《译者的任务》英译本在论述afterlife时，有两处使用了continued life，一处使用了continual life，还有一处使用了survival（生存），三者皆是与Überleben的本义——"后续生命"相关联的语境支撑。这也从侧面说明，Überleben在德语原作中并没有"死后重生"（亦即"来世""后世""转世"）这样的比喻义。Benjamin还特地强调，不要把这个概念当作一个比喻。不过，英译文中所用的afterlife本身就比Überleben多了一层意思——life after death，难免会使解构主义思想家多一重联想，多一层解读。就像Benjamin把翻译比作切线与圆的相交一样，"转世来生"这层意思就成了那条切线在经过其与圆圈的触点后的语义延伸了。

上文提到，德里达对Überleben所作的解读也影响了中西方翻译学界对该词的理解和翻译。他曾说过，这个词有life after death的意思（Derrida 2001：199），但他同样也受到了译文的影响。德·曼（de

Man 1985/2000：19）说，德里达所读的版本是法语译本。贝尔曼等人（Berman et al. 2018）指出，法译本中所用的survie跟英语中的afterlife一样，也有宗教意义上的"转世来生"的意思，显然德里达的解读是受了法译本的误导；当然，也有可能是他故意被误导，因为作为解构主义者的他，本来就喜欢在一词多义的基础上借题发挥。

3.6.5　译学影响

本雅明的《译者的任务》在很大程度上启发了后来的解构主义学者，也引发了解构主义的翻译思潮。受这篇文章的启发，德里达在《巴别塔》中不断追问传统译论中原文和译文的相互地位问题和意义的性质问题，批判了传统译论中的原文至上观念和意义普遍主义假设。该文题目中的"任务"一词所对应的德语单词Aufgabe可以引申出多种可能的意思，包括使命、职责、承诺、债务、放弃等，由放弃还可以引申出失败的意思。德里达以"债务的偿还"来阐释本雅明所说的Aufgabe。他指出，翻译已经写入了所有语言的命运，原作既是一个"负债者"，也是一个"请求者"；它在呼唤翻译，而译者必须回应这一无可逃遁的使命，承担起偿还的责任。在这一前提下，德里达（Derrida 1985b：223-225）整理了本雅明的观点，进一步指出：翻译不是为了读者的接受，不是为了信息的交流，也不是为了语义的再现。德里达将这三点称为"本雅明的警告"。

除此之外，德·曼也曾于1983年在康奈尔大学发表演讲，对本雅明的观点进行了进一步阐发。德·曼通过对比《译者的任务》的英译者哈里·佐恩（Harry Zohn）的英译本和法译者莫里斯·德·冈迪亚克（Maurice de Gandillac）的法译本，将人们引向翻译中所体现出的语言哲学问题。德·曼（de Man 1985/2000：24）提出，译界通常认为，翻译就是译意。但译文与原文最大的区别在于，原文假定了某种言外之意的存在，并允诺指向那个言外之意；而译文则摆脱了这种关于意义的幻觉，直接指向原文。因此，翻译像批评哲学、文学批评和历史学一样，都是从语言到语言、从文本到文本，这就消解了原文的意义，揭示了翻译是一个从语言到语言的纯语言的过程，以及一个从形式到形式的纯形式（pure form）的过程。翻译向我们证明，以意义为目标的翻译注定失败。由于Aufgabe这个词本身具有多义性，因而"译者的任务"本身就隐含了译者的失败。德·曼在此玩了一个解构主义的文字游戏，借用了任务一词所对应的德语词Aufgabe的另一个意思——失败。

可以说，本雅明的《译者的任务》中蕴藏着解构主义翻译理论的种子（Liu 2006: 243）。在德里达、德·曼等解构主义学者的辛勤呵护和浇灌之下，这颗种子得以生根发芽、茁壮成长，推动了哲学的变革，也推动了译学基本范畴和研究范式的变革，使翻译理论从现代语言学研究路径转向后现代文化研究路径，也影响了后来的亨利·梅肖尼克（Henri Meschonnic）、阿洛多·德·坎波斯（Haroldo de Campos）、韦努蒂、苏珊娜·吉尔·莱文（Suzanne Jill Levine）等学者。

本雅明的翻译思想对翻译理论发展的另一个潜在影响是，它重置了译文和原文的关系。传统翻译理论把原文置于中心，将译文视为附庸，认为译文旨在复制原文。本雅明则强调了译文作为原文的后续生命所发挥的无可替代的重要作用，将重心向译文这一端移动，突出了译文独特的文化、文学和语言功能。这一切都对后来的翻译研究产生了深远的影响。

3.7 结语

18世纪下半叶以及19世纪的德国翻译理论是西方现代翻译理论形成的基础，其内容丰富，思想深邃，无疑是西方翻译史上一颗璀璨的明珠。从赫尔德起，德国翻译理论家所强调的在译作中保留异域风格的思想成为之后影响整个翻译界的异化理论之源；他们对翻译中诗歌格律形式的重视成了当今诗歌翻译研究的重要理论基石；而他们翻译思想中有关主体性的思考则凸显出译者的主体能动性以及他们的文化关切。20世纪初，本雅明的翻译理论打开了从传统哲思走向后现代解构主义翻译思想的大门，他对原作、意义及读者等传统翻译中心的解构，促使翻译理论走向多元化。总之，德国哲学家有关翻译理论的哲性思考对现当代翻译理论的研究和发展有着极其重要的指导和借鉴作用。

第四章 翻译研究的成熟期：语言的转向

20世纪中后期，语言学的发展进入鼎盛时期，以艾弗拉姆·诺姆·乔姆斯基（Avram Noam Chomsky）为代表的转换生成学派和以迈克尔·亚历山大·柯克伍德·韩礼德（Michael Alexander Kirkwood Halliday）为代表的系统功能学派是这一时期的两大主要语法流派。在此期间，语义学、语用学、文体学等语言学分支学科的研究活动也十分活跃。翻译研究在这一时期也进入成熟期，逐渐确立了自身的研究对象和研究方法。本章将围绕翻译研究与语言学相关的方面，着重探讨等值、语境、意义、交际和功能等语言学概念与翻译研究的关联。不可否认，成熟期的翻译研究不可避免地受到了语言学的影响，而翻译研究也给语言学带来了跨文化和跨语言的视角，丰富了语言学的概念内涵。

4.1 翻译与等值

翻译研究进入语言学转向（linguistic turn）时期后的第一个标志性概念是等值（equivalence）。有些学者直接用等值来定义翻译，如约翰·坎尼森·卡特福德（John Cunnison Catford）（1965），奈达（Nida）和查尔斯·泰伯（Charles Taber）（1969），吉迪恩·图里（Gideon Toury）

(1980)以及安东尼·皮姆(Anthony Pym)(1992a)等。安德鲁·切斯特曼(Andrew Chesterman)(1997)在追溯翻译学的关键词时,也把等值看作五大超级模因(supermeme)之一。

然而,随着翻译研究的不断深入,等值也逐渐表现出其局限性,成为一个备受争议的概念。据多萝西·肯尼(Dorothy Kenny)(2001)分析,学界针对等值主要存在三种声音:第一种声音来自上文提到的几个学者,他们使用等值来定义翻译,认为翻译学科的本质建立在等值这一概念之上;第二种声音以玛丽·斯内尔-霍恩比(Mary Snell-Hornby)(1988)和埃德温·根茨勒(Edwin Gentzler)(1993)为代表,认为等值是一种幻想(illusion),有碍于翻译学科的发展;第三种声音以莫娜·贝克(Mona Baker)(1992)等人为代表,他们已经意识到等值这一概念所存在的问题,但为了方便仍在使用它。虽然翻译学者对等值持不同观点,但不可否认,目前这一概念仍然活跃在翻译研究中。本节将围绕等值这一概念,按照20世纪60年代至今翻译研究的发展和走向,分析不同时期不同流派的翻译学者对这一概念的界定和阐释。

4.1.1　20世纪60年代语言学视角的等值观

活跃于20世纪中后期的语言学者致力于用科学的方法研究语言,探究语言间的深层共性。受到这一研究思潮的影响,翻译学也开始从"等值"(equal value)(Pym 2010: 6)的角度去描述两种语言之间的关系。等值原本是一个数学概念,指一种可逆的、对称的和可迁移的关系。安东尼·G. 奥廷格(Anthony G. Oettinger)便是以数学内涵理解翻译的典型代表,他对(语际)翻译的定义是:一种语言的要素(即翻译的定义域[domain])被另一种语言的等值要素(即翻译的值域[range])所替代(Oettinger 1960: 110,转引自Pym 1992b: 38)。

在这个定义中,奥廷格借用了数学中的定义域和值域这两个概念来阐释翻译,但这种借用数学概念来讨论翻译等值的学者并不多见。奈达就指出,"等值不能用数学的同一性来理解"(Nida 2001b: 87)。尽管如此,学者们仍在默认语言之间存在某种等值的前提下,尝试从不同语言层面或方面来探讨这个"值"的依托所在。

这一时期,要数罗曼·雅各布森对翻译等值的讨论影响最为深远。他参考符号学的观点,把语言看作符号,但也明确指出,"两个符号单位之间通常没有等值可言"(Jakobson 1965/2000: 113),等值的单位应该是讯息(message)。具体论述如下:

> 通常来讲,把一种语言译成另一种语言,就是用另一种语言的符号表达出来的整体讯息替代先前这种语言(所表达)的(整体)讯息,而不是(只)替代其零散的代码单位(code-units)。……译者将从另一种来源获得的讯息重新编码(recode)并传播(transmit)出去。因此,翻译涉及两种不同符号之间的等值讯息。在不同中寻找等值是语言的基本问题,也是语言学的一大关注点。
>
> (Jakobson 1965/2000: 114)

在以上讨论中,罗曼·雅各布森提到了讯息一词。作为语言学家兼诗学家,他所说的讯息或语言讯息(verbal message)是指交际中的语言表达,它包含两个部分:语言表达方式(形式)和内容(信息)。因此对于不同的表达方式而言,其"讯息的信息容量"(informational capacity of messages)(Jakobson 1987: 67)是不一样的,两种语言符号之间可以通过重新编码来传递讯息。但他在讨论诗学问题时指出,诗学所研究的问题就是那些"使语言讯息变成艺术品"的东西(Jakobson 1987: 63)。可见,在罗曼·雅各布森眼中,不同的语篇类型具有不同的功能,语言交际研究和文学研究应该根据语篇类型的"种差"(differentia specifica)(Jakobson 1987: 63)而聚焦不同的方面。以语言艺术为例,其"主导的、决定性的功能"(Jakobson 1987: 69)是诗学功能,而不是所指功能。他对诗学研究目标的界定，对文学翻译具有非常重大的指导意义。

这一时期影响力最大的学者是奈达。他提出了一对重要的翻译学概念：形式等值（formal equivalence）和动态等值（dynamic equivalence）。

形式等值的主要关注点是形式及其所传达的信息。他认为：

> ……这种形式等值的翻译主要是原文取向的；也就是说，它应尽可能地体现原文讯息的形式与内容。
>
> 为此，形式等值的翻译试图再现（原文的）某些方面的形式特征，涵盖语法单位、用词的一致性及原文语境下所产生的意义等方面。再现语法单位是指：（1）用名词翻译名词，用动词翻译动词，等等；（2）保持所有短语和句子的原貌（即不拆散和重新调整各语法单位）；（3）保留所有的形式标记，如标点符号、段落形态和诗行缩进。
>
> （Nida 1964：165）

不过，奈达自己也指出，虽然形式等值是最为理想的翻译策略，但能够在两种语言之间实现形式等值的情况其实并不多见。有学者认为，形式等值的翻译是在寻求两种语言在词语或短语层面最接近的、去情景化的对应物（counterpart）（Shuttleworth & Cowie 2004：62）。但实际上，奈达提出的形式等值可操作性不强，几乎等同于硬译。他如此界定形式等值，应该是为了突出他所提出的另一个概念——动态等值——的重要性。奈达（Nida 1964：166）把动态等值定义为："与源语信息最接近的自然等值。"他认为：

> 这种翻译方法所关注的与其说是源语的信息，不如说是接受者的反应。动态等值的翻译，用具有双语和双文化能力的人的话来说，便是"我们就是这么说的"。
>
> （Nida 1964：166）

因此，恰当的动态等值并不要求（译者）一定要将一种语言中的所有东西（如无数连词的使用）都用另一种语言复制出来。

（Nida 1964: 225）

由奈达的阐述可见，翻译中是否实现了动态等值，关键并不在于语言单位是否实现了形式对等，而在于译文读者的接受效果是否与原文读者的接受效果一致；奈达的理论也因此被称为等效论或读者同等反应论。

在珍·德·瓦德（Jan de Waard）与奈达合写的《从一种语言到另一种语言:〈圣经〉翻译中的功能等值》（*From One Language to Another: Functional Equivalence in Bible Translating*）（1986）一书中，他们把备受争议的动态等值改称为功能等值（functional equivalence），但其定义基本上与动态等值的定义相同。

相比之下，卡特福德提出的形式对应（formal correspondent）比奈达的形式等值更具操作性。在《翻译的语言学理论》（*A Linguistic Theory of Translation*）一书中，卡特福德（Catford 1965: 27）提出，形式对应是指"任何目标语范畴（单位、词性、结构、结构要素等），在目标语的组织结构允许的条件下，与特定的源语范畴在源语中所处的位置尽可能'接近'"。由于它的前提是"在目标语的组织结构允许的条件下"，因而不至于陷入死译、硬译的死胡同。在讨论小至词素和音素层、大至句子层的翻译后，卡特福德指出，要在每个语法层都实现等值是不可能的，翻译中最基本的等值单位应该是小句（clause）。

德国语言学家奥托·凯德（Otto Kade）则把更多注意力放在了词语和短语层面的语义等值上。凯德（Kade 1968）认为，除了科技术语之外，语言之间不可能存在结构上的等值，但在词语和短语的语义层面则有一对一（one-to-one）等值、一对多（one-to-several）等值、一对部分（one-to-part）等值和一对零（one-to-zero）等值等四种等值可能。

此外，不少学者认为语言结构之外也存在等值的依托单位，并把这一单位称为第三对比项（tertium comparationis），或埃尔温·科施米德尔（Erwin Koschmieder）(1965)所说的预期意义（gemeinte or intended meaning）、安东·波波维奇（Anton Popovič）(1976)所说的中介语言（mediating language）等。

语言学视角的翻译等值观后来遭到了文化学派学者的诟病。图里（Toury 1980: 66）从这一理念的本质出发，认为将等值看作相互的和双边的观点就是本体论；斯内尔–霍恩比（Snell-Hornby 1988: 22）和根茨勒（Gentzler 1993: 57）从该概念对学科的影响出发，认为这种等值观对语言之间存在对称幻想（illusion of symmetry），类似于文学理论中的意图谬误（intentional fallacy）；沃纳·科勒（Werner Koller）(1979/1992: 98, 223)则从翻译活动的本质切入，认为翻译活动是一种言语（parole）行为，因而不能从语言（langue）的角度对其进行分析。科勒的这一观点与后期许多学者的观点相契合，其中功能主义的等值观可以说是最典型的例子。

4.1.2　20世纪七八十年代功能主义的等值观

自20世纪70年代起，翻译研究领域的学者们开始从文本的功能出发，来寻找等值中的"值"所依托的单位。到了20世纪90年代，语篇预设的功能"可作为翻译等值的参照物"的观点已被广泛接受（Gutt 1991: 10）。

关于语言的功能，奈达在论述动态等值的概念时已经有所提及；而真正将系统功能语言学理论融入翻译研究的，则是一批以德国翻译学者为代表的欧洲学者(有关德国功能学派翻译理论的讨论详见本书4.5节)。约瑟夫·菲利派茨（Josef Filipec）将翻译等值和功能联系到一起，提出了全语篇等值的概念。他认为，等值指的是"不同语言系统结构……在特定的语篇里具有相同的功能"（Filipec 1971: 81）。提出类似概念的还有凯瑟琳娜·赖斯（Katharina Reiss）。她区分了等值和语篇等值这两个概念，认为前者用于描述比较语言学视角下两种语言之间的关系，研究对象是语言和语言系统；而后者则用于描述拥有自身社会文化语境特征的语言社区之间的语言关系，关注言语和言语行为（参见 Duteil 1998：130）。因此，翻译这种言语指向型的行为要求译者必须考虑交际主体在特定文化情境下是怎样使用语言符号的（参见 Nord 1997：36）。赖斯还进一步说明了等值和语篇等值的关系，她认为：

> 等值可以说明两个语篇中个别语言符号之间的关系，也可以代表两个语篇整体之间的关系。两个语篇中个别符号之间等值，并不代表这两个语篇整体上也等值。反过来，当两个语篇等值时，也并不意味着这两个语篇的各部分和各因素之间都等值。
>
> （Reiss 1983：304）

阿尔布雷希特·诺伊贝特（Albrecht Neubert）和格雷戈里·M. 史瑞夫（Gregory M. Shreve）结合语篇语用功能，也提出了全语篇等值概念，并作出如下论述：

> 语言1和语言2的词语之间几乎不存在意义上的等值，只有一些标准化了的科技术语才可能是等值的。……然而，我们却可以找到全语篇等值（的例子）。全语篇等值不是词语之间的语义等值，……全语篇等值并非源于语篇的同一性，而是由于语篇扮演了等值的社会交际角色。
>
> （Neubert & Shreve 1992：142）

诺伊贝特和史瑞夫（Neubert & Shreve 1992：144）认为，全语篇等值需要和交际等值一并考虑，等值是"语篇效果的关系，是语篇交际价值之间的关系"。然而，交际也是一个难以界定的概念，会受到社会、语言、心理等因素的影响，因此我们只能通过以目标为导向的个别翻译行为来理解交际等值和语篇等值(Neubert & Shreve 1992: 145)。

与赖斯的观点一脉相承的克里斯蒂安·诺德(Christiane Nord)也提到了交际价值。她认为,"等值"用于"描述两个语篇,或更小层级,即两个词语、短语、句子、句法结构之间所具有的交际价值相近的关系。'价值'在这里指的是意义、风格内涵或交际效果"(Nord 1997: 35-36)。

上述德国学者对等值的讨论都可以用目的论的翻译观点来概括。在他们看来,等值就是目标语篇保持源语语篇的功能不变(Nord 1997: 35-36)。然而,交际价值涉及意义、风格和效果等方面,交际的界定也因社会文化的差异而存在着差别,在确定相应的功能时,会不可避免地对上述内容作出选择。因此,赖斯认为,"等值不是一对一的关系,……一个源语语篇的不同译本之间可能都是等值的"(Reiss 1983: 305)。针对这些不同角度的等值,赖斯提出了筛选原则和等级原则,即首先分析源语语篇,筛选出它的某些特征,再把这些特征按照等级排列。

无独有偶,同样注重语言功能的科勒也提出了等级判断原则,认为要先确定翻译中必须保留下来的价值的等级,再从价值等级推断出翻译的语篇或成分应实现的等值等级(Koller 1989: 104)。与赖斯所不同的是,科勒提出了一个更为详细的等值框架来限制和诠释等值的种类,认为"只有当目标语篇满足了框架中某些条件的时候,才能说源语语篇和目标语篇之间存在等值关系"(Koller 1989: 100)。这个框架包含:(1)外延等值(denotative equivalence);(2)内涵等值(connotative equivalence);(3)语篇规范等值(text-normative equivalence);(4)语用等值(pragmatic equivalence);(5)形式审美特征等值(formal-aesthetic equivalence)。其中,外延等值的核心是词语意义的等值,即要保证译文与原文中最基本词语的所指相同;内涵等值指译者要选择符合语篇情境的词语,考虑正式与非正式、口头与书面以及褒义与贬义等因素;语篇规范等值指译者在翻译时要考虑原文的语体和文体规范,根据不同文本类型的特点来确定翻译方法乃至文章结构;语用等值指因接受者的不同而采用不同的方法来达到传意的效果；形式审美特征等值是指在翻译中保留源语的形式审美特征（formal-aesthetic feature）或作者个性化的语言风格等，这一点在诗歌翻译中尤为重要。

由于言语行为与社会文化息息相关且充满不确定性，因而也使得从言语角度出发的等值具有了不确定性。在翻译过程中，译者需要对不同侧面的等值进行选择和等级化，从言语的角度来看，等值便成为译者选择的结果。由此可见，语言功能视角的翻译等值观是对译者主体性的彰显；但我们也应看到，等值的内涵在这种语境下显得更加多样化和不确定。

4.1.3 20世纪八九十年代至今社会文化视角的等值观

翻译研究在20世纪80年代发生了文化转向。这一时期，等值的研究重点也随之从源语语篇转移到目标语篇和接受语境上来。翻译研究者逐渐从在语言学框架下讨论语言和功能的等值，转至从社会文化视角探讨目标语篇在目标语文化中的接受情况或被操纵的情况。与以往不同的是，这一时期翻译学界汇聚了一批有文化研究、女性主义研究和后殖民主义研究背景的学者。这批学者有一个共同特征，他们不再纠结于等值是否存在于源语语篇和目标语篇之间，而是把翻译看作目标语文化的一种事实来研究。

描写翻译学的代表学者图里（Toury 1985：20）认为，翻译就是在目标语系统当中，表现为翻译或者被认为是翻译的任何一段目标语文本，不管所根据的理由是什么。对他来说，翻译等值并非意味着语篇之间的固定关系，而是一个"'功能–关系概念'，……是现实存在的系列关系，可用来判断特定文化语境下的翻译行为方式是否恰当"（Toury 1995：86）。在图里心目中，可以将等值视为描写翻译学中的一个必要假定（presupposition），研究者可以用其来定义某一特定文化语境中的语篇关系。因此，描写翻译学的重点不再是考察"两个语篇之间是否真的等值"，而是揭示它们之间"是哪种类型、何种程度的等值"（Toury 1980：47），并通过这些等值数据整理出某一时期的翻译规律，进而重构其翻译规范。

以勒菲弗尔和西奥·赫曼斯（Theo Hermans）等人为代表的操纵学派（the Manipulation School）在描写翻译学的基础上，进一步阐释了翻译等值的概念。勒菲弗尔（Lefevere 1992c：39）认为，"在翻译过程的每一个层面，我们都可以看到，如果对语言学的考量与对意识形态和/或诗学形态本质的考量之间发生冲突，后者往往会胜出"。赫曼斯（Hermans 1999）则认为，翻译构成成分是受规范和价值控制的，而这两者的背后则是权力、等级和不平等。因此，翻译研究必须透过这些被假定为等值而实则不等值的现象，研究影响译者立场的社会历史因素，挖掘社会各种系统的交流结果。可见，对采用文化视角的翻译学者来说，等值已经不是研究对象，而是翻译研究的基本假定和探讨不平等现象的出发点。

女性主义翻译学者从表面等值的翻译语言中探究性别歧视现象。雪莉·西蒙（Sherry Simon）（1996）批判了译文中存在的性别歧视现象，她甚至认为翻译话语体系中也存在性别歧视。例如，流行于17世纪的"不忠的美人"的翻译隐喻与乔治·斯坦纳的《巴别塔之后：语言与翻译面面观》一书中都充斥着男性主导话语。而西蒙和其他女性主义译者的目标，便是通过处理具有性别标记的语言，"使语言为女性而写"（Simon 1996：15）。

后殖民主义翻译学者认为翻译即暴力，他们通过对等值的质疑，揭示了宗主国和殖民地之间不平等的权力关系。正如佳亚特里·C. 斯皮瓦克（Gayatri C. Spivak）（1993/2009：204）所言，第三世界的文学作品都会被翻译成英语世界所期待的那种"流行的翻译腔"（with-it translatese）。特贾斯维莉·尼南贾纳（Tejaswini Niranjana）则发现，来自宗主国的传教士和人类学家等人常使用翻译语言来重构东方的形象。作为一种实践活动，翻译在塑造殖民主义统治下不对称的权力关系的同时，也塑造了其自身（Niranjana 1992：2）。

从上述讨论可以看出，文化派翻译理论与以往翻译理论的最大不同，就是它不再局限于对等值这一概念的语言学讨论，不再纠缠于语篇之间存在哪一种、哪一语言层面的等值关系，而是根据不同时期的历史语境来探讨定义等值的规范，进而剖析这些影响因素背后文化、性别、权力等层面的不对等的原因所在，梳理被冠以等值关系的原文和译文之间的真正关系。

4.2 翻译与语境

目前学界公认，语境（context）概念的正式提出是从人类学家布罗尼斯拉夫·卡斯帕·马林诺夫斯基（Bronisław Kasper Malinowski）开始的。马林诺夫斯基的语境观主要来自他对西太平洋特罗布里恩群岛上的土著居民的田野调查。虽然马林诺夫斯基的目的不是研究翻译，但语境概念的提出却与翻译息息相关，因为马林诺夫斯基需要向英语读者解释岛上居民的语言，而他在解释时已自动代入译者的角色。为了既保留源语的特色，又方便目标语读者理解，马林诺夫斯基最终选择了直译加评论的方法。评论的部分其实就是将译后语篇与当时当地的环境联系起来，对语篇进行情景化阐释，马林诺夫斯基将这个语篇生产与接受环境称为情景语境（context of situation），而说话人所处的社会文化背景则称为文化语境（context of culture）。

马林诺夫斯基认为语境是解读信息的关键，这个语境观也为众多语言学者所认可。语言学家约翰·鲁珀特·弗斯（John Rupert Firth）在马林诺夫斯基的基础上进一步强调了语境的功能，认为一句话的意义不在其文字本身，而在这句话想要达到的目的。马林诺夫斯基和弗斯的语境观对后世的翻译研究产生了很大的影响。语境与语言密不可分的关系使得语境成为语用学、语义学、系统功能语言学、翻译学等学科的核心概念。在语言学进路的翻译研究的发展过程中，语境的引入极大地拓宽了以语言对比为基础的语言学途径的翻译研究的领域。

4.2.1 卡特福德论语境与翻译

卡特福德在其1965年的专著《翻译的语言学理论》中提到了在语境中翻译这一论述，虽然没有系统地展开，但也为他所提出的翻译语境化（contextualization of translation）打下了理论基础。

卡特福德（Catford 1965：139）认为，人们对语境的理解应该更加宽泛，与原文有关的或可能有关的一切都是翻译时所必须把握的语境资源。他将翻译中的语境分成了两个部分：外语境和内语境。他还提出了情景（situation）这一概念，用以进一步说明翻译中的语境问题。外语境一般指的是情景语境（context of situation），也就是语言学上所指的与语篇有联系的语篇外情景（extra-textual situation）；而内语境则指的是伴随着所聚焦的语项（item，亦译为语言单位）而出现在语篇内的其他语项（Catford 1965：31）。所谓语项，就是表达方式，既可以是词汇语项（lexical item），也可以是语法语项（grammatical item）。此外，卡特福德还区分了情景实体（situation substance）和媒介实体（medium substance）；情景实体中所有的特征都和语言行为有关联，而媒介实体是指语音实体和书写实体。为了进一步说明语言活动的规律，卡特福德还将语言活动分出了两个中间层次（interlevel）。外语境就是介于词汇/语法语项与情景之间的一个中间层次，亦称语境意义（contextual meaning），与特定语法/词汇形式相关的情景实体特征就是通过这个中间层次作出陈述的。由此也可以看出，内语境就是词汇和语法之间的语篇内关系。另外一个与媒介形式相关的中间层次在卡特福德看来不属于语境范畴。

在卡特福德有关语境的讨论中，语境与语境意义是同一个概念的两种不同表述。他指出，虽然大多数人认为语境意义就是意义，但在他的理论中，语境意义只是意义的一个部分；另一种意义形态是形式意义（formal meaning），即语项在语法-词汇的关系网络中所产生的意义。卡特福德认为，意义对翻译至关重要，而意义来源于语境，因此他详细地阐述了意义和语境之间的关系。语法/词汇单位和情景（实体）的关系就是语境意义，即语境（Catford 1965：3）。意义决定于形式关系和语境关系；语言的形式关系决定了语言的形式意义，语言的语境关系决定了语言的语境意义。

关于翻译等值和语境的关系，卡特福德认为，如果样本的容量足够大，就可以利用翻译等值的概率建立翻译规则（translation rules），且这些规则同样适用于其他语篇。对于人工翻译而言，这些规则与语境意义相关；对于机器翻译而言，这些规则可以形成操作指令，用于语篇之间的检索。给人工翻译的指令是翻译规则，是一种更加灵活的、与语境更相关的指令；而给机器翻译的指令严格来说叫作规则程序，是一种更加刻板的、与上下文更相关的指令（Catford 1965：31）。在这里，卡特福德区分了翻译规则对人工翻译和机器翻译的不同指导意义。显然，对于人工翻译而言，语境意义的影响更为深远；而对于机器翻译而言，与上下文有密切联系的指令则对其影响力更大。

卡特福德（Catford 1965：94）认为，功能性情景特征如果无法建立在目标语篇的语境意义之上，就意味着翻译失败，也就是原文表现出了不可译性。这种情况大体上由两种原因引起——语言上的困难和文化上的困难。卡特福德分别阐述了语言层面的不可译性和文化层面的不可译性与语境的关系。关于语言不可译性（linguistic untranslatability），他是这样界定的：当目标语篇中不存在与源语语篇相对应的功能性形式特征时，就表明该源语语篇或语项（相对）不可译（Catford 1965：94）。关于文化不可译性（cultural untranslatability），他的界定是：当目标语所属的文化中不包含源语语篇的功能性情景特征时，就可能产生文化不可译性，这种不可译性通常不如语言不可译性那么"绝对"（Catford 1965：99）。卡特福德（Catford 1965）认为，当遇到具有文化不可译性的文本时，就应该直接将其中的源语词汇转换成目标语词汇，并通过重构上下文或加注的方式来呈现它的语境意义；大多数译者都是这么处理的。

4.2.2　哈蒂姆和梅森论语境与翻译

20世纪90年代，巴兹尔·哈蒂姆（Basil Hatim）和伊恩·梅森（Ian Mason）所著的《语篇与译者》（*Discourse and the Translator*）开启了翻译研究的语篇分析时代。注重语篇分析的翻译研究以系统功能语言学为主要理论指导，形成了以"语篇-语境"为核心的研究范式。

哈蒂姆和梅森（Hatim & Mason 1990）强调译者应注意语境的三个维度：交际维度、语用维度和符际维度（见图4.1）。交际维度的理论基础是语域分析（register analysis）。在系统功能语言学中，语域就是具体的语境，是语篇生产和使用过程中的某一特定场景。语域分析涉及三个变量，分别是field、mode和tenor。这三个概念源自功能语法。韩礼德和韩茹凯（Ruqaiya Hasan）[1]对这三个概念的定义是：

> Field指语篇所作用的整个事件（event），包括说话人或作者的合目的行为，主题（subject-matter）即是其中的一个元素。Mode指语篇在事件中的功能，因此既包括语言所采用的口头或笔头、即兴的或有准备的等各种渠道；也包括体裁（genre）或修辞方式（rhetorical mode），如叙事的、说教的、劝导的、"酬应的"，等等。Tenor指角色互动（role interaction）类型，即相关各方或长期或临时的社会关系集。
>
> （Halliday & Hasan 2001: 22）

韩礼德和韩茹凯后来干脆直接用交际事件（communicative event）来指涉field，用参与者之间的角色关系（role-relationships of those who are participating）来指涉tenor（Halliday & Hasan 2001: 26）。不难看出，定义field的关键词是事件或交际事件；定义tenor的关键词是角色互动、角色关系和社会关系；至于mode，基本上可以取其本义，即"方式"。有

1　国内学者也常称其为哈桑。

鉴于此，本书中将这三个术语分别译成交际事件、交际关系和交际方式[1]。交际事件、交际关系和交际方式的解读均受制于语境。语境对交际场景中的翻译具有重要的干预作用，有时甚至是决定性的作用。

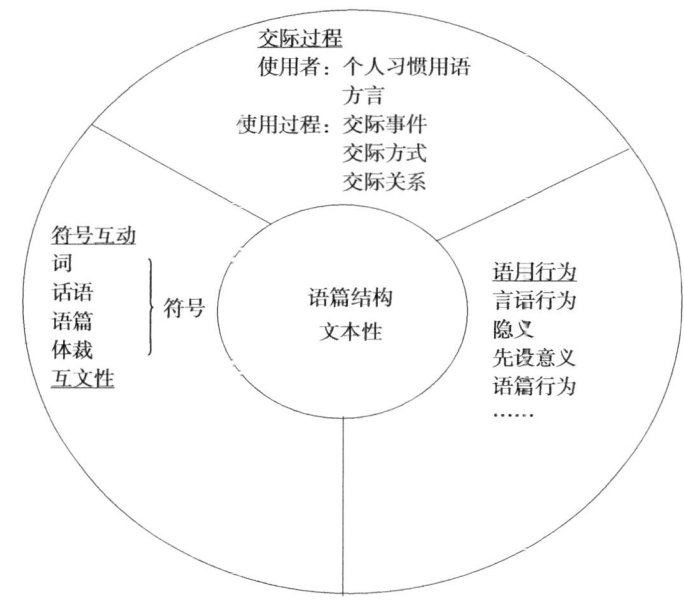

图 4.1　语境的三个维度（Hatim & Mason 1990: 58）

在哈蒂姆和梅森（Hatim & Mason 1990）看来，系统功能语言学所提出的语域概念属于语境的交际维度；语域分析虽然对翻译中的语义定位能起到一定的理论指导作用，但却不能涵盖语境研究的全部。于是他们在这个交际维度之外，又提出了另外两个语境维度，即语用维度和符际维度。语用维度可以将分析的价值和语言的施事功能联系起来，分析对象包括言语行为、隐义、先设意义、语篇行为等。符际维度则把交际事件本身与其

---

[1] 这三个术语的常见译法还包括语场、语旨和语式，抑或话语范围、话语基调和话语方式。

语用价值一同作为符号系统中的一个符号来考察；在这个系统中，从话语到语篇再到体裁都是符号，不同语篇之间还存在互文性，交际事件就是各种符号互动的结果。

上面提到，语境的交际维度沿用了系统功能语言学的语域分析思路，包括使用者的个人习惯用语和方言，也包括使用过程中涉及的交际事件、交际方式和交际关系。这一交际模型在朱莉安·豪斯（Juliane House）（1997，2015）提出的翻译质量评估模型（Translation Quality Assessment Model，简称TQA模型）中有更深入的应用。豪斯建构的模型以语域分析为核心，分别对原文和译文进行语域分析，并将它们各自的分析结果进行比较，从而评估翻译质量。

语境的语用维度则以语用学为理论根基。语用学是研究语言与语言使用所依赖的语境之间的关系的一门学科（Hatim & Mason 1990：59）。哈蒂姆和梅森之所以将其引入翻译与语境的研究中，是为了借鉴语言学的理论分析工具，将其应用于译作分析中。他们以言语行为和合作原则这两个语用学的经典理论为例，进一步论证了如何将语用学理论运用到翻译研究中。

有学者指出，语言使用者在产出一句话时可能实施了以下三种不同的行为：(1) 言内行为（locutionary act），由一个结构完整、意义充分的句子所实施的行为；(2) 言外行为（illocutionary act），即伴随句子产生的交际影响，如承诺、警告、承认、否认等；(3) 言后行为（perlocutionary act），即句子在听众/读者身上产生的效果，如听众/读者在接受该话语后其思想、知识或态度的改变程度（Austin 1975）。言内行为、言外行为和言后行为这三者共同构成了一个言语行为（a speech act）。目前学界对言语行为的分类有多种不同意见。哈蒂姆和梅森采用了伊丽莎白·克洛斯·特劳戈特（Elizabeth Closs Traugott）和玛丽·路易斯·普拉特（Mary Louise Pratt）（1980）的分类方法，这一分类方法以约翰·罗杰斯·塞尔（John Rogers Searle）（1976）的研究结果为基础，将言语行为分为表述类（representatives）、表情类（expressives）、判定类（verdictives）、指令类（directives）、承诺类（commissives）和宣告类（declarations）等六种。表述类言语行为指的是表达一个事物的状态的行为，如陈述；表情类言语行为指讲话者对某一事物的情感态度；判定类言语行为指评价行为；指令类言语行为指命令、要求等对语篇接受者行为的影响；承诺类言语行为指承诺、宣誓等行为；宣告类言语行为指言语本身就是施事行为，如祈祷。显然，了解言语行为的分类对译者有着重要的指导意义，特别是在法庭口译中，译者应视不同法律语境采取不同的、恰当的表达方式。

语用学中的合作原则可以保证交际的顺利进行。合作原则又称格莱斯准则，包括数量准则、质量准则、关系准则和方式准则。具体来说，就是：谈话中的信息量要符合刚需；不说不真实的和缺乏足够证据的信息；所说的信息要有关联性；应避免表达方式隐晦模糊，使其简明有序。总而言之，这些准则都是为了最大限度地提高交际的效果和效率。

言语行为和合作原则主要适用于分析口语，因此其在口译中的应用效果更为显著。哈蒂姆和梅森（Hatim & Mason 1990：64）认为，引入语境的语用维度可以使我们注意到交际中的预期意图。译者除了要具备处理原文意图的能力之外，还要有能力判断翻译在目标语读者或听众身上所可能产生的效果。

在哈蒂姆和梅森的语境三维中，语境的符际维度以符号学为理论基础。符号学是一门研究社会中存在的各种符号的科学，主要关注符号的构成、符号之间的互动和互文性。罗曼·雅各布森（Jakobson 1971：698）认为，每一条讯息都是由符号组成的，人们通过符号的不同形式的组合，在同一个文化下交换意义；而翻译是跨越不同文化的意义交换。哈蒂姆和梅森（Hatim & Mason 1990：69）指出，翻译的首要任务是处理符号，在翻译中应尽量保留符号所呈现的符际、语用及交际特性。符号之间的转换受一定制约，这些制约可能是某个既定语篇领域和语用意图所产生的价值互相作用的结果。例如，对语言的比喻性使用不可避免地传达了字面之外的内在意图，而翻译的关键在于该比喻的符号状态。体裁、语篇等符号类别都影响着该比喻的最终译法。

哈蒂姆和梅森（Hatim & Mason 1990）所阐述的语境的符际维度与社会符号学途径（socio-semiotic approach）的系统功能语言学理念十分契合；也正因如此，在之后的20年间，有一部分学者将系统功能语言学中的语篇分析方法应用于翻译研究，并吸纳了社会符号学途径的批评话语分析理论及多模态话语分析理论。

4.2.3 奈达论语境与翻译

早在1969年，奈达就在他与查尔斯·泰伯合著的《翻译理论与实践》（*The Theory and Practice of Translation*）一书中提出了一个翻译的优先体系，其中，语境一致性（contextual consistency）是优先考虑的要素（Nida & Taber 1969：14）。2001年，奈达又专门写了一部著作《翻译中的语境》（*Contexts in Translating*），对语境与翻译的关系作了进一步的探讨。奈达（Nida 1964）一直认为，翻译就是翻译语篇的意义，因此正确解读语篇意义对翻译至关重要；而判断语境的类型和功能则是理解语篇的基础（Nida 2001a：31）。

根据不同的语境类型与功能，奈达列举了以下九种语境类型：

1）横组合语境；
2）纵聚合语境；
3）涉及文化价值观的语境；
4）有利于意义发生重大变化以引起关注的语境；
5）原文语境；
6）话语受众语境；
7）话语中不同的角色和情形作为不同语域的语境；
8）语篇中以不确切的内容作为象征性语言的语境；

9）语篇内容作为语音符号的语境。

（Nida 2001a：31-41）

横组合语境指的是在语言系统中以建立在线性基础上的各个语言单位间的横向关系为基础的语境。奈达（Nida 2001a：31-33）以run一词为例，指出不同动作者，如人、小狗和蛇虽然都可以搭配run这个动作，但动作的实际形态并不相同；人要运用两条腿，小狗要运用四条腿，蛇是整个身体贴在地上。因此，要正确地译出run的含义，就要考虑整个句子的横组合语境，包括动作发出者、动作发生的物理环境等。奈达指出，在翻译过程中，语境不仅决定了我们对一个词的理解，还决定了这个词应该怎样翻译。比如鱼和水在英语中都可以和run搭配，但译入汉语时，run就不能生硬地套用词典义直接译为"跑"，它在鱼的语境中应该译为"游"，而在水的语境中则应当译为"流"。

纵聚合语境指的是在语言系统中，以出现在同一位置上、功能相同的单位之间的垂直关系为基础的语境。例如，talk、whisper、babble、murmur、stutter、sing和hum都是表示发出声音的单词，它们彼此之间属于聚合关系。若要确定其中任何一个词的准确含义，就可以通过将该词和这个聚合系列中的其他词作对比来区分它们意义上的差异。奈达（Nida 2001a：36）认为，在一个聚合系列中，分析每个词在意义上的差异可以帮助我们有效地表达原文意义。不过，由于所有意义的语义界限都是模糊的和不确定的，这种差异有时候比我们想象中更微妙。

涉及文化价值观的语境就比较好理解了。奈达（Nida 2001a：37）认为，文化价值观的差异是影响我们理解一系列相关术语的重要因素。文化价值观涉及种族、社会阶层、行业、专业等，如行业术语就蕴含着一定的行业文化价值观，业外人士很难理解。

有利于意义发生重大变化以引起关注的语境一般存在于比喻、隐晦表达和绝大多数的谚语中，这三者的共同特点是不能按字面意义理解，而应该结合语境解读实际所指。

原文语境指的是在语篇中有典故出现的情况下，对典故部分的解读应追溯至原文。

话语受众语境指的是将话语受众作为语境来解读话语的意义。

话语中不同的角色和情形作为不同语域的语境指的是同一话语中不同语域的出现意味着不同角色之间存在不同的社会关系，有亲近，有疏离，因此不同的角色和情形都应该作为解读话语的语境因素。

语篇中以不确切的内容作为象征性语言的语境则主要出现在诗歌和宗教表达中。由于诗歌的语言充满象征性，因此对其语境的解读只能依靠语篇中不确切的内容。

而语篇内容作为语音符号的语境则是因为文字中的语音符号是增强语篇意义的强大工具，利用语音符号可以在声音和语义内容之间建立语境联系。

总而言之，以上语境虽然只是众多语境类型中的代表，但这些语境的应用可以帮助我们增强对语篇的意义和形式的理解。奈达（Nida 2001a：42-43）认为，对大多数人来说，95%的词汇都是从横组合语境中获得的，因而翻译学习者应该利用相关语境学习词汇的意义，学习方法包括补充词汇的语境信息、画词汇关联图、收集同一专业领域的词汇及请母语者检查语言等。

4.2.4 格特论语境与翻译

厄恩斯特-奥古斯特·格特（Ernst-August Gutt）（1991）从关联理论的视角，讨论了语境与翻译的关系。关联理论认为，在不同的情况下，同一种语言表达可能产生不同的含义。这是因为，语言交际涉及两种截然不同的大脑重现形式：一种是语义重现，这是大脑语言机制的输出；另一种是以语义重现为基础再行加工的以预设形式出现的思维。语境的使用就是读者思维从语义重现转变为预设形式过程中的一个关键环节。

丹·斯珀波（Dan Sperber）和迪埃珏·威尔逊（Deirdre Wilson）

(1986:15)认为,一个句子的语境是用来解读这个句子的前提。在心理学中,语境就是一种心理建设,是听者对于外在世界的假设的子集。因此,在关联理论中,语境指的不是诸如上下文、情景、文化因素等交际对象的外在环境构成,而是交际对象对于外在世界的假设,或者更专业地说,是心理环境(cognitive environment)。心理环境这个概念的重点在于交际双方所提供的信息,以及这些信息供大脑解读处理的可行性。在实际交际场景中,人们总会不自觉地产生对最佳关联(optimal relevance)的期待,即说话人期待听话人在理解其话语时可以以最小的处理成本产生足够的语境效果,这也是关联理论的一个核心观点。因此,从这个角度而言,关联理论指导下的翻译应该利用语境,创造大脑处理成本最低、收效最好的交际效果。

同语言差异一样,语境背景差异也是翻译要面对的一大难题。在格特那个时代,很多译者和翻译理论家还不太重视语境背景差异所造成的翻译困难。不过,经过近20年的发展,业界和学界已基本认同正确解读语境背景差异对翻译至关重要。译者译出来的任何东西,都会被读者以预设的形式套用一个语境去解读。因此,语境也是影响翻译质量评价的一个至关重要的因素,翻译只有在既定的语境中进行才有可能实现所谓的成功。格特(Gutt 1991:50)呼吁翻译评论家在评价翻译质量时将因语境差异导致的曲解考虑在内。而针对语境问题,格特也呼吁译者承担起为目标语读者提供相关辅助性材料的责任,以帮助目标语读者理解语境。在语境差异巨大的情况下,译者受自身资源所限,可能无法提供原文的社会文化历史语境,这时候就需要借助一些翻译之外的辅助交际渠道,如寻求专业人士的帮助。此外,译者也有责任提醒读者注意其所遇到的语境问题。格特(Gutt 1991)指出,关联理论视角的翻译研究把翻译看作跨语言的引用,在这一思想的指导下,译者应做到以下三项:(1)完全熟悉原作者意欲呈现的语境背景知识;(2)在翻译过程中认识到原文语境在每一处想要营造的语境效果,并且形成一个对原文(包括原文中的明喻和隐喻)意图的全面假设；(3)根据原文意图，选择性质最接近的译文语言资源，尽量贴近原文所要表达的意义。

4.3 翻译与意义

意义(meaning)是语言学的核心概念之一，一般指语言文字或其他符号所表达的含义。意义有时也称为语义，与作为语言结构的语法相对。意义是翻译的核心问题，奈达认为，翻译就是"译意"(Nida 1982)。但有意思的是，语言学家似乎总是说不清意义究竟是什么。

对意义的研究早已成为一种专门的学问，即语义学(semantics)。法国学者米歇尔·布雷亚尔(Michel Bréal)于1897年出版的《语义学探索：意义科学研究》(*Essai de Sémantique: Science des Significations*)一书一般被视为语义学诞生的标志。关于意义的讨论，最经典的当属1923年查尔斯·凯·奥格登(Charles Kay Ogden)和艾弗·阿姆斯特朗·理查兹(Ivor Armstrong Richards)合写的一部名为《意义之意义：关于语言对思维的影响及记号使用理论科学的研究》(*The Meaning of Meaning: A Study of the Influence of Language upon Thought and of the Science of Symbolism*)的著作。后人在讨论语义学时似乎也总绕不开这部著作，甚至会以这部著作的主书名来命名书中的一个章节(如Leech 1974;Lyons 1977)。有意思的是，虽然有了专门研究意义的学问，但意义究竟是什么，学界却一直众说纷纭。奥格登和理查兹(Ogden & Richards 1923: 186-187)列出了三组16种有关意义的定义；莱纳德·布龙菲尔德(Leonard Bloomfield)(1933: 140)则干脆把对意义的界定交给了未来，说要等人类的知识进步远超当下时再谈。利奇(Leech 1974: 10)在综合各家之长的基础上，将"最广义的'意义'分解成七种不同的成分"，即三类七种意义(见图4.2)：

```
概念意义（conceptual meaning）── 含蓄意义（connotative meaning）
                                  ── 文体意义（stylistic meaning）
联想意义（associative meaning）── 情感意义（affective meaning）
                                  ── 反射意义（reflected meaning）
主位意义（thematic meaning）   ── 搭配意义（collocative meaning）
```

图 4.2　利奇的三类七种意义（Leech 1974：10-23）

利奇认为：

> 通过仔细区分意义的类型，我们可以展示它们是如何融入语言交流的整体效应的，也可以揭示适合一种意义类型的研究方法可能不适合另一种意义类型。
>
> （Leech 1974：22）

这种以分类的方式来定义意义的做法在翻译学界也十分常见。奈达（Nida 1964）在他的翻译学成名作《翻译科学探索》(*Toward a Science of Translating*)[1]中，就将意义分成了语言意义（linguistic meaning）、所指意义（referential meaning）[2]和表情意义（emotive meaning）。彼得·纽马克（Peter Newmark）(1981)则把意义分成了两种，即语法意义（grammatical meaning）和词汇意义（lexical meaning）。

纽马克（Newmark 1981：26）认为，翻译理论家自始至终都在关注意义。意义之于语言的重要性使得意义几乎成为早期翻译定义中的标准配置，而以给意义分类的方式来定义意义的语义学研究方法也使以往那种认为翻译应与原文"具有相同的意义"（Locke & Booth 1955：124）的语文

1　该书的英文全名是 *Toward a Science of Translating: With Special Reference to Principles and Procedures Involved in Bible Translating*。国内学界通常不译出其副书名。
2　这里的 referential meaning 并非指向功能语法中表示五种衔接手段之一的 reference，而是来自普通语言学和语义学的一个概念，除所指意义外，也可译为指涉意义。

学翻译观显得越来越站不住脚。这是因为，在语义学视角下，意义是多重的、复杂的，同一表达方式在特定的语境下可能同时具有多种意义，在另一种语言中找到其中一种意义的对应表达可能并不难，而要找到所有意义的对应表达则几乎不可能。以双关语为例，仅仅是一个词同时具有两个意义，就把翻译家们逼到了左右为难的困境。正如本雅明（Benjamin 2000：22）所说：原文的意义就像一个圆，翻译就像掠过这个圆外缘的一条切线，二者只相交于这个圆外缘上的一个点。

意义对翻译的重要性在翻译学界是得到公认的，也正因如此，从翻译学建立至今，对意义的讨论从未间断。不可否认，意义的引入有助于人们认识翻译。不单字典以意义定义翻译，认为翻译是用另一种语言创作与以某种语言写作的语篇具有相同意义的语篇的活动，也有学者（如Zaky 2000）认为，翻译是一项旨在从一种语言向另一种语言传递给定语篇的意义的活动。这些定义都说明，翻译与意义之间存在着与生俱来的关系。下面我们介绍几个代表性论述。

4.3.1 奈达论翻译与意义

奈达（Nida 1964）在其专著《翻译科学探索》中用三章的篇幅介绍了意义及其重要性：第三章对意义进行简介；第四章提出语言意义的概念；第五章对语言意义进行补充，提出了所指意义和表情意义。

奈达提出的语言意义可以理解为形式意义，主要指句法之间或符号与符号之间的关系。不过，奈达认为意义的范畴并不止于形式意义和语义意义（符号与所指之间的关系），于是进一步提出了所指意义和表情意义。所指意义指的是句子所对应的文化语境，可采用语义学中的成分分析法（componential analysis，详见Nida 1964）来考察[1]；表情意义指的是交际行为参与者的反应，表情意义的提出可以使翻译学者关注翻译中讯息发

---

1 他还专门写了一部专著《语义成分分析：语义结构导论》（*A Componential Analysis of Meaning: An Introduction to Semantic Structures*）（1975）来探讨语义学中的成分分析在翻译中的运用。

出者和接受者的反应是否等值。用奈达的话说，参与者的反应属于动态维度/动态特征。奈达（Nida 1964: 120）指出："语言不单是符号的意义和符号的组合；语言的本质是用于实现特定目的的编码。因此我们在分析讯息的传递时应该关注动态维度，这对翻译研究尤其重要，因为等值讯息的生产是一个重新生产原交际事件的所有动态特征的过程。"在此基础上，他提出了译者需要注意的五个方面——主题、参与者、说话或写作的行为、编码及讯息，并指出译者应根据讯息接受者的教育文化背景调整讯息（Nida 1964: 120）。可以说，奈达对意义的探讨，特别是对所指意义和表情意义的探讨为他的动态等值翻译理论的提出奠定了理论基础，并使反应等值（response equivalence）成为衡量翻译质量的重要指标之一。

除此之外，奈达对语用学也很感兴趣，他认为语用学是符号联系行为，对任何意义的分析都应以人们对符号的反应为参照。

奈达在其后来的研究中又专门讨论了译意（translating meaning）的问题。他不同意乔治·穆南（Georges Mounin）（1976）提出的"翻译最终不存在"的说法。奈达（Nida 1982）认为，虽然原文所有的意义不可能通过翻译实现完全复制，但一种语言内部或两种语言之间还是可以实现意义效果的等值并达到交流目的的。这是因为，语言的一个重要特征就是语义的可变性，借词或借意在每个语言中都存在，这使得翻译成为可能。翻译意味着译意，任何修辞手法，包括讽刺、比喻等都应该纳入译者的考虑范围。译意之说意味着译者要翻译一个讯息/句子所有的重要意义，包括字词或命题内容，也包括修辞意义。奈达（Nida 1982: 55-68）还进一步阐释了单个语篇单位的意义和组合语篇单位的意义。单个语篇单位的意义可以分为指示意义（designative meaning）和联想意义（associative meaning）。对于译者而言，最重要的单个语篇单位是单个词语和习语典故。组合语篇单位的意义更为复杂，涉及四类语义类型——物、事、属性和关系之间的基本符际关系。语篇表面的结构常常不足以反映事件的全景，表面结构下隐藏的功能才是最重要的语义。因此，译者在将外语译入母语时，不仅要分析外语的语篇单位与结构，还应该重视母语语篇结构的分析，不然很容易出现翻译腔。充分的翻译需要同时对原文和译文作全面的、从词汇层面到语篇层面的意义分析。

4.3.2　卡特福德论翻译与意义

卡特福德对意义的定义深受弗斯的影响，他认为意义是语言的一种特征。他将意义定义为：由任何语言形式（语篇、语篇中的词语、结构、结构成分、类别、系统中的语言单位）或者任何可能的形式构成的总网络（Catford 1965：35）。

卡特福德（Catford 1965）认为，意义对翻译至关重要，每一种语言都是独一无二的，其意义的形式分类由每种语言内部的关系所决定，因而原文与其译文不可能具有相同的形式意义。由于形式意义是意义的一部分，那就意味着原文与译文不可能具有相同的意义，即"源语语篇具有源语语篇的意义，而目标语篇具有目标语篇的意义"（Catford 1965：35）。虽然在卡特福德看来，绝对的"相同意义"是不存在的，但他认为译者可以尽力使译文和原文在相同情景中发挥相同的功能，目标语篇必须至少具备一些源语语篇也具备的相关情景特征。当源语语篇与目标语篇拥有相同的特征时，二者间就存在翻译等值（Catford 1965：50）。也就是说，译文与原文之间的等值关系，要建立在二者共享某些语境特征的基础上。卡特福德的这个定义被图里所采纳，并被图里（Toury 1980：37）运用到其对关联（relevance）概念的介绍中："如果源语语篇与目标语篇同时拥有相同的关联特征，（二者间）就存在翻译等值。"

4.3.3　纽马克论翻译与意义

纽马克（Newmark 1981）提出了两种翻译方法：语义翻译（semantic translation）和交际翻译（communicative translation）。相对于前人对意义进行的理论层面的探讨，纽马克更多地是从翻译实践的角度来指导译者如何处理翻译中遇到的与意义相关的问题的。

纽马克（Newmark 1981：39）认为，语义翻译是指要尽可能地接近符合第二语言（即目标语）规范的语义结构和句法结构，并尽可能地实现与原文相同的语境意义。从文化取向的角度来讲，语义翻译是源语文化取向的，意在帮助读者理解源语的文化内涵。因此，语义翻译也比交际翻译更为复杂，需要在译文中添加更多细节，在翻译过程中往往会出现过度翻译或译文比原文更具体、涵盖更多意义的情况。语义翻译的假设之一是，源语语篇作者可以读懂目标语，并且可以对翻译质量作出最佳评判。这一假设使得语义翻译以再现原文风格和基调为目标，尽可能地保留原文作者的方言及富有个人特色的特殊表达，试图重现原文的"精神"，强调并反映语言的表情功能。然而，这种完全复制不能保证百分之百成功，甚至可以说，每一个被翻译的词语都有或多或少的意义损失。

纽马克（Newmark 1981：63）还对语义翻译和硬译（literal translation）进行了区分。他认为，语义翻译和硬译的根本区别在于前者尊重语境，而后者忽略语境；语义翻译要求译者首先忠实于原文作者，而硬译要求译者总体上忠实于源语的规则。

此外，纽马克（Newmark 1981：161）还从翻译实践的角度指出了翻译中可能遇到的各种各样由意义造成的难题（涉及近义词的使用、否定词与反义词的使用、新造词、一词多义等方面），并就此提出了相应的对策。

4.3.4 拉森论翻译与意义

米尔德里德·L. 拉森（Mildred L. Larson）（1984/1998）在其专著《意义翻译法：语际对等指南》（*Meaning-based Translation: A Guide to Cross-language Equivalence*）中着重讨论了形式与意义之间的关系。拉森（Larson 1984/1998：3）认为，在翻译过程中，要通过语义结构将第一语言（即源语）的形式转换为第二语言（即目标语）的形式。在此过程中，被转换的只有意义，且意义在转换过程中保持不变。译者在翻译时，要研究并分析源语语篇所要表达的意义，并用适用于接受者的语言的词汇和语法结构来重构这个相同的意义及其文化语境。

在拉森看来,形式是意义的载体,一种形式可以表达多种不同的意义,一种意义也可以用多种形式来表达。由于语言具有这种特征,当一种形式只用于表达其首要意义(primary meaning)时,形式和意义就形成了一对一的关系。除首要意义外,其他意义还包括次要意义(secondary meaning)和比喻意义。正如词语可以有多种衍生意义一样,语法结构也可以有多种衍生用法,如次要功能或比喻功能。由于词语和语法结构存在着这种意义和功能上的多变性,因而在实际的语言使用中,形式和意义很难真正做到一一对等,这使得翻译成为一项艰难而复杂的任务。而由于不同的语言在表达某个意义时都有其独特形式,因而在翻译中,同一种意义在另外一种语言中往往不得不采用一种截然不同的形式来表达。如果将源语的形式直接翻译成目标语的形式,很可能会改变原文的意义,或产生很不自然的目标语形式。因此在翻译中,应优先考虑意义,然后再考虑形式。

拉森(Larson 1984/1998: 29-36)进而提出,应将形式视为表层结构(surface structure),将意义视为深层结构(deep structure)。这一观点基于以下两个假设:(1)每种语言中都存在深层结构(如语义结构)和表层结构(如语法结构、词汇结构和语音结构)。因此,对语言表层结构的分析不足以使译者了解翻译所需要的全部信息,译者要寻找表层结构背后的深层结构——意义。意义才是实现翻译的基础。(2)意义是有结构的,它是各个语义单位和这些语义单位之间的关系共同构建的一个网络。相对于语法结构而言,语义结构更具有普遍性。不是所有的语言都有同样的表层结构,但几乎所有的语言在语义单位的类型、特征和关系上都存在相同点,所有语言中的意义成分都可以分为物、事、属性和关系这四类。因此,对译者而言,准确分析和翻译原文的意义尤为重要。拉森还特别提醒译者注意那些没有在行文中显现出来的意义,即隐含意义,强调显性意义和隐含意义都是重要的分析对象,特别是隐含意义,由于其是原文作者有意传播的意义的一部分,因此也应在翻译中传递出去。

4.4 翻译与交际

交际理论是20世纪20年代信息理论的发展和延伸，它是一种处理人与人之间、人与计算机之间以及计算机与计算机之间信息传送技术的理论。语言交际理论也以信息理论为理论基础。结构语言学创始人之一的查尔斯·C. 弗里斯（Charles C. Fries）(1957) 就提出，语言是交际的一种工具，语言形式是传递意义的信号。罗曼·雅各布森也提到，现代语言学将语言解释为一种交际工具，根据语言及其成分所实现的目的来分析语言结构，因此交际被作为定义翻译的核心概念之一。例如，哈蒂姆和梅森（Hatim & Mason 1997）认为，翻译本质上是一种交际行为；巴斯内特（Bassnett 2011）认为，翻译是一项涉及跨语言讯息传送的交际活动；贾斯特·赫尔兹–曼塔里（Justa Holz-Mänttäri）(1984) 则将翻译定义为跨文化交际的一种方式。

4.4.1 奈达论翻译与交际

早期的交际理论认为，交际过程涉及讯息的编码和解码。语言不单单是符号意义的集合和符号之间的组合，其本身就是一种服务于专门目的的代码。

受早期交际理论的影响，奈达（Nida 1964）把交际过程看作一个编码和解码的过程，认为任何交际都包含五个重要的因素，译者必须将这五个因素纳入考量范围。这些因素是：

1) 主题，即交际过程中所谈论的对象；
2) 交际过程的参与者；
3) 言语行为或写作过程；
4) 交际过程中所使用的编码，即所使用的语言；
5) 讯息，即将主题编码成特定符号和组织形式的特定方式。

奈达（Nida 1964）认为，我们也可以把交际当作一种程序，在这个程序中，讯息来源、讯息接受者和讯息这三个基本成分以一种相当复杂的方式相互关联。

受信息理论的影响，奈达认为信息性（informativity）等同于不可预测性。换言之，一个讯息里完全可以预测到的信息点是不具备信息性的；反之，那些不可预测的信息点则具有很高的信息性。作为原文讯息的解码者和重新编码者，译者需要依靠源语和目标语中相关字句的可预测性来调整讯息的传送方式，其任务之一就是在讯息跨过两种语言的边界时补偿原文中可预测性较低的讯息成分（可预测性越低，信息性越高）。而讯息可预测性低可能是由目标语读者不熟悉源语语言或文化造成的。奈达在这个基础上提出了解码器的信道（the decoder's channel）这一概念。若源信息刚好是为一个特定的接受者群体准备的，那么信息容量和解码器的信道容量就会在很大程度上互相吻合，此时源信息刚好可以通过解码器信道。奈达还用这种理论解释了硬译。他认为，硬译就是把同量的信息打包进基本等长的讯息之中，由此形成的笨拙的语言形式势必会增加该讯息的"交际载荷"，即信息（Nida 1964: 130）。这时，解码器的信道也会不可避免地变"窄"。因此，如果译者试图传递一个与原文等值的讯息，那么这个讯息应该与原文实现动态等值，且要与解码器的信道容量相吻合；这就需要重新编辑讯息，额外增加可能需要的信息，以实现译文讯息与原文讯息的意义等效。这也是几乎所有好的译文都比原文要长的原因所在。

同罗曼·雅各布森一样，奈达的论述也区分了讯息和信息。奈达（Nida 1964）认为，信息量就是交际载荷，每个讯息中的信息量或交际载荷是不一样的。考虑到奈达及其他早期的翻译理论家（如雅各布森）均借用电讯传播模型来解释翻译，我们也采用电讯用语"讯息"来翻译message，以区别于"信息"。作为电讯用语时，讯息指的是用代码（code）加密的信息。代码即形式，信息即内容，二者合一，构成讯息。这也解释了为什么雅各布森和奈达都提到了解码。可以说，翻译语境中的讯息既包含信息，又包含形式，是以一定形式承载的信息。

受奈达影响，罗杰·贝尔（Roger Bell）（1991：17-19）在他的著作中也以传送讯号的过程来阐释翻译过程。他首先介绍了单语环境下讯息的传播过程，将其分为九个阶段：

1）发送者选择讯息和代码；
2）解码；
3）选择信道；
4）传送承载讯息的讯号（signal）；
5）接受者接受承载讯息的讯号；
6）辨识出代码；
7）解码讯号；
8）提取讯息；
9）理解讯息。

在涉及两种不同语言的翻译环境下，需要在上述讯息传播过程的基础上增加译者调节的环节。翻译环境下的讯息传播过程包含以下环节：

1）译者接受承载讯息的讯号1；
2）辨识代码1；
3）解码讯号1；
4）提取讯息；
5）理解讯息；
6）译者选择代码2；
7）以代码2将理解到的讯息编码；
8）选择信道；
9）传送承载讯息的讯号2。

贝尔（Bell 1991：20）认为，编码和解码的过程需要从心理语言学角度进行解释；而针对翻译过程的参与者、讯息的本质和使用者取用编码资源创造承载意义的讯号的方式，则需要依靠篇章语言学和社会语言学方面的理论来解释。

4.4.2　纽马克论交际翻译

纽马克是最早将交际翻译作为一种翻译方法的学者。其相关论述如下：

> 我仅提出两种翻译方法，这两种翻译方法可以适用于任何文本：（1）交际翻译——译者试图使译文在目标语读者身上产生的效果与原文在原文读者身上产生的效果相近；（2）语义翻译——译者试图在目标语语法与语义的限制下，重现与原作完全相同的语境意义。
>
> （Newmark 1981: 22）

从纽马克对交际翻译的定义中不难看出，交际翻译是一种等效翻译。交际翻译打破了原文的文字束缚，以"效果"为导向，使译者可以较为自由地解释原文、调整文体、排除歧义，为目标语读者扫清障碍。由此也可以看出，纽马克的交际翻译与奈达的动态等值有着共同的价值取向，因为后者所追求的目标也是在译文读者的身上获得与原文读者同样的反应。

纽马克（Newmark 1981: 42）认为，相较于语义翻译而言，交际翻译更有优势，因为语义翻译所丢失的意义在交际翻译中可以得到补偿和增强。在采用交际翻译策略时，译者往往用自己的语言重新组织信息，对信息的表达甚至要比原文更清楚。在翻译的过程中，译者可以更正或改善原文的逻辑，理顺原文不通顺的地方，剔除拗口的表达和啰唆的语句，把原文模糊的地方明晰化，解释谚语和难懂的方言，等等。除此之外，译者还可以更正原文存在的事实错误和笔误，在脚注中陈述自己的修改意见。交际翻译考虑的主要对象是接受者，且比较注重语境和文化的多样性（Newmark 1981: 43）。但纽马克也指出，交际翻译的适用文本类型主要是信息类文本，而原文取向的语义翻译则主要适用于表情类文本。

与纽马克的交际翻译观相类似，哈蒂姆和梅森（Hatim & Mason 1990: 3）也认为交际翻译视翻译为"发生在某个社会情景中的交际过程"的任何一种实现方法或途径。交际翻译完全以目标语读者或接受者为导向，强调译者的主要任务在于传递信息，关注如何保留原文在原文读者身上所产生的效果。基于交际翻译的这种特性，交际翻译这一翻译策略自提出以来就被广泛应用于广告、公示语、新闻报道、宣传册和其他非文学体裁文本的翻译中，成为应用翻译中最重要的翻译策略之一。

4.4.3 其他有关译者交际能力的研究

交际翻译的概念隐含着把所有的翻译行为都看作交际行为的理论前提，译者作为翻译行为的第一实施者，自然扮演着交际者的角色。目前学界对交际者角色的探讨主要集中在译者的交际能力（communicative competence）上。

交际能力最早是由社会语言学家戴尔·海姆斯（Dell Hymes）（1971）提出的，旨在研究自然发生的文化行为以及这样的行为在既定社会环境下可能的、可行的与适切的表现。在这个基础上，麦克尔·卡纳尔（Michael Canale）（1983）提出了四个交际必需的知识与技巧系统，也可称为交际能力的四个方面：语法能力（grammatical competence）、社会语言学能力（sociolinguistic competence）、语篇能力（discourse competence）及策略能力（strategic competence）。贝尔（Bell 1991: 41）在卡纳尔提出的交际能力的基础上提出了译者交际能力（translator communicative competence），指译者应该具备的，可使译者作出既符合语法（非必须）又符合社会惯习的交际行为（或创作具有上述特征的语篇）的知识和能力。此外，贝尔还借用卡纳尔（Canale 1983）对交际能力的四个方面的定义阐释了译者交际能力，他认为译者交际能力包括：

1）语法能力。为了能够准确地理解和表达原文的字面意思，译者需要主动掌握一个语言系统（母语）和被动掌握另一个语言系统（第二语言）。

2）社会语言学能力。译者需要拥有根据语境（如参与者的身份地位、互动的目的及规则习俗等）来判断话语表达是否恰当的能力。

3）语篇能力。译者在面对不同话语系统和体裁时，应当具有预见和写出连贯语篇的能力。

4) 策略能力。译者应当具有修复交际中潜在裂痕的能力以及提高原文作者和译文接受者之间交际效率的能力。

从贝尔所提出的第二种能力来看,他已经注意到互动的目的及规则习俗的重要性。此时,翻译学界也开始关注交际目的在交际活动中的决定性作用。

4.4.4 德国功能学派论交际目的

20世纪七八十年代,德国功能和交际理论派(又称德国功能学派)在翻译学界兴起,该学派强调翻译的交际目的,代表性理论包括:赖斯有关文本类型(text type)的论述和斯内尔-霍恩比提出的翻译的综合途径(integrated approach);赫尔兹-曼塔里的翻译行为理论(theory of translatorial action);汉斯·约瑟夫·弗米尔(Hans Josef Vermeer)的目的论(skopos theory);以及诺德的文本分析模型。

以上各家对于功能与翻译的探讨将在4.5节"翻译与功能"中作详细介绍,在本小节中,我们将重点介绍德国功能学派对交际目的的论述。

在功能学派的理论中,交际目的与交际功能息息相关,交际功能又与文本功能密切相关,而文本功能又以不同的文本类型为载体。赖斯(Reiss 1977/1989: 108-109)在德国心理学家和语言学家卡尔·布勒(Karl Bühler)所提出的语言三功能的基础上,提出了三种基本文本类型:信息类文本(informative text)、表情类文本(expressive text)和操作类文本(operative text)。信息类文本的主要交际目的是传达信息本身;表情类文本的主要交际目的是传递信息的形式,涉及词汇、句法、格式等;操作类文本中的主要交际目的是让传递的信息在接受者身上产生效果,使接受者作出相应的反应。对具有不同交际目的的文本,要采用不同的翻译方法和翻译策略。例如,信息类文本建议采用内容取向的翻译方法,以平实的语言来翻译,尽可能做到简洁明晰;表情类文本建议采用形式取向的翻译方法，译者需要站在原作者的角度来翻译，尽可能保留原文有修辞意义的形式特征；操作类文本建议采用效果取向的翻译方法（如改编），以使译文读者作出与原文读者相似的反应。斯内尔－霍恩比也提出了一个基于交际目的的文本分类模型，但其模型的理论根源与赖斯的不同，斯内尔－霍恩比的模型主要以格式塔整体理论和原型学为基础，借用了文化历史研究、文学研究、社会文化研究和区域研究等相关学科的有益成分，以应对不同交际目的的文本翻译，如法律翻译、经济翻译、医疗翻译、科学翻译等。

赫尔兹－曼塔里的翻译行为理论则以传播理论和行为理论为基础，视翻译为目的驱动的行为，认为翻译是一种以成果为导向的人类互动，把翻译过程理解为涉及跨文化传播的讯息传送复合体（message-transmitter compounds）（Holz-Mänttäri 1984：7-8）。赫尔兹－曼塔里把语际翻译描述为基于原文的翻译行为和涉及一系列角色与参与者的交际过程，这些角色和参与者包括发起人（initiator）、雇主（commissioner）、原文生产者（ST producer）、译文生产者（TT producer，即译者或翻译机构）、译文使用者（TT user）和译文接受者（TT receiver），他们都有各自具体的第一目的和第二目的（Holz-Mänttäri 1984：129-148）。因此，分析各角色与参与者的交际目的有助于产出一个对接受者而言具有功能性交际作用的译文。

弗米尔的目的论进一步强调了翻译的目的及翻译行为。在目的论指导下，了解原文为什么要这样翻译以及译文的功能是什么对译者而言至关重要。

诺德（Nord 2006）在强调译文功能的基础上，在其专著《翻译文本分析：翻译文本分析模型的理论、方法及教学应用》（*Text Analysis in Translation: Theory, Methodology, and Didactic Application of a Model for Translation-oriented Text Analysis*）第二版中提出了一个更加细致的功能模型，该模型加入了文本分析的要素，考察句子及句子层级以上的文本组织，并把翻译产品大致分为两类——文献型翻译（documentary translation）和工具型翻译（instrumental translation）。文献型翻译的交际目的在于记录作者与原文读者之间基于源语文化的交流，工具型翻译的交际目的则是在目标语文化中建立一个新的交际行为。作为独立于原文的讯息传播工具，工具型翻译在接受者没有察觉到原文存在的情况下，以另外一种形式完成其交际目的。后来，诺德又提出了一个更为灵活的分析模型，强调了功能途径的翻译研究中对译者培训最为有益的三个方面：翻译指令（translation brief）、原文分析和翻译难点的功能级别。这一观点较为全面地融合了之前赫尔兹－曼塔里、赖斯和弗米尔在翻译的交际目的方面的研究成果。

4.4.5 跨文化交际

跨文化交际在当今的国内外学界都是一个热词。虽然跨文化交际不是一个很难理解的概念，但国内学界在使用该词时鲜少区分其所对应的英语词汇，将intercultural communication和cross-cultural communication统统译为跨文化交际。事实上，这两个英语单词还是有本质区别的。cross-意味着移动，但不一定有接触；inter-则意味着既有移动又有接触，强调互动的过程。因此，当翻译学者将翻译定义为一种跨文化交际的方式时，这里的"跨文化交际"指的是intercultural communication（Holz-Mänttäri 1984；Katan 2009；Schäffner 2003）。换言之，如果在翻译的语境下论及跨文化交际，所对应的英语术语应该是intercultural communication。

克里斯蒂娜·谢芙娜（Christina Schäffner）（2003：79）认为，跨文化交际（intercultural communication）研究的对象是作为独立行为的自然交际，而翻译研究则关注的是一种特定的、需要专业技能的交际。独立行为此处可理解为"符合某人角色，符合跨文化情景的行为"（Schäffner 2003：101）。

豪斯（House 2009：3）认为，翻译涉及不同文化之间的交际，既是一项语言活动，又是一项文化活动。在豪斯（House 2009：71-73）看来，跨文化交际的本质在显性翻译和隐性翻译这两种翻译现象中有不同体现。在隐性翻译中，译者运用了文化过滤（cultural filter）的翻译策略，以使原文适应目标语文化的交际规范，这可能会使译文读者无法辨别出他们所读的文本其实是译文。例如，在文学作品里，当译者用目标语文化中的地理名称替代原文中的地理名称时，便抹去了跨文化的差异，使目标语读者无法接触到这种文化差异。而在显性翻译中，译者对跨文化信息的传递作明晰化处理，接受者也能清楚地意识到其接受的文化来自他者，因而可以参与到跨文化的对话中。

将翻译视为跨文化交际的一种形式的观点使翻译学者在文明冲突（clashes of civilizations）中有了更多的发声机会（House 2009：74；Schäffner & Adab 1997）。比如在冲突热点地带和政治敏感地带，译者在跨文化交际中往往尽力调整原本宣扬暴力的文本，力求搭建文化沟通的桥梁，而不是推波助澜。

跨文化交际涉及人类学、文化学、心理学、传播学等多个学科，因此，若将翻译视为跨文化交际的一种形式，便可将上述多个学科的视角引入翻译研究，大大扩展翻译的概念范畴，使翻译与更广阔的社会文化环境相结合，让更多的公众意识到翻译和译者的存在以及翻译在跨文化交际中不可替代的作用。

可以说，交际的概念在翻译研究中的应用大致经历了四个阶段。第一阶段大约在20世纪60年代，当时的部分翻译学者致力于用交际过程来揭示和描述翻译过程。第二阶段大约在20世纪80年代，随着纽马克（Newmark 1981：22）首次将交际翻译视为与语义翻译相对的一种翻译策略，学界开始把交际翻译作为翻译策略来研究。到了第三阶段，以贝尔（Bell 1991：42）等人为代表的学者开始对译者作为交际者的身份有所关注，他们把关注点从文本内扩展到了文本外，注意到了译者所扮演的交际者角色，同时也注意到了目标语读者作为交际接受方的角色。第四阶段始于20世纪90年代。受全球化浪潮中兴起的跨文化交际的影响，学者们开始从跨文化交际的角度审视翻译，将翻译视为跨文化交际的一种方式，把翻译与交际的相关研究带上了又一座高峰。

4.5 翻译与功能

功能是翻译研究领域一个颇为常见的概念，不同的学派曾以不同视角探讨过功能，但其观点各有差异。霍姆斯引领的翻译学派将功能定义为"系统赋予的价值"（Toury 1995: 12），即翻译文本在目标语文化中所占据的位置及其所体现出的功用，主要侧重于翻译的社会文化功能（详见本书第五章）。语言学视角下的翻译与功能研究一直与语言学本身对功能的探讨密不可分，从布勒的语言功能三分法到系统功能学派提出的三大元功能，这些理论都对翻译研究产生过不同程度的影响。

4.5.1 语言学视角下的翻译与功能研究

语言的功能问题最初是由语言学家提出来的，马林诺夫斯基、布勒、罗曼·雅各布森和韩礼德等人都曾对此作过精辟的阐述，因此语言学中如何定义和区分功能值得翻译学界关注。

德国心理语言学家布勒对语言功能的论述是现代语言功能研究与德国功能学派的奠基之作。他在其代表著作《语言理论：语言的再现功能》（*Theory of Language: The Representational Function of Language*）（Bùhler 1990）中将语义功能分为三类：表情功能、再现功能和感染功能。布勒认为，语言行为主要涉及三个因素——发送者（sender）、事物（objects and states of affairs）和接受者（receiver），语言则为三者的中介。在这三个因素中，事物并非语言符号周旋于发送者与接受者之间的全部内容，"发送者与接受者在话语行为中占有各自的地位。他们不仅是信息的内容，而且是所有话语交流场合的参与者"（Bùhler 1990: 37）。在以再现功能为主的文本中，事物是中心内容；在以表情功能为主的文本中，主要突出发送者；以感染功能为主的文本则以接受者为主要对象。布勒将形态复杂、变化万千的语言表达统一在三种功能类型下，为解决语言的内容与形式的关系问题打下了基础。布勒的语言功能理论对语言学研究影响很大，后来很多语言学者的理论都或多或少地受到了他的启发。

罗曼·雅各布森（Jakobson 1965/2000）基于布勒的语言功能分类，在区分日常语言和文学语言的基础上，进一步论述了语言交际的六种因素——语境、讯息、讯息发送者、讯息接受者、接触渠道和代码。根据这些因素之间的联系，可划分出六种对应的功能——所指功能、诗学功能、表达功能、意动功能、寒暄功能及元语言功能。

韩礼德的功能语言学区分了三种元功能（metafunctions），即概念功能（ideational function）、人际功能（interpersonal function）和语篇功能（textual function）。豪斯的翻译质量评估模式就以功能语言学的三大元功能为基础，凯蒂·范·路文–兹瓦特（Kitty van Leuven-Zwart）的译素（transeme）分析模式也是基于功能语言学的三大元功能提出来的。

在翻译学界，最早把语言学的功能理论运用到翻译研究中的典范是奈达。他从翻译的角度对功能作了深入而细致的探讨。前期，奈达将文本分为信息类文本、表情类文本和使役类文本三大类，这一分类显然是受了布勒的影响。奈达认为信息类文本的翻译必须是准确的并完全可以使读者理解的，而表情类文本的翻译则应该"使译文读者理解并感受"其所读的文本，如在翻译《圣经》中的诗篇时，必须使其读起来像诗。奈达基于其《圣经》翻译实践，强调《圣经》译文的使役功能主要体现为向读者传达一定的行为准则，使读者形成某种生活方式。在其后期的著作中，他也一直将语言的功能作为其翻译研究的重点之一，多次论及语言功能的不同类型与意义。奈达甚至将其动态等值论（theory of dynamic equivalence）直接改成了功能等值论（theory of functional equivalence）。

纽马克（Newmark 1981）的翻译类型学对语言的功能理论在翻译中

129

的运用作了进一步的深化。他结合了布勒和罗曼·雅各布森关于语言功能的论述，将语言功能分为六种——表情功能、信息功能、呼唤功能、寒暄功能、审美功能和元语言功能，并以此为据将文本分为相应的六种类型。纽马克试图从功能切入，将语篇类型与翻译方法相对应；他把翻译方法分为八种，从最侧重源语言的一端到最侧重目标语言的一端依次是：逐字翻译、直译、忠实翻译、语义翻译、交际翻译、地道翻译、意译和归化。他认为，只有语义翻译和交际翻译才能达到翻译的两大目标——准确和经济（Newmark 1988：455）。语义翻译策略主要用来翻译以表情功能为主的文本，交际翻译策略主要用来翻译以信息功能为主的文本和以呼唤功能为主的文本。

20世纪70年代，德国一批学者综合当时各学派翻译研究的得失，对语言功能在翻译中的作用进行了更为全面、更为深入的系统研究，建构起了独具特色的德国功能主义翻译理论。该理论标志着翻译研究从传统的关注文本内部的纯语言研究转向注重文本在特定语境中的功能的研究，翻译研究的基本立足点从源语端切换到了目标语端（Gentzler 2001；Hermans 1999；Munday 2016；Toury 1995）。

可以说，语言学家构筑的功能分类体系为探讨翻译活动中文本功能的转换提供了理论基础，翻译研究者一直关注语言的功能并试图通过文本分类制定出相应的翻译策略和翻译批评标准。

4.5.2　德国功能学派的翻译理论

在翻译学界，德国功能学派基于功能理论的翻译研究最为系统。本节将详细介绍该学派的理论。德国功能学派的代表性翻译理论有：赖斯的功能主义翻译批评理论（functional category of translation criticism），即文本类型（text typology）理论；弗米尔的翻译目的论（skopos theory）以及诺德的功能加忠诚（function plus loyalty）理论。下文将分别加以阐述。

4.5.2.1 赖斯的文本类型理论

赖斯是20世纪70年代德国功能学派的创始人之一，她的《翻译批评——潜力与制约》(*Translation Criticism – The Potentials and Limitations*)一书是现代翻译批评研究的先锋之作(Snell-Hornby 2000: ix)，是德国翻译领域学术分析研究的起点(Nord 1997: 9)。在该书中，她基于布勒的语言功能论，总结了各种文本类型的特点及每种文本类型所对应的翻译方法。

受奈达等值论的启发，赖斯从功能视角出发，以文本类型为基础，试图创立一种基于源语文本和目标语文本功能关系的翻译批评模式，其用意在于将翻译批评从传统的纯粹实用取向下的、直观式的批评模式中解放出来(Reiss 2000: ix)，从而将翻译的质量评估变得更为科学、系统。

赖斯从功能视角出发，发现现实中存在诸多与传统等值论相违背的实例。很多情况下，译文所要实现的目的或功能不同于原文的目的或功能，如将巴尔扎克的小说改编为另一种语言的戏剧，把莎士比亚的戏剧翻译为外语课堂读本等。还有一种情况，就是译文读者不同于原文预设的读者对象，如把《堂吉诃德》或《格列佛游记》翻译成儿童读本。赖斯(Reiss 2000)认为，翻译的目标是使目标语文本和源语文本在思想内容、语言形式以及交际功能等方面均实现等值，唯有这样的翻译才可以称为完整的交际行为。因此，在评估翻译质量时，不能仅仅对译文的某方面或某部分作出评估，而应该从确定文本类型开始。赖斯借用布勒的语言功能三分法，提出将语言的三种功能与对应的语言特点、文本类型和翻译方法联系起来。信息类文本以内容为中心，包括信息、事实、知识和观点等，其语言具有逻辑性和所指性特征，内容和主题是交际的重点。表情类文本即创造性文本，其中心内容是创造性的结构和审美价值。此类文本虽然也负载信息，但形式非常特别，往往具有美学特征，信息的发送者(或作者)和信息的形式都很重要。此类文本多是富于想象力、创造性的文学作品。操作类文本的目的是引起行动或反应，即通过文本劝说、劝阻或要求读者采取某种行动，如广告文本意在鼓动消费者购买某种商品，而政治演讲文本意在说服听众同意某种观点。这种类型的文本在语言形式方面具有对话性、鼓动性和号召性，意在召唤读者。

虽然赖斯详细界定了三种不同类型的文本，但在真实情况下，大多数文本通常都是混合型文本，它们可能同时具有三种功能，但总会以其中一种功能为主，这一主导功能决定其基本的文本类型。赖斯后来还区分出第四种文本类型——视听类文本，如电影或电视广告等。虽然该类文本与以上三类文本的划分标准不太统一，但赖斯无疑是最早关注视听类文本的翻译问题的学者之一。

赖斯认为，一旦确定了一个文本的基本类型，就可以确定相应的翻译方法。信息类文本包括参考书、说明书、新闻报道、学术论文等，以内容为中心，翻译时应保证原文信息的准确性；表情类文本包括诗歌、小说等，以语言形式为核心，翻译时应保证原文修辞手段和语言结构的美学效果的传达；操作类文本则强调译文要引起目标语读者产生与原文读者相似的反应，翻译时主要关注交际效果。文本类型和翻译方法一旦确定，就能够在相关标准指导下评估译者的任务完成度（Reiss 2000：47）。关于翻译批评的操作准则，赖斯列举了一系列用于评估译文充分性的语言因素和非语言因素。语言因素包括语义、词汇、语法和文体四个方面；非语言因素则包括情景、主题、时间、地点（国家和文化的特点）、译文读者、原文作者和情感暗示（Reiss 2000：48-88）。赖斯不仅提出了文本类型、语言因素以及非语言因素等客观的翻译批评标准，还意识到主观因素也会影响翻译过程和翻译产品，如译者自身的角色与目的、社会文化方面的约束等都会影响译者对翻译策略的选择。

赖斯的文本类型理论在翻译批评和评估方面产生了重要影响，她试图"为翻译批评提出一套客观的标准，建构总体框架，形成一个可以自动调节的幅度和范围。这个框架适用面广、评估力强"（朱志瑜 2004：4）。她的贡献包括系统实用的文本类型理论、文本的语用分析模式、功能主义翻译观以及对译者角色的阐释（Nord 1996：87）。她的功能主义视角超越了纯语言的层面，超越了文字和意义，将翻译的交际目的纳入了翻译学的研究视野。

4.5.2.2 弗米尔的翻译目的论

翻译目的论是德国功能学派翻译理论中最为重要的部分，由赖斯的学生弗米尔创立于20世纪80年代。在进入翻译研究领域之前，弗米尔主要研究普通语言学，但他却一直致力于帮助翻译研究摆脱语言学的禁锢。他认为，翻译研究不能仅仅依靠语言学，因为翻译本身并不只是一种单纯的语言行为，语言学无法解决翻译中的所有问题，因此翻译研究应该寻求其他研究视角。弗米尔进一步冲破了等值理论的束缚，以文本目的为翻译活动的第一准则，发展了功能学派的主要理论。他将翻译定义为一种有目的的行为，它在特定的语境下发生，同时也定义了该语境。

弗米尔的翻译目的论将翻译视为目标语语境下因满足目标语受众的期待和交际需求而产生的交际行为，这就将翻译从传统的原文中心主义中解放了出来；在目的论框架下，原文的地位大大降低，仅被视作信息的来源（Nord 1997：12）。在翻译过程中，译者是原文的真正接受者，他向处于目标语文化环境下的读者传达原文提供的信息。译者将目标语文本提供给新的读者，该文本是译者基于自己对目标语读者的需要、期望、知识等方面的预设完成的。任何翻译都是有目的行为，都必定指向特定的读者，从这一角度来说，翻译是"为达到目标语语境下的某个目的而生产出一个满足目标语语境读者需求的文本的行为"（Vermeer 1987：29）。

弗米尔基于行为理论，将人类行为定义为在一定情景中发生的意图性、目的性行为，它是交际情景的一部分，同时也为其服务。由于交际情景包含于文化中，因而对任何个别情景（包括言语和非言语的成分）的评估均取决于其在所属文化中的地位（Nord 1997：11）。翻译不再被看作语言间一对一的转换，而是不同文化之间的交际活动，因此需要一种文化理论来解释交际情景中的具体问题以及言语和非言语情景因素之间的关系。

弗米尔认为，文化的定义应具有以下特点：动态性、综合性和适应性。弗米尔对文化的定义强调了作为文化主要特征的准则规范和习俗惯例。他认为，文化是一个社会全部的准则规范和习俗惯例，是作为社会一员的个体所必须懂得的，这样个体才能作为社会的一分子参与社会活动。每种文化现象都在某个复杂的价值系统中有一个指定的位置，而每个个体则是时空体系中的一个元素。跨越文化障碍的跨文化行为或跨文化交际必须考虑有关行为和交际情景方面的文化差异。

翻译目的论有三个基本准则：目的准则、连贯准则和忠实准则。所有翻译都要遵循的首要准则是目的准则：翻译应能在其存在和践行功用的文化情境中，按译文使用者期待的方式发生作用(Vermeer 1987:27)。目的论认为，翻译过程的发起者决定了译文的交际目的。出于某种特殊原因，发起者需要译文，他通常会提供相关的翻译指令，如翻译的原因、译文的接受者、使用译文的环境以及译文应具有的功能等细节。翻译指令向译者指明了所需译文的类型，而译者并非被动地接受一切，他可以与发起者一同决定译文的目的。特别是当发起者因专业知识所限或其他原因对译文目的不够明确时，译者可以与发起者协商，根据特定的翻译情况确定译文的交际目的。翻译活动的目的是决定翻译过程的根本准则。

连贯准则是指译文必须符合语内连贯(intratextual coherence)的标准。为此，译者必须考虑接受者的背景知识和实际情况，最大限度地实现译文语篇的内在连贯，以使译文符合目标语的表达习惯，便于接受者理解，且在目标语文化以及使用译文的交际环境中发挥应有的作用。

忠实准则是指原文和译文之间应该存在某种对应关系，即语际连贯(intertextual coherence)，语际连贯类似于通常所说的"忠实于原文"，而忠实的程度和形式则由译文目的和译者对原文的理解决定，并不要求原文和译文在内容上一字不差(Nord 1997:32-33)。

这三条准则的关系是：忠实准则服从于连贯准则，而这两者都服从于目的准则。

较之文本类型理论，弗米尔的目的论更进一步地将翻译研究从传统意义上的"信""忠""等值"等原文中心主义的桎梏中解放出来，完成了德国功能学派的目标语转向。有助于拓宽翻译研究的视域，丰富翻译概念的内涵。

4.5.2.3 诺德的翻译文本分析模式

诺德的《翻译文本分析：翻译文本分析模型的理论、方法及教学应用》一书勾画了一个更详细的功能模式，该模式借鉴了文本分析理论中那些在句子或句子以上层级描述文本结构的理论成分，首先区分了两种基本的翻译类型，即文献型翻译和工具型翻译。文献型翻译所实现的功能是元文本层级的。在文献型翻译中，目标文本是关于文本的文本，或关于文本的一个或多个特定方面的文本。文献型翻译的形式多种多样，每种形式侧重于文本的不同方面。工具型翻译则以源语文本为模型，尝试在目标语中为源文化发送者和目标文化接受者之间的新互动提供一种工具。诺德将赖斯对文本功能的阐释向目标语语境推进了一步，她甚至认为可以不去追溯原文的功能，因为文本的功能是由文本的交际语境决定的，而译本存在于目标语语言和文化之中，所以翻译应从目标语语境下的交际场合出发（Nord 1997：55）。

诺德还把忠诚原则引入了翻译研究的功能主义模式，希望以此解决翻译中的激进功能主义问题。在《翻译文本分析：翻译文本分析模型的理论、方法及教学应用》一书中，诺德（Nord 1991）首次提出了"功能加忠诚"的概念。这里的"忠诚"指的是译者、原文作者、译文接受者及翻译发起人之间的人际关系，而不是传统意义上译文对原文的忠诚（Nord 1997：125）。诺德在此引入了文化差异和文本类型理论来论述翻译行为与翻译文本的多样性和复杂性。她指出，不同文化对翻译的界定有所不同，不同类型文本的翻译期待也不尽相同，因此，译者有必要将相关读者的期待纳入考量范围。虽然译者并非要完全按照读者的期待进行翻译，但译者对读者负有"一定的伦理责任"（Nord 1997：125）；如果译者对原文作出改动，译者有责任告诉读者其翻译策略及原因。同时，译者对原文作者也负有一定的伦理责任，这意味着译文的目的应该与原文作者的目的相一致。但很多时候，原文的目的并不明显，在这种情况下，译者应该根据特定类型文本的常规目的来决定翻译策略，或者通过文外因素（如时间、地点、媒介等信息）来判断原文的意图或目的。诺德称这种责任为"忠诚"，即当发起人、目标语接受者以及原文作者三方有利益冲突时，译者必须从中协调，以使三方达成共识（Nord 1997：127）。一方面，诺德的忠诚原则是对目的论的补充和完善，能够在一定程度上避免译者假借翻译目的的名义不择手段地乱译、胡译，甚至篡改或歪曲原作者的意图；另一方面，忠诚原则将伦理问题引入翻译研究的视域，将翻译批评的价值衡量标准从传统的以文本为中心的准则延伸到基于翻译活动中各种角色（包括原作者、赞助人、雇主、用户和读者等多重角色）的人际关系协商准则和价值判断标准，开启了翻译伦理研究的回归之路。

4.6 多模态翻译研究 [1]

多模态话语分析兴起于20世纪90年代。艾莉森·吉本斯（Alison Gibbons）（2012：8）认为，多模态是一种日常现实，是我们的生活经历；我们在日常生活中总是通过视觉、声音、动作在体验多模态，即使最简单的交谈也需要语言、语调、手势等。不论是口头交际还是书面交际，总是不可避免地由多种交际模式构成，因此，从某种意义上来说，所有的话语都是多模态的（Kress & van Leeuwen 1998：186）。

近年来，随着多模态研究的逐渐兴起，多模态研究领域呈现出越来越

---

[1] 本节原载于《外语学刊》2020年第二期，标题为《翻译研究的多模态转向：现状与展望》。本节内容在原文基础上略有修改，已获得编辑部使用许可。

强的跨学科性，语言学、符号学、艺术史、视觉研究、文化研究、媒体研究、社会学、心理学等领域都成为多模态研究的沃土。同时，多模态研究的角度也多种多样，电影、电视节目、卡通片、图画书、博物馆展览、雕塑、建筑、广告、视频网站等都成为多模态研究的素材和语料。

在翻译研究领域，科技发展所带来的翻译革新，如机器翻译、互联网在线翻译、语音翻译、云翻译等，改变了传统翻译模式，也为从多模态视角开展翻译研究提供了可能。斯内尔-霍恩比（Snell-Hornby 2010：368）提出了翻译研究的图像转向；杰里米·芒迪（Jeremy Munday）（2010：422）也对罗曼·雅各布森的"符号高于书面语或口头语"的这一论断予以了肯定。当今社会，话语的多模态性已成为交际语篇的一个重要特征，符际翻译也将成为多媒体交际环境下翻译研究的一个新热点。

本节着重探讨多模态与翻译，介绍目前多模态翻译研究的基本现状和不同的研究途径，追溯多模态概念对翻译研究的介入及相关领域的发展趋势。

4.6.1 多模态研究的不同途径

目前，多模态研究主要有三大途径：社会符号学途径、系统功能语法途径和会话分析途径。在此基础上，还有学者提出了地理符号学途径（Scollon & Scollon 2003）、多模态交互分析途径（Norris 2004）、多模态民族志途径（Flewitt 2011）、多模态语料库分析途径（Baldry & Thibault 2006；Bateman 2008，2014；O'Halloran & Fei 2014）和多模态接受分析途径（Holsanova 2014）等。下面着重介绍三大主要途径。

4.6.1.1 社会符号学途径

社会符号学途径的多模态研究是以韩礼德（Halliday 1978，1994）的系统功能语法为基础的社会符号学分析。韩礼德（Halliday 1978：39）认为，语言是一种社会符号，是一个意义潜势系统；语言的语法"不是一套用来参考的规则,而是创造意义的资源"(Halliday 1978:192)。系统功能语法的核心理念是:作为一种社会符号,语言具有三大元功能,即表征客观世界和内心世界的概念功能,体现语言使用者的交际参与和交际角色关系的人际功能,以及组织语篇的语篇功能。

基于系统功能语法中语言的概念、人际和语篇三大元功能,冈瑟·克雷斯(Gunther Kress)和西奥·范莱文(Theo van Leeuwen)在《阅读图像:视觉设计的语法》(*Reading Images: The Grammar of Visual Design*)(1996)一书中创建了视觉语法,探讨这些元功能在视觉模式中如何建构意义。在该书中,他们分析了诸多图像和写作材料,如儿童画作、教科书插图、新闻照片、广告等,结合符号学、批评性话语分析和系统功能语法的相关理论,从电影研究、肖像学和艺术史研究中汲取灵感,提出了分析图像和文字的社会符号学框架。

"正如语言的语法决定了词如何组成小句、句子和语篇,视觉语法将描写所描绘的人物、地点和事物如何组成具有不同复杂程度的视觉陈述"(Kress & van Leeuwen 1996:1)。视觉语法以再现意义、互动意义和构图意义为核心内容。任何符号模态都要能够再现人类真实世界的某一面,能够映射符号产生者和接受者之间的关系,并且有能力形成不但内部彼此凝聚,而且与产生它们的外部语境紧密相连的符号复合体(Kress & van Leeuwen 2006:42)。在视觉语法的三大意义中,再现意义分为叙事再现和概念再现,叙事再现包括行动、反应、言语和心理过程,概念再现包括分类、分析和象征过程;互动意义包括接触、社会距离、态度和情态;构图意义包括信息值、显著性和取景。

视觉语法是对系统功能语法的继承和创造性延伸,在此基础上,社会符号学被应用到了更多模态的研究中(Kress 2003,2009;Kress & van Leeuwen 2001;Kress *et al.* 2001,2004;van Leeuwen 1999,2005)。

4.6.1.2　系统功能语法途径

系统功能语法途径的多模态研究自然以韩礼德的系统功能语法为核心理论框架，可以将其看作韩礼德的语言社会符号观下的一个分支。与克雷斯和范莱文所代表的社会符号学途径不同，系统功能语法途径更侧重于符号资源下的元功能系统及多模态现象中系统选择的整合。它发展出详细的理论框架，用以元功能为基础的系统来描述每种符号资源，并通过多模态话语中符号选择的整合来实现符际互动（Jewitt 2009：32）。

迈克尔·奥图尔（Michael O'Toole）（1994）将系统功能语法应用于艺术图像研究，提出了画作研究中三大元功能的视觉分析框架，用再现、模态和构图三大功能，与系统功能语法中的概念、人际和语篇三大功能相对应。再现功能传递与现实相关的信息，涉及画作的主旨和主题（O'Toole 1994：14）；模态功能展示画作吸引观赏者注意力、激发其思考和唤起其情感的方式（O'Toole 1994：5，11）；构图功能侧重于图像空间内线条、韵律和颜色关系的安排形式，为画作观赏者呈现更有活力的模态功能（O'Toole 1994：23）。在奥图尔（O'Toole 1994：24）的分析框架中，他将一幅画作的组成部分细分为从大到小不同规模的一系列单位：画作整体、整体中的片段、片段中的人物和对象以及人物和对象的细节。在每一级单位中，都有再现、模态和构图三大功能以视觉形式实现的不同方式。

随后，凯·L. 奥哈洛兰（Kay L. O'Halloran）（1999，2000）应用系统功能语法研究了语言、图像和数学语篇中数学符号的整合。此外，其他基于系统功能语法的多模态研究还将多模态研究拓展到了三维立体空间（如博物馆展览和建筑）、网站、互联网新闻、手语、儿童图画书等领域（Dreyfus *et al.* 2011；Jones & Ventola 2008；O'Halloran 2004，2005；Unsworth 2008；Ventola *et al.* 2004）。

4.6.1.3　会话分析途径

会话分析始于20世纪60年代，与互动语言学和语言人类学紧密相关，由哈维·萨克斯（Harvey Sacks）、伊曼纽尔·谢格洛夫（Emanuel Schegloff）和盖尔·杰斐逊（Gail Jefferson）对会话的转录和分析开始，然后作为一种研究社会互动的理论和研究方法逐渐进入大众视野。随后，查尔斯·古德温（Charles Goodwin）（1979，1981，1994，2000）开始分析视频录像中的日常互动，并将研究范畴从以家庭为背景的互动拓展到了科学和日常工作背景下的互动，如考古遗址、化学实验室、手术室等场所的互动。他的研究表明，社会互动都被置于历史条件下形成的物质世界之中，物质世界为社会互动提供了一系列互动资源。克里斯蒂安·希斯（Christian Heath）（1986）分析了病人和医生的会话视频，聚焦会话中对话者的作用，同时还将研究范围扩展到地铁控制室、拍卖行等实际工作场所（Luff et al. 2000）。古德温和希斯用视频作语料，拓展了会话分析的研究范围；同时，他们开始关注会话中的注视、姿势等其他资源，研究重点也从交谈转向会话中各种资源的互动，也就是我们现在所说的多模态互动。

会话分析途径的多模态研究认为，人类用不同的符号资源构建行为，有的行为可能由一句话构成，有的行为可能由一个手势构成，还有的行为可能由短暂的目光转移构成。这些不同的资源有不同的属性。每种资源本身只代表局部，是不完整的，但当它们因构成某一行为而连接在一起时，各种符号资源相互作用，就会创造出一个比各个资源个体都更完备、更特别的整体。

4.6.2 多模态翻译研究的现状与发展趋势

尽管多模态研究涉及的领域众多，研究途径也十分多样，但多模态和翻译相结合的跨学科研究直到近些年才逐渐引起学界关注，视听翻译、口译、广告翻译等领域也开始出现越来越多的多模态翻译研究。

4.6.2.1 跨文化多模态交际概念

多模态概念介入翻译研究最早可追溯至克雷斯和范莱文提出跨文化多模态交际（transcultural multimodal communication）概念之时（Kaindl 2013：257-258）。尽管这一概念并未直接指向翻译研究，但为研究不同模态的功能及模态和媒介间的关联性提供了参考，也为翻译学者们带来了启发。克雷斯和范莱文（Kress & van Leeuwen 2001：21）将模态定义为允许同时实现多种话语和多种类型互动/行为的符号资源。多模态研究的课题是使用多个符号模态设计一件符号产品或一个符号事件的方法，以及将这些模态结合起来的特定方式（Kress & van Leeuwen 2001：20）。从这个角度来讲，模态不再是产品，而是显示出话语性并具有文本构成功能的文化过程。克雷斯和范莱文将多模态看作文本设计的一种原则，单一模态不仅有特定功能，而且与其他模态协同作用；模态具有哪些功能，设计文本时要用到哪些模态，都取决于语用因素和特定的文化因素。

跨文化多模态交际将多模态的概念引入了与交际和文化相关的翻译理论中，其中与克雷斯和范莱文的理论联系最紧密的当属赫尔兹-曼塔里（Holz-Mänttäri 1984）的翻译行为理论。翻译行为理论把翻译看作目的明确、以结果为导向的人际互动，把翻译过程看作包含跨文化传递的信息复合传输过程（Munday 2012：120）。译者在翻译过程中需要考虑所有相关的语言和非语言因素，提供专业的翻译服务。与克雷斯和范莱文相似的一点是，赫尔兹-曼塔里强调翻译的设计特点，认为翻译不仅是语言的传递，更是突破文化障碍的文本设计。译者通常只专注于文本中的文字转换，但由于文本往往有多模态设计，因此他们要和摄影师、图画设计师等其他专业人士合作，才能产出让译文接受者欣然接受的译文，实现译文的交际功能。例如，在翻译科技手册时，视觉模态和语言模态都起到了解释操作步骤的作用，而文本的交际作用到底是由图像还是由语言实现，则由特定文化因素和产品的语境所决定。

4.6.2.2 涉及多模态的翻译分类

将多模态概念引入翻译分类最早可以追溯到罗曼·雅各布森（Jakobson 1959）的翻译三分法，即语内翻译、语际翻译和符际翻译。其中，符际翻译的概念将非语言系统的其他符号也纳入了翻译的范畴，这种针对不同符号系统之间的翻译手段在文化传播和交际层面上更加适合如今种类繁多的非语言交流和传播活动。

克劳斯·凯因德尔（Klaus Kaindl）（2013: 261-262）基于模态、媒介和文化的概念，提出了一个更为细化的翻译分类：

表 4.1 基于模态、媒介和文化的翻译分类（参见 Kaindl 2013: 261-262）[1]

翻译类型	文化内	跨文化
模态内	同一模态内的文化内翻译，如用德语维也纳方言翻译一部德语戏剧	同一模态内的跨文化翻译，如将一本迪士尼连环画翻译成日本漫画
跨模态	不同模态间的文化内翻译，如将一本配图说明书翻译成纯文字文本	不同模态间的跨文化翻译，如将《圣经》翻译成另一种语言的漫画
媒介内	同一媒介内的文化内翻译，如将美国流行歌手的音乐视频改编成适合西班牙语观众的版本	同一媒介内的跨文化翻译，如将一部法国喜歌剧翻译成德国浪漫主义歌剧
跨媒介	不同媒介间的文化内翻译，如将某种语言的小说改编成同一种语言的电影	不同媒介间的跨文化翻译，如将某种语言的一部戏剧改编成另一种语言的音乐剧

凯因德尔从模态的角度，将翻译分为模态内（intramodal）翻译和跨模态（intermodal）翻译。模态内翻译只涉及一种模态，如从语言模态到语言模态，从图像模态到图像模态；跨模态翻译则是不同模态间的转换过程。这两种翻译类型又都可以进一步区分为文化内（intracultural）翻译和跨文化（transcultural）翻译两种情形。例如，将一本配图说明书翻译成纯文字文本属于跨模态文化内翻译，而将一本迪士尼连环画翻译成日本

---

[1] 为了更鲜明地展示不同的翻译类型，此表在原文的基础上略有修改。

漫画则属于模态内跨文化翻译。

此外，凯因德尔还从媒介的角度，将翻译分为媒介内（intramedial）翻译和跨媒介（intermedial）翻译。媒介内翻译只涉及一种媒介，而跨媒介翻译则至少涉及两种媒介之间的转化；这两种翻译类型也都可以进一步区分为文化内翻译和跨文化翻译两种情形。例如，美国一些流行歌手的音乐视频同时面向英语观众和西班牙语观众，这些音乐视频的英语版本和西班牙语版本属于同一媒介内的文化内转化，因为其中的美国文化元素没有改变，而音乐视频这一媒介形式也未发生变化。

在凯因德尔的翻译分类中，模态内翻译、跨模态翻译、媒介内翻译和跨媒介翻译的概念紧密相连，互相影响。这一翻译分类方式将模态的概念引入翻译研究，拓展了罗曼·雅各布森的翻译三分法，也有助于为一些之前较难定义的翻译现象找到更为细化的定位。翻译不再仅仅是一个文本行为，更是一种涉及模态、媒介和文化的交际行为。

4.6.2.3　适用多模态翻译的领域

多模态和翻译相结合的跨学科研究在多模态研究中只占很小的一部分，但近年来其研究热度开始呈现出增长趋势，研究视角也不断拓宽。目前，多模态翻译研究常与符际翻译的概念相联系，主要侧重于如何处理翻译和跨文化交际中涉及的多模态因素。

最早应用多模态翻译理论且应用范围最广的领域是视听翻译。视听翻译研究多模态和多媒体文本中的语言或文化转换，它突破了传统翻译研究侧重于纯文本的局限性，将多种模态融为一体，还涉及一些复杂的技术问题，因而在其发展初期并未得到西方翻译界的认可。但随着多模态理论的发展和翻译研究范畴的扩展，视听翻译的多模态研究特色愈加彰显。目前，视听翻译的研究领域已经拓展到"用任一媒体或格式制作或后期制作（的节目）的所有翻译形式或多符号转换"（Orero 2004：viii），包括电影字幕翻译、配音翻译、画外音翻译以及新闻播报的现时字幕翻译和歌剧唱词字幕翻译等。同时，一些有关媒体接触的新研究领域也被涵盖其中，如为失聪者和听力障碍人士进行的字幕翻译，以及为失明者和视力障碍人士进行的音频描述。

除视听翻译外，广告翻译也和多模态研究联系紧密。无论是印刷广告还是多媒体广告，都有不止一种模态参与意义建构，这一多模态属性在广告的翻译过程中起着重要作用。此外，在口译过程中也涉及大量非语言因素，从语调、语速，到手势、姿势、视线活动、面部表情等，都影响着信息的传递和理解。因此，近年来一些学者也开始在口译和口译培训相关研究中引入多模态视角（如Rennert 2008）。其他应用多模态翻译理论的领域还包括电子游戏翻译（O'Hagan 2007）、网站翻译（Tercedor Sánchez 2010）以及儿童图画书翻译（Pereira 2008）等。

4.7　结语

本章主要介绍了翻译研究在语言学转向时期的几个关键概念，分别是等值、语境、意义、交际、功能和多模态。

等值是推动翻译学走入成熟期的关键词，但随着翻译学的多元化发展，当今学界对等值的讨论已不如20世纪末那么热烈。在过去几十年里，不时有学者提出等值的其他替代词，如詹姆斯·斯特拉顿·霍姆斯（James Stratton Holmes）（1972/1988）的匹配（matching）、图里（Toury 1980）的亲缘相似（family resemblance）、切斯特曼（Chesterman 1996）的相似性（similarity）等。这些替代词都设法规避等值的绝对的一面，但都没有被广泛采用，等值仍然是翻译学界在表达原文和译文之间的关系时使用最多的关键词。

语境是语言学的关键词之一。从翻译与语境结合的研究中我们可以发现，翻译与语境研究的外沿随着时间推移不断地扩展：从关注词、句子、语篇的小语境出发，一方面联系外在因素向关注翻译过程及产品的社会文化语境发展，另一方面联系内在因素向关注翻译交际各方的心理环境（认知）发展，最后形成一套内外兼顾的、系统的翻译语境研究体系，进一步强调语境对翻译研究和翻译实践的重要性，呼吁译者树立语境意识。

提出并探讨意义这一概念则是翻译学理论系统建构的重要标志之一。作为构成翻译概念的关键词，意义使翻译研究的关注点从表象移向内在。受语义学对意义研究的影响，采用语言学途径的翻译研究者逐渐意识到，翻译中的意义重构不单纯是文字的转换，绝对的"相同意义"是不存在的。于是，学者们开始从不同类型的意义切入具体的翻译问题，揭示翻译中译者需要重视的关键成分，辨析造成原文和译文意义建构差异的语言与语境因素。

以交际定义翻译，将翻译视为一种交际行为甚至是跨文化交际行为的观点扩大了人们对翻译的认识。翻译被解读为讯息的传递，这个讯息包含了形式、内容/意义、文化、目的与功能等不限于文字的因素。译者不再需要成为忠实的文字搬运工，而是要根据特定的交际情景的需要，在谋篇布局、遣词造句中获得更大的自由度，成为交际过程中积极的参与者——交际者或跨文化中介，这对译者的交际能力也提出了更高的要求。作为跨文化交际形式的翻译已成为当今译学界最重要的议题之一，在这个大议题下，学者们结合社会文化大语境，分别从人类、历史、社会、文化等多个角度探讨了翻译问题，使翻译问题更具社会现实性。目前，译者与翻译在全球化带来的移民潮、英语作为世界语及欧洲难民等国际热点问题中所扮演的角色均是翻译与交际研究的热点；研究者的关注点既可以是交际过程、翻译策略等微观层面的研究问题，也可以是社会影响、文化身份建构等宏观层面的研究问题。

功能视角下的翻译研究以行为理论为基础，从功能出发，关注文本类型、文本交际目的、译者角色以及这些因素对翻译过程和结果的影响。虽然赖斯最早给予视听类文本以关注，但随着网络技术的发展，单纯按照语言功能所划分的文本类型似乎已经无法覆盖日益多样化的电子文本和交流模式。于是，有研究者提出超体裁（supra-genres）与次体裁（subgenres）相结合的文本类型划分模式（Jiménez-Crespo 2013：97-99），将文本参与者的角色、文本的生产方式及功能等因素纳入了文本类型研究的核心范畴。

　　文本类型的变化对翻译方法和翻译手段提出了新的挑战。全球化的网络环境下，各种交互式电子文本和社交媒体的出现催生了全新的翻译模式，如即时自动翻译、众包翻译以及人工智能翻译等；翻译行为参与者的角色不断分化，译者和读者之间的传统界限被打破。文化全球化和网络化创造了庞大的翻译需求，仅凭商业翻译无法满足这些需求，于是在互联网互动、协作和传播等相关技术的支持下，消费与生产合一的参与式网络文化蓬勃发展，出现了大量的"翻译义工"。他们以翻译为乐，在业余时间从事免费的翻译活动，历经十几年的时间已经发展成为一股不容忽视的"互联网翻译大军"。活跃于网络上、专注于影视产品字幕翻译的各类字幕组就是其中最有代表性的一类，他们既是译者，也是目标语受众。

　　从这一意义上来讲，全球化的时代已经为翻译界，尤其是作为跨文化交流的翻译实践带来了深刻的改变，促使我们重新审视翻译中各个参与者的身份角色和相互关系。由于翻译行为参与者的角色更加多元，影响译本目的和功能的因素更趋于复杂化和动态化，语言学视角下功能导向的翻译行为理论已然无法解释很多现实存在的翻译现象。在网络化和电子化的翻译模式下，功能学派中的委托人、目的论和忠诚原则以及关于译者主体性和翻译主体间性的讨论，都产生了新的意义和讨论空间。多模态理论的介入和发展亦拓宽了翻译研究的范围，将更多的非语言因素纳入了翻译研究的范畴。在如今的多媒体时代和读图时代，图像、声音等非语言因素在信息和文化交流中发挥着愈加重要的作用，因此从多模态视角审视翻译研究显得尤为重要。目前，多模态和翻译相结合的跨学科研究还是一个有待进一步探索和发展的新领域，特别是在国内翻译研究领域，相关研究还处于起步阶段，主要利用多模态理论来研究电影字幕翻译、翻译教学和诗歌翻译等，研究框架比较单一，也缺少有代表性的实证研究。未来多模态翻译研究面临的一大挑战，是如何找到合适的多模态研究框架和工具来研究翻译文本中的非语言模态。同时，这也对翻译学者和翻译教学者的多模态意识提出了更高的要求，翻译不再仅仅是语言和文化间的转换，也是模态间的抑或不同符号系统之间的转换。多模态翻译研究仍有很长的一段路要走，期待未来能有更多相关领域的跨学科研究从理论和实证方面对此进行补充和拓展。

简言之，语言学理论及相关概念在推动现代翻译研究的发展中起到了至关重要的作用。语言学理论的引入为翻译学成为一门现代学科提供了理论基础，亦为翻译研究提供了科学的研究方法。在未来，语言学途径仍将是翻译研究多元途径中最重要的分支之一。

第五章 翻译研究的繁荣期：文化的反思

20世纪60年代发展起来的语言学范式的翻译研究，使翻译研究逐渐走出了主观式的、以经验总结为主的传统语文学范式，形成了更为科学和全面的学科视野。1972年，于哥本哈根召开的第三届国际应用语言学会议上，霍姆斯宣读了一篇题为《翻译学的名与实》("The name and nature of translation studies")的论文。这篇文章对翻译学的学科命名和性质作出了构想，勾勒了今后翻译学的研究范围和结构，是翻译学领域具有里程碑意义的文献，被西方译学界认为是"翻译学的学科创建宣言"（Gentzler 2004: 93）。1976年，以霍姆斯为首的一批学者在比利时的鲁汶大学又召开了一次会议。这次会议比1972年的那一次影响更大，会议后出版了著名的论文集《文学与翻译：文学研究的新视角》(*Literature and Translation: New Perspectives in Literary Studies*)（Holmes et al. 1978）。勒菲弗尔为这部论文集撰写了一个附录，题为"翻译学的学科目标"。在此，他（Lefevere 1978: 234）呼应了霍姆斯的观点，发出倡议："我提议，就用翻译学（Translation Studies）来作为这个学科的名称。"翻译学，作为一门学科，一门跨界学科，终于"实"至"名"归。

霍姆斯在《翻译学的名与实》中指出，随着来自语言学、哲学、文学甚至信息理论、逻辑学和数学等学科的研究者加入翻译领域，翻译学的研究方法已经得到了极大的丰富，翻译学作为一门独立的学科正在成型。霍姆斯将翻译学划分为纯翻译学（Pure Translation Studies）和应用翻译学（Applied Translation Studies）两大类；在纯翻译学下面，他进一步细分出描写翻译学（Descriptive Translation Studies）和理论翻译学（Theoretical Translation Studies）。霍姆斯强调，描写翻译学是与经验现象联系最直接、最紧密的翻译学分支，是理论翻译学和应用翻译学的基础。他构想的描写翻译学包括三方面内容：(1)译本导向的（product-oriented）翻译研究。此类研究从译作文本出发，对翻译产品进行历时和共时研究，有望为大规模翻译文集及翻译史的编撰提供素材。(2)过程导向的（process-oriented）翻译研究。此类研究关注翻译过程或行为本身，研究译者的认知和心理，有望促成新的研究领域（如翻译心理学或心理翻译学）的诞生。(3)功能导向的（function-oriented）翻译研究。此类研究描写翻译在目标语社会文化中的功能，强调对语境（context）而非文本（text）的研究，有望推动翻译社会学的发展。

霍姆斯所勾勒的描写翻译学的版图凸显出经验科学的两大目标——"描写实际中的特殊现象，建立解释并预测现象的普遍原则"（Toury 1995:9），为翻译学科的发展指明了从规定转向描写的发展路向。20世纪50年代以前，无论是语文学范式还是语言学范式的翻译研究，往往以制定出指导翻译活动的规范或标准为目的。描写翻译研究则更重视实际存在的译文或翻译行为，旨在通过对客观现象的描写，不断找出规范，经积累、归纳和校验后得出更为普遍的法则。毕竟，任何翻译理论都必须通过实际的翻译活动去检验、修改和纠正，否则就会陷入空谈，停滞不前，以致影响整个翻译学科的发展。从这个角度来说，霍姆斯对于描写翻译学的构想为翻译学的蓬勃发展奠定了基础，也为翻译研究的文化转向埋下了重要的伏笔。

虽然霍姆斯尚未对翻译与文化的关系展开详细论述，但已经不难想象两者间错综复杂的关联。虽然译本导向的翻译研究和过程导向的翻译研究表面上关注的是翻译文本和翻译行为，但实际上任何翻译文本和翻译行为都不可能存在于真空里，因此描写翻译研究势必要考虑翻译文本或翻译行为背后的文化背景。功能导向的翻译研究进一步突破了对翻译文本和翻译过程本身的关注，将翻译置于目标语社会文化的脉络中，追问影响翻译事件发生以及影响翻译结果的语境因素，大大拓宽了传统翻译研究的范畴。

关于描写翻译研究和文化转向之间的关系，玛丽亚·铁木志科（Maria Tymoczko）（1999：25）在给描写翻译学下定义时对此作出了简单明晰的表述：描写翻译学在研究翻译的过程、产品及功能的时候，将翻译置于时代（背景）下去研究；进一步来讲，它将翻译置于政治、意识形态、经济、文化（背景）下去研究。霍姆斯为翻译学勾勒出的学科图景，尤其是他对描写翻译学的构想，让翻译研究开始融合原文和译文的语言比较以及对目标语文化环境的考察等内容。语言学派的研究范式对文本比较展开了不同角度的探究，而对文本所处的文化环境的描写则需要引入语言学以外的研究框架。一旦突破语言的限制，引入文化的视野，和翻译相关的现象和材料顿时变得相当纷繁复杂，此时简单的罗列、去语境化的对比或静态的分类显然还不够，需要更有解释力的理论来解释各种现象和材料之间的关系。多元系统理论（polysystem theory）就是在这样的情况下进入了翻译学的视野，为理解翻译及其社会文化功能提供了强大的理论模型。

5.1　多元系统理论

多元系统理论形成于20世纪70年代，由以色列学者伊塔玛·埃文−佐哈尔（Itamar Even-Zohar）提出。《多元系统理论》（"Polysystem theory"）这篇著名论文最初发表于1979年，后来又分别于1990年和1997年进行了两次修订，使多元系统理论逐渐从针对文学和翻译的理论拓展为一个更为宽泛意义上的文化研究理论。其中，1979年和1990年的两个版本主要针对文学和翻译，把翻译放入文化这一大环境下，系统考察了翻译文学在文学系统中的地位，打破了翻译研究的文本局限性，对翻译研究的文化转向产生了相当重大的影响。多元系统理论为翻译研究开辟了一条描写性的、面向目标语系统的、功能主义的、系统性的新路径，推动了翻译研究的文化转向，催生了一个跨国界的翻译研究学派。

埃文-佐哈尔提出的多元系统理论借鉴了俄国形式主义和捷克结构主义的思想。形式主义学派认为，文学作品不应该被抽离出来单独研究，而应被视为文学系统的一部分，而文学系统又与其他系统之间有千丝万缕的动态关系。为了明确表达动态的、历史主义的、异质结构的系统观念，埃文-佐哈尔创造了多元系统这一术语：

> 多元系统由众多系统集合而成，各系统间彼此交叉、重合，同时作出不同的选择；但多元系统以整体的形式发挥作用，内里众多系统相互作用、彼此影响。

（Even-Zohar 2005：42）

各种社会符号现象都可被视为一个多元系统，每个多元系统内部由若干不同的系统组成，同时也与外部的其他多元系统相互依存、相互制约，共同组成整体文化的大多元系统（mega-polysystem 或 macro-polysystem）。任何一个多元系统都不是静态或者机械的存在，其内部系统间的关系会发生变化，与外部相邻系统的界限也在不断改变。因此，任何一个多元系统中的现象都不应该被抽离出来孤立地看待，而应将其置于动态变化的整体文化的大多元系统中加以解释。

从多元系统内部来看，中心与边缘、经典化与非经典化之间定位及互动的不断变化，构成了多元系统的内在动态演变。因此，多元系统理论的原则之一是不以价值判断为准则来选取研究对象，强调有必要将以往有意排斥或无意忽略的现象纳入研究范围。传统文学研究大多把目光集中在阳春白雪式的所谓"高雅"文学形式上,对其他文学形式关注甚少,翻译文学也长期遭到了主流学界的忽视和边缘化。而实际上,翻译文学在文学多元系统中并非永远居于次要的位置。埃文-佐哈尔指出,在以下三种情况下,翻译文学有可能参与塑造文学多元系统的中心,并在文学多元系统的革新进程中发挥举足轻重的作用:(1)当某个文学多元系统尚未成型,文学处于早期的建构阶段时,往往需要借鉴现成的、更为成熟的文学模型。(2)当某种文学(在一组相关的大文学体系中)处于"边缘"或"弱势"地位,当小国文化为大国文化所支配时,就可能出现翻译作品大量输入(的现象)。(3)当一种文学出现转折点和危机或处于真空阶段时,该文学体系中现存的、已确立的模式便无法再满足读者的需要,外来的模型也就容易渗透进来。(参见 Even-Zohar 1978:121)

在以上三种情况中,翻译活动变得频繁而重要,占据了文学多元系统的主要或中心位置,承担着文学革新的重任。从事此类翻译活动的往往是目标语文化中具有影响力的作家;此类翻译作品往往会引入新的诗学技巧、表达方式和其他元素,成为目标语文化中新模型的基础。

但更常见的情况是,翻译文学处于文学多元系统的次要和边缘位置,要遵循传统的形式,以较保守的方式去迎合目标语文学系统的文学规范(Even-Zohar 1978:122)。

在对系统行为模式的探讨中,埃文-佐哈尔提出了一个重要的概念:形式库(repertoire)。形式库包括规则和材料两个方面,从语言学角度来讲,形式库由语法和词汇构成(Even-Zohar 1990:39)。当系统处于保守状态时,它就会按照既定模式制造可预测度高的产品,称为二级(secondary)产品;而当系统处于革新状态时,新元素不断注入,就会出现可预测性低的一级(primary)产品。一级产品占据系统中心后,又会稳定下来变成二级模式,形成新的保守状态。一个系统的行为模式,往往与这个系统在多元系统中的位置有关。翻译文学在多元系统中的位置对译者行为模式以及翻译策略的选择有决定性影响。当翻译文学处于多元系统的中心位置时,往往会积极参与创造,不惜打破本国的传统表达规范;而当翻译文学处于边缘位置时,则会更多地套用本国文学现有的表达方式。埃文-佐哈尔指出:

> ……当翻译文学处于边缘地位时,……译者的主要精力都集中在为外来文本寻找最佳的、现成的二级模式上,结果往往造成不充分的翻译,或者——我更愿意这么说——在所实现的(翻译)等值和事先预想的(翻译)充分性之间出现了较大的偏差。
> (Even-Zohar 1990:51)

这实际上是说,当翻译文学处于边缘地位时,本土文学或民族文学就处于中心或主流地位。此时译者会自觉或不自觉地跟从主流价值规范,在翻译时采用所谓的二级模式的表达方式,不愿意积极引进新的表达方式,唯恐遭到主流价值观的质疑和否定。用西方翻译学界后来的话语来说,就是更倾向于采用归化的翻译策略。

埃文-佐哈尔有关翻译规范、翻译充分性等的一系列观点,在后来图里关于翻译规范的讨论中得到了进一步深化。

图里和埃文-佐哈尔都在特拉维夫大学工作。图里早期曾协助埃文-佐哈尔采用多元系统理论对希伯来语-英语翻译文学中涉及的诸多文化因素进行系统、全面的描写研究。后来,图里根据先前的研究成果,进一步探索文化交际和翻译现象的规则,发展了埃文-佐哈尔的多元系统理论,对描写翻译研究提出了方法性的基本假设和假说,其研究成果集中体现在他对翻译规范问题的阐述上。

早在20世纪六七十年代,依瑞·列维(Jiří Levý)、波波维奇等学者就认识到,翻译是译者在规范制约下的抉择。然而,当时对规范的讨论主要局限于源语和目标语两种语言和文本本身。图里从埃文-佐哈尔提出的多元系统理论中得到启发,将规范置于更大的文化背景中进行审视。他认为,译者总是在特定语境中进行翻译,其翻译行为当中以及翻译活动每个阶段的决定,不但受到目标语和源语两种语言体系的制约,也受到两种文化体系的制约。图里借鉴社会学研究的相关论述,将规范定义为:

> 由某一社会群体普遍认同的价值观或观念——关乎正确与否、恰当与否——转化而来的适用于特定情境的行为指令,它具体规定了在某个行为维度下哪些是被禁止的行为,而哪些又是可接受的和被允许的行为。
>
> (Toury 1995: 55)

图里将社会文化制约因素划分为规则(rules)、规范(norms)和个体特性(idiosyncrasies)。规范的制约力介乎规则和个体特性之间,而不同力度的制约因素之间的界限是模糊的:规则是普遍的、比较客观的规范;个体特性是特定的、比较主观的规范。规范蕴含了某一群体共享的社会价值观,受到特定时代社会文化的约束;同时,这些价值观也会通过教育活动和社会化过程,内化为译者的个人意识形态,制约译者在翻译过程中的抉择。

在实际翻译中,译者往往会受到三种规范的制约:初始规范(initial norms)、预备规范(preliminary norms)和操作规范(operational norms)(Toury 1995: 56-61)。

其中,初始规范立于整个规范体系的最顶层,是译者在目标语文化规范和源语文化规范之间作出的总体倾向性选择。初始规范体现在翻译操作的各个阶段,也贯穿于实际翻译活动的始终,从整体上统摄翻译的具体行为和翻译产品。翻译文学在文学多元系统中所处的位置,对于翻译的初始规范有决定性影响。当翻译文学处于中心位置时,译者往往会偏向源语文化,采取更注重译文的充分性(adequacy)的翻译策略,尽可能忠实地再现原文的文本关系;而当翻译文学处于边缘位置时,译者则更有可能从目标语文化出发，更多地考虑接受语境和受众，翻译策略上也会偏重译文的可接受性（acceptability），希望为外国作品寻找现成的本国模式，直接套用固有表达方式。图里所说的充分性和可接受性是一个不可分割的连续体，因为在现实的翻译过程中，译文既不可能实现百分之百的充分性，也不可能实现百分之百的可接受性，而会始终处于翻译规范连续体两极之间的中间地带。

预备规范涉及翻译政策以及翻译的直接性。翻译政策指的是决定某一特定文化/语言在某一特定时期选择通过翻译引进哪些文本类型甚至文本个体的因素；翻译的直接性指的是特定文化对经由第三种语言转译的接受或容忍程度（Toury 1980：53-54）。预备规范反映了翻译活动的社会文化背景，在翻译准备阶段就开始起作用，主要影响译者对源文本的选择。大多数情况下，译者对源文本的选择不完全出于个人兴趣，也会考虑意识形态、文化、经济和社会因素。若译者在翻译过程中无视预备规范，其翻译作品就可能无法被目标语读者接受，甚至根本无法出版流通。

操作规范指的是在实际翻译过程中指导译者进行翻译决策的规范。操作规范包括母体规范（matricial norms）和篇章语言规范（textual-linguistic norms）。其中，母体规范在宏观上决定代替源语材料出现的目标语材料的形式，例如是全文翻译还是部分节译，章节、段落、剧幕如何划分等；篇章语言规范则在微观层面影响译者对目标语材料的选择，包括遣词造句、标点符号等语言或语篇方面的决策。

在实际翻译活动中，初始规范、预备规范和操作规范之间并不是一种单向的控制–从属关系。预备规范在时序上先于操作规范，前者关涉翻译选材，后者关涉文本生成过程，两者会在一定程度上折射出初始规范；初始规范决定了译作的总体倾向，具有逻辑上的统领作用，但并非完全限定了预备规范和操作规范的方方面面。应该说，翻译中初始规范、预备规范和操作规范之间彼此交叉作用，共同影响翻译活动。

描写翻译研究的目的在于，找出翻译活动中的规范，不断累积、校验，进而得出更有普遍性的翻译法则（laws）。描写翻译学的建构可概括为三步：(1) 把译文置于目标语文化系统内，观察其作为翻译文本的重要性及可接受性；(2) 把源语文本同目标语文本进行比较，辨识目标语文本较源语文本产生偏移的动因，从中概括、抽象出翻译行为规范；(3) 把所析取的规范确立为规约未来翻译行为的法则（Toury 1995: 36-38）。

通过大量的个案研究，图里（Toury 1995）总结了两条翻译的普遍法则：一是渐进标准化法则（the law of growing standardization）；二是干涉法则（the law of interference）。渐进标准化法则指译文改动原文的语言模式，采用目标语言体系中的常用措辞。图里认为，译者把源语中新奇陌生的文本置换成符合目标语读者阅读习惯和审美期待的内容或形式，是为了提高译作的可接受性。他借用埃文－佐哈尔的多元系统理论指出，译作的标准化程度取决于翻译在目标语文学多元系统中的地位。翻译在目标语文学多元系统中愈是处于弱势或边缘地位，译作的标准化程度就愈高；反之，译作的标准化程度就愈低。干涉法则指译文对构成原文的各种属性——如词汇特征、句法特征等——进行复制。如果原文的语言特征复制到目标语后并不会显得反常，就可视其为积极转换（positive transfer）；如果原文的语言特征复制到目标语后成了反常用法，则应视其为消极转换（negative transfer）。图里指出，对干涉的容忍程度取决于文学体系或社会文化的影响力，人们通常对从强势语言或强势文化译入的作品容忍度较高。

毫无疑问，图里提出的描写翻译研究方法将翻译学的整个学科发展向前推进了很大的一步。其最重要的影响在于，它摒弃了传统译论在原文和译文之间预设的规约性的等值，从目标语文学系统出发，考察翻译文本的实际形态，探寻影响翻译过程的各种规范，并主张通过大量的个案研究，归纳总结出翻译活动的或然法则。这样一来，**翻译学者就不能孤立地研究某个翻译文本，而要将其置于其所处的文学系统及文化系统中进行考察**；等值或充分性也不再是规约译文和原文之间关系的前提，译文和原文的关系可能因文本所处的社会、历史、文化环境的变化而变化。图里将文化和文学系统纳入研究框架，为翻译研究后来的文化转向奠定了基础。

不可否认，埃文-佐哈尔的多元系统理论为图里关于翻译规范和翻译法则的讨论提供了重要的理论基础。图里的个案研究表明，翻译中初始规范的倾向、翻译作品标准化的程度以及译文读者对干涉的容忍程度，在很大程度上取决于翻译文学在目标语多元系统中的位置。不过，在多元系统理论基础上开展的翻译研究也存在一定的局限性。根茨勒（Gentzler 2004）认为，图里的描写翻译研究过于依赖形式主义的抽象模型，忽略了现实世界对文本和译者的制约作用；对个案研究进行概括而得出翻译法则的进路，往往也充满了过度概括的风险。图里对规范的总结和归纳，必须以对受规范约束的行为的观察为基础，而事实上翻译过程中存在许多变量，研究者不可能面面俱到，因此得出的规范和法则也不一定具有普遍性。英国翻译理论家赫曼斯曾指出，图里早期的研究大多倡导经验主义的描写，忽略了翻译过程中的权力关系以及文本背后复杂的政治和意识形态因素。

文化多元系统极其复杂，总是在不断变化，并与社会的其他系统互相影响，这就决定了翻译不是完全自足的封闭体系，必然会受制于某些系统和因素。如果仅观察实际的译文或翻译行为，很难确切得出促成这些翻译决策的规范。因此，经验主义的翻译研究必须将社会、文化、意识形态等元素纳入考察范畴，建立综合性的理论框架和方法论，才能够更加有效地辨识并阐释那些操纵译者作出相关翻译决策的规范。在埃文-佐哈尔和图里等人多元系统研究的影响下，国际比较文学学会举办了数次以"翻译文学"为主题的会议。来自英国、比利时、荷兰的若干学者将讨论焦点聚集在个案研究的方法上，进一步推进了以目标语言为导向的描写翻译研究，将其研究重心转移到了对文化和文本之间的互动，对译者身份和出版业角色的反思，以及对文本生产机制中的操纵力量的探讨上来。1985年，赫曼斯主编了相关学者的论文集《文学的操纵：文学翻译研究》（*The Manipulation of Literature: Studies in Literary Translation*），翻译学界的操纵学派也由此得名。操纵学派的研究全面开启了翻译研究的文化转向,被视为20世纪80年代翻译学发展史上具有里程碑意义的成果。

5.2 操纵学派与文化转向

操纵学派主要起源于操荷兰语的"低地国家",相关理论在欧洲各国发展成熟后又传入美国。其代表人物除了赫曼斯之外,还有勒菲弗尔和巴斯内特等人。勒菲弗尔和巴斯内特原是比较文学界的著名学者,他们的翻译研究借鉴了比较文学的研究方法,研究对象以文学翻译为主,顺应了文化研究的发展趋势。在《文学的操纵:文学翻译研究》一书的序言里,赫曼斯阐明了操纵学派的基本立场,这段话如今也可以被看作描写翻译学发展到成熟期的一个宣言:

> 简而言之,他们的共同之处在于:把文学看作一个复杂而动态的系统;坚信理论模式和实例分析之间有持续的互动;对文学研究采用描写性的、以目的为导向的、功能性的、系统性的研究方法;致力于研究影响翻译生成及接受的规范和限制因素,翻译和其他文本之间的关系以及翻译在某个特定文化和各文化之间所处的位置及扮演的角色。
> (Hermans 1985: 10-11)

可以看出,操纵学派一方面受到多元系统理论的启发,将文学看作一个动态的多元系统,将翻译视为目标语文学系统中的一个组成部分;另一方面受到以目的为导向的描写翻译研究方法的影响,将翻译视为目标语社会的一种文化现象,对翻译的生成、影响和角色展开系统性、描写性而非规定性的研究。

赫曼斯(Hermans 1985: 11)还旗帜鲜明地指出,从目标语文学的视角来看,所有的翻译都意味着为了某种目的对源文本进行的某种程度的操纵。要理解操纵这一概念,就必须考虑操纵学派发展背后另一个相当重要的思想资源:解构主义。解构主义通过对意义产生过程中的差异和延宕的探究,提出文本意义不确定性的命题,这就从根本上消解了翻译中源文本的中心地位和权威,也使得研究者有可能将译文看作经过延异、补充和误读而生成的新文本。在勒菲弗尔的研究中,翻译被视为对原文的折射(refraction)和改写(rewriting)。

在《翻译文学:走向一种综合理论》("Translated literature: Towards an integrated theory")一文中,勒菲弗尔(Lefevere 1981: 72)使用"折射"的概念,来指那些"为了某些受众(比如儿童)而加工,或根据某种诗学(规范)或意识形态而改编的文本"。折射的范围很广,包括漫画、大学里的文集、电影、电视剧、剧情梗概和批评论文等各种类型的文本,翻译甚至原创作品都可以被视为折射,它们受到经济、作家使用的语言、意识形态和诗学规范等因素的制约。一年之后,勒菲弗尔(Lefevere 1982)在《大胆妈妈的黄瓜:文学理论中的文本、系统和折射》("Mother Courage's cucumbers: Text, system and refraction in a theory of literature")一文中,引入了赞助人的概念,进一步阐述了文学系统中控制机制的运行方式。赞助人有可能由个人、群体或者机构担任,他们促进(当他们不支持时则压制)文学生产。如果不同类型的赞助由同一个人、群体或机构实施,这样的赞助人便可称为集约型赞助人;反之,则称为分散型赞助人。赞助人很少直接影响文学系统,在文学系统内部发挥作用的是专业人士,如批评家。

1985年,由赫曼斯主编的《文学的操纵:文学翻译研究》一书收录了勒菲弗尔的《我们为什么把时间浪费在改写上?另一种范式下阐释的困难与重写的作用》("Why waste our time on rewrites? The trouble with interpretation and the role of rewriting in an alternative paradigm")一文,对改写的关注在勒菲弗尔的研究中得到了进一步的突出,改写逐渐成了其日后研究中最重要的关键词。他将翻译、文学批评、阐释、编辑和文学史的编撰一律看作改写的形式。改写的作用十分重要，它可以塑造一个文学的形象，在文学系统的演进过程中扮演关键角色。影响改写的制约因素有意识形态、诗学、话语世界（universe of discourse）和作品所使用的自然语言；翻译同时受这四个制约因素的影响，因此是一种最典型的改写形式。在这篇文章中，勒菲弗尔延续了一贯的系统论立场，将文学系统置于社会和文化系统之中来研究，认为文学系统和社会系统相互开放，相互影响。

勒菲弗尔在1992年出版的《翻译、改写以及对文学名声的操纵》（*Translation, Rewriting and the Manipulation of Literary Fame*）一书中对改写理论进行了全面的回顾和解说。他从系统论角度研究了文学系统控制机制的两个要素：意识形态和诗学。这两个要素实际上被两股力量所操纵，意识形态的背后一般是赞助人，赞助人通常代表了主流价值观；诗学的背后则是批评家、翻译家和文学教师等专业人士，他们是本土文化传统诗学取向的代言人。"如果对语言学的考量与对意识形态和/或诗学形态本质的考量之间发生冲突，后者往往会胜出。"（Lefevere 1992c: 39）

勒菲弗尔从文学系统出发，思考了文学系统的演化机制，突出了改写和改写者在操纵文学和文化系统方面发挥的功用。随着媒介技术的发展，以前处于边缘位置的改写形式，包括翻译、文集、文学史、参考书、专业期刊、批评性的文章、舞台表演、影视改编等，发挥着日益重要的作用，这些改写形式直接参与建构和改写过程，甚至"创造了一位作家、一部作品、一个时代、一个文类甚至是整个文学的形象"（Lefevere 1992c: 5）。至此，改写和操纵已有了相当成熟的、可应用于文学研究的理论框架，并且这二者也开始成为翻译研究中的关键词。

勒菲弗尔之所以对翻译感兴趣，是因为翻译是一种最显见的文学改写形式。他将翻译研究与其比较文学的背景知识相结合，对更广泛的文学系统运作机制和演化机制进行了深入阐释。他的合作者巴斯内特则主要聚焦于翻译研究领域,思考翻译作为改写形式所发挥的功能及在这一改写过程中涉及的操纵现象。正是因为巴斯内特和勒菲弗尔的一系列合作,才最终促成了翻译研究的文化转向。

1990年,巴斯内特和勒菲弗尔两位学者共同编辑出版了《翻译、历史与文化》(*Translation, History and Culture*)论文集。两人在他们合写的引言《普罗斯特的祖母和一千零一夜——翻译研究的文化转向》("Proust's grandmother and the Thousand and One Nights. The 'cultural turn' in translation studies")中,正式明确地提出了"翻译研究的文化转向"的观点。他们指出,过去那种在形式主义真空中对翻译进行评价式、教学式研究的时代已经过去了,语言传递的是文化,翻译行为和翻译文本所展现的是两种文化之间横向上的融合关系和纵向上的权力操纵关系。因此在翻译研究中,目前的研究对象和研究问题都需要被重新定位。"现在研究的,是嵌在源语言和目标语文化符号网络中的文本。这样一来,翻译研究既可以充分利用语言学范式,又可以在利用的基础上有所超越。"(Bassnett & Lefevere 1990: 12)

这种将文化转向看作对传统语言学研究范式的扬弃或超越的观点,在该论文集收录的多篇论文中都有体现。其一,斯内尔-霍恩比(Snell-Hornby 1990)在《语言转码或文化转换?德国翻译理论述评》("Linguistic transcoding or cultural transfer? A critique of translation theory in Germany")一文中,讨论了翻译研究的语言学进路和以文化为导向的进路的区别。所谓文化导向(cultural orientation),就是翻译单位不应局限于字、词、句等语言代码之间的转换,而要扩展到社会交往和文化层面,因为文本是"外部世界不可分割的一部分",是"词语化了的社会文化",受外部社会文化背景的制约。早在1988年出版的《翻译研究——综合法》(*Translation Studies: An Integrated Approach*)一书中,斯内尔-霍恩比就已经提出了要综合使用几种传统的翻译研究方法的主张。该文中她延续了这种观点,并从二战后德国翻译理论的发展现状中,

161

总结出语言学派的科学翻译观、文学批评派的语言学无用观以及以文化为导向的研究进路（Snell-Hornby 1990：84）。她认为，把翻译看作简单的语言代码转换的观点已被大多数人摒弃，目前应该把研究方向调整到文化进路上来（Snell-Hornby 1990：85）。

简而言之，在吸纳语言学研究方法的基础上有所超越，就是当时巴斯内特和勒菲弗尔所说的文化转向的初衷。这种翻译研究把翻译文本同语境、历史和文化结合起来，一方面利用以文本研究为对象的语言学方法，另一方面也看到了文本之外的文化权力关系对翻译活动的影响。换言之，翻译研究的文化转向只是一次研究重点的拓展，并非要取代之前语言学范式的翻译研究；而这种拓展主要体现为文化研究、政治研究以及意识形态研究为翻译研究带来的新视野和新问题，这恰是操纵学派最为关心的研究议题。

1992年，劳特利奇出版社出版了由巴斯内特和勒菲弗尔共同担任总主编的翻译研究系列丛书（Translation Studies Series）。在丛书总序中，巴斯内特和勒菲弗尔总结了文化进路下操纵学派翻译研究的基本主张：

> 翻译当然是原文的一种改写形式。无论出于什么意图，所有的改写都反映了某种意识形态和诗学（规范），并因此操纵文学在特定的社会以特定的方式发挥功能。改写就是操纵，它为权力服务。从积极方面来讲，改写有助于文学和社会的演进。改写会引入新的观念、新的文体、新的方法，因而翻译的历史也是文学创新的历史，是一种文化形塑另一种文化的历史。但是，改写也有可能压制创新，歪曲或轻视新元素。在一个各种操纵都日益增多的时代，对翻译所体现的文学操纵过程的研究能够帮助我们更好地了解我们所生活的这个世界。
>
> （Bassnett & Lefevere 1992：vii）

这套丛书是翻译学系列著作的第一次集体亮相，它明确地将改写和操纵作为翻译研究的关键词,探讨文学和社会中的意识形态和权力机制,强调翻译在文学和社会中作为一种形塑力量(shaping force)所发挥的功能。

将翻译看作一种改写形式的观点,打破了原先语言学范式的预设,将文化视角引入了翻译研究。翻译不再是一个简单的代码重组的过程,而是对原文的改写,而改写背后既涉及译者的能力、身份等主观因素,也涉及包括媒体、出版社、期刊等在内的赞助人制度及意识形态等层面的因素。传统译论中强调的忠实不再是唯一正确的翻译策略,而只是众多翻译策略中的一种。作为文本操纵的一种重要方式,翻译的运作过程受到译者认同的或赞助人强加的意识形态的制约,也受到目标语文学里占支配地位的诗学规范的影响;在特定文化背景下生产出来的翻译文本,又会对其所处的系统产生文化建构层面的影响。操纵学派的翻译研究及其带来的翻译研究的文化转向,对传统意义上翻译的从属地位说发起了强有力的挑战,进一步拓展了翻译研究的范围,提升了翻译学的学科地位。根茨勒(Gentzler 1993: 2)在《当代翻译理论》(*Contemporary Translation Theories*)一书中,将20世纪60年代以来的西方翻译流派划分为五个派别,分别是:强调翻译的艺术和美学价值的美国翻译培训派;侧重翻译实践和功能等值的翻译科学派或翻译语言学派;重视翻译与文化的相互制约和建构作用的早期翻译学派;在社会文化系统中解释翻译现象的多元系统学派;以及将翻译和思维活动、解释活动直接联系起来,颠覆传统结构主义翻译观的解构主义学派。在这五大学派中,早期翻译学派、多元系统学派及解构主义学派都对翻译的文化向度有不同角度的思考,这使得翻译研究突破了经验主义和语言学研究范式,走向更为宽广的天地。赫曼斯在《文学的操纵:文学翻译研究》的导言,即《翻译研究和一种新的范式》("Translation studies and a new paradigm")一文中指出,由文化的进路去研究翻译,可以"极大地拓宽研究视野,因为最宽泛意义上的、一切和翻译相关的现象,现在都成为了研究对象"(Hermans 1985: 14)。

文化进路下的描写翻译研究的确更加兼容并包。研究者希望在实证研究中对翻译现象进行描写和解释，在选择研究对象时尽量避免事先设定标准或预设偏见。例如，过去的翻译研究大多关注经典文学作品的翻译，而操纵学派则提醒我们，经典本身就是一个被建构出来的概念，翻译在这个建构过程中起到了举足轻重的作用。翻译研究的对象从文本拓展到文化之后，我们跳出了以往关于翻译是否应当忠实或者应该采用意译法还是直译法的辩论，而开始平心静气地思考翻译本身到底是什么，目标语文化对译本的生成产生了什么影响，译本又对目标语语言和文化产生了什么影响，等等。然而，有一个问题依然无法回避：我们的研究是否可能顾及所有现存的译本呢？或者说，是不是所有现存的译本都值得我们去研究呢？显然不是的。

图里（Toury 1980）曾经把翻译看作在目标语系统中任何以翻译的形式呈现，或被视为翻译的目标语文本。严格意义上来讲，图里的这句话并没有真正地定义翻译，而是把翻译的定义悬搁了起来。现象学中所说的悬搁，就是悬搁主观判断，强调对认识对象的直观审察。因为这种审察是直观的，所以不带有先入之见。采用描写翻译研究方法的操纵学派在选择研究对象的时候，也希望尽可能地避免事先设定标准或预设偏见。然而，把翻译的定义悬搁起来，并不意味着我们对翻译就没有任何先验性或经验性的认识。毕竟从解释学的角度来看，先见甚至"偏见"可能恰恰是解释和理解得以成立的条件和前提。要把与我们的经验密切相关的先见完全悬搁起来，完全客观并直观地观察研究对象，从严格意义上说是不可能做到的。在实际研究中，我们必须首先持有特定立场或拥有一定经验，才可能进行任何形式的观察和研究，这就使得我们的研究不可避免地带有一定的主观性，会受到"与我们的主体位置、参考体系、个人理解、思维观念以及已有的和意义相关的想法和信念的影响"（Tymoczko 2002: 22）。越来越多的翻译学者已经注意到个人价值观念和社会场域对研究数据的过滤、影响和建构作用，他们开始改变描写研究所倡导的中立价值观，转而强调研究工作的社会和政治意义。

5.3 翻译与政治

赫曼斯(Hermans 1999: 157)在讨论翻译学的不同进路时，区分了描写性研究进路(descriptive approach)和指向性研究进路(committed approach)。以往在谈到操纵学派时，他曾明确指出，这一派的翻译学者采用的是"描写性的、以目的为导向的、功能性的、系统性的研究方法"(Hermans 1985: 11)。与传统的规定性研究进路所不同的是，描写性研究进路的立足点不是对翻译进行评价或指导，而是对翻译现象进行描写和解释，或对未来的翻译行为作出预测。这一不带批判性态度的研究方法很有可取之处。但随着翻译研究文化转向趋势的推进和操纵学派研究的深入，研究者发现，虽然描写性研究进路摆脱了传统翻译研究关于语义等值的价值判断标准，但实际的研究依然不可能完全屏蔽价值判断；研究者不仅要描写翻译现象，还要把翻译视为建构文化的力量，理解翻译的社会效用，这就必然需要评价翻译与社会、政治、身份及意识形态等多重元素之间的关系。对于这一将价值判断重新引入翻译研究的趋势，赫曼斯称之为指向性研究进路。指向性研究进路的一个重要信念是，翻译是一项政治文化活动，因而翻译研究也必须体现出政治参与性，在翻译与政治之间搭起一座桥梁。研究者从不同的理论框架出发，发掘翻译活动的不同政治维度。其中，比较有影响力的三种理论框架是：后殖民主义理论、文化唯物主义理论和女性主义理论。

后殖民主义理论能够帮助我们更好地解释翻译过程中的权力关系。在这方面值得一提的是斯皮瓦克和尼南贾纳的研究。这两位女性学者都来自印度。也许和她们共同的文化背景及性别背景有关，斯皮瓦克和尼南贾纳对于语言间的不平等现象、文化权力以及翻译过程中的操纵现象都十分敏感。斯皮瓦克(Spivak 1993/2009)在《翻译的政治》("The politics of translation")一文中分析了翻译的政治之维，认为翻译实践应当体现被殖民地区的特点，以抵制殖民者的文化挪用(cultural appropriation)，此外她还强调了翻译在文化碰撞与交融过程中呈现或隐现的权力关系。在这篇文章中，斯皮瓦克将印度女作家马哈思维塔·德维（Mahasweta Devi）的小说《想象的地图》（*Imaginary Maps*）视为第三世界中特殊而具体的女性主义文本，对其展开了后殖民主义式的阅读与翻译。在她看来，翻译就是阅读，阅读就是翻译（Spivak 1993/2009：201，221）。在翻译这部作品时，她所面临的主要问题就是如何读出文本的地域文化特色和女性主义特色，并在翻译中予以保留。也正是在对这一问题的思考结果的基础上，斯皮瓦克提出了她主要的翻译观点：女性主义译者的任务"就是把语言作为性别代理机制的线索"（Spivak 1993/2009：201）。在两种语言之间的空隙中，译者应该思考的是如何为英语世界的读者呈现某种真实而具体的文化差异，而不是将"土著""部落""印度""女人"这样的名称推给一个西方语境中抽象的他者概念。正如斯皮瓦克（Spivak 1993/2009：204）所指出的那样：当第三世界的文学全都被译成一种流行的翻译腔（translatese）时，巴勒斯坦的女性文学在行文上感觉就跟中国台湾男性作家的笔调差不多。

正因为他者的语言是被锻造出来的，而他者的性别语言更经由本土语言与外来语言双重锻造，在民族叙事与男性叙事的双重逻辑原则下，"妇女的修辞性可能会倍加模糊"（Spivak 1993/2009：216）。因此，女性译者需要重视女性文本中的修辞特性。为此，斯皮瓦克所采取的翻译方法是：拿到文本后先快速翻译（translate at speed）。她（Spivak 1993/2009：212）说："如果我停下来思考这里用英语怎么表达，或者假定了一个读者群，又或者把意向主体不只当作一块跳板，我就不能投身于内，我就无法遵从原作。"在她看来，快速翻译可以让译者尽可能少受作者的主体意图和潜在读者的阅读期待的影响。因此她（Spivak 1993/2009：212）对德维说："我遵从你的写作，而不是遵从作为意向主体的你。"待快速完成初稿之后，她开始修改，但她"不是为了迎合可能的读者群而修改，而是根据眼前的那个东西的规矩，用（符合情境）的特定英语话语来修改"（Spivak

1993/2009：213）。斯皮瓦克对原文语言的修辞性极其重视，为此，她认为译者要抛开在两种语言中寻求一致性的意图，进入到文本之中，进入到"语言织物边缘"破坏逻辑性、干扰一致性的修辞特性中。译者唯有重视这些很有可能违背逻辑结构的修辞特性，保持紧张感，才能追踪到翻译中的认知暴力遗留下的痕迹，才能重新审视自我与他者主体性形成的起点——译者的主体性知识、作者的主体性意图及原作中底层人的主体性建构。这三种要素相互交融，并在原文的特定领域中接受检验。

斯皮瓦克在这里触及了翻译的一个困境，即修辞与逻辑的矛盾。修辞追求的是以反常化（defamiliarization，也译作"陌生化"）为基质的文学性，"在那种语言里，……修辞会破坏逻辑，从而显现出从内部激发着修辞产生的静默的暴力"（Spivak 1993/2009：202）。这种静默的暴力会挑战逻辑的合理性，进而挑战取悦读者的可读性。这既是翻译的困境之一，也是翻译的政治，因为"翻译仍然取决于多数人的用语"（Spivak 1993/2009：214）。修辞的反逻辑机制迫使译者在艺术与逻辑之间，在作为"她者"的第三世界文化和作为"自我"的霸权文化之间作出选择，于是"在把第三世界的语言译成英语时，民主的法则就成了强权的法则，对第三世界的妇女来说尤其如此"（Spivak 1993/2009：204）。

熟悉西方当代翻译理论的学者大概很容易将斯皮瓦克的翻译思想化约为韦努蒂的异化论。因为从表面上看，两者都强调译者需注重源文本的政治价值、文化价值和意识形态价值，在两者指导下生成的译本都有可能创造出一种"含有异质成分的话语"（Venuti 1998：11）。但实际上，斯皮瓦克的翻译思想不应被视为对翻译理论的专门研究，它在反思整个西方现代知识机制生产出来的话语暴力及认知暴力的前提下，将翻译视为了考察当代知识权力与政治如何书写世界、编码文化的一个特殊领域，因而斯皮瓦克的论述中即使涉及具体的翻译技能，也从不多加停留。因为对她而言，更重要的问题不是什么是"好"译本，而是为什么会有"坏"译本；不是语言中的异质性如何得以翻译，而是这些异质性是如何被遮蔽、掩盖及无视的。正如她在《译入英语》("Translating into English")(Spivak 2005)一文中所写的那样：如果我们思考的是确定性的问题，那么我的建议是，与其思考如何完成翻译，不如思考如何追踪语义的痕迹，那些他者的、历史的甚至是文化的痕迹。这是讨论斯皮瓦克翻译思想的基础所在。

尼南贾纳同样把翻译当作实现介入、发起抵抗和发动变革的契机。她重视翻译的情境，以历史化思维审视翻译，尤其关注其中所体现的殖民者与被殖民者之间的关系。她认为，翻译是传输霸权的话语之一，对于主体的再现有很大的影响。她鼓励译者通过翻译来反映被殖民主体的复杂性，从而达到改写历史的目的。她认为，为了挑战现存的对非西方世界的单一理解，译者可以介入其中，铭刻异质性，让人们从对纯粹化的迷思中惊醒，从而凸显词语背后原本就充满裂痕的意义来源（Niranjana 1992: 186)。

韦努蒂同样强调了译者的介入，但他的出发点是文化唯物主义。在早年的《译者的隐身——一部翻译史》(*The Translator's Invisibility: A History of Translation*)中，韦努蒂（Venuti 1995）就批评了过分强调译文流畅性和可读性的传统翻译理论，认为这一理论指导下的译文误导了读者，遮蔽了译文的身份和译者的主体性。在美国翻译界、出版界、评论界和读者界有这样一种信念：最优秀的译者能够"隐身"在其译作中，原原本本地展现原著的精髓；而优秀的翻译作品阅读起来应该是流畅的，让读者感觉仿佛不是在读一部译作。韦努蒂认为，对翻译的这一错误信念一方面使得译者被边缘化，迫使译者屈从于原著作者并将其翻译行为视为次要实践，另一方面抹杀了不同语言文化之间的差异。根据目标语文化盛行的风格对源文本进行改写，让异国文本迎合美国普通读者的审美理想的归化策略，在韦努蒂看来不啻为一种文化帝国主义行径（Venuti 1995: 20)。韦努蒂（Venuti 1995: 34）认为，译者应该采取异化的翻译策略，来昭示而不是企图掩盖自己对翻译的介入和操纵。这一策略在韦努蒂的研究中亦称抵抗式翻译策略或少数族化翻译策略（**resistant or minoritizing** translation strategy），它更加强调翻译在对抗强势语言、强势文化及其规范时的作用。在相同伦理和差异伦理之间，韦努蒂选择了后者，颠覆了传统翻译理论强调同质性和忠实性的观点。韦努蒂认为，好的译文不是为了让读者沾沾自喜，而是要让他们放下文化自恋和文化虚荣，体验到原文的异质性。

韦努蒂所提出的差异伦理与法国当代翻译理论家、翻译家、哲学家贝尔曼提出的翻译伦理也有契合之处。贝尔曼认为，翻译的本质是"开放的、对话的、杂合的和去中心化的"（Berman 1984：16）。这样的本质决定了翻译的伦理是"认可和接纳作为'他者'而显现的'他者'"（Berman 1999：74），符合翻译伦理的译文必须尊重并显现他者之异。在翻译策略上，贝尔曼主张尽可能地直译，因为"翻译即是译'字'，翻译以'字'组成的文本"（Berman 1999：75）。这种"以异为本"的翻译伦理和以"译字为本"的直译策略，分别对应了贝尔曼提出的两个评判译文的标准：伦理标准和诗学标准。伦理标准强调对原文的"尊重"，而诗学标准要求以"译者真正完成写作，完成一部作品，且译文要和原文的能指保持某种紧密的对应"（Berman 1995：94）。简而言之，贝尔曼的翻译理论突破了囿于意义传递的翻译观，主张在翻译中必须关注能指的作用，尊重并显现他者。

赫曼斯提到的另一个理论框架是女性主义理论。早在20世纪70年代，性别研究的对象就从与女性相关的生活、政治和心理话题扩展到女性的语言问题上来。相关研究者提出，语言本身就是维持和建构性别特征的重要手段，女性的解放必须首先是语言的解放。而20世纪80年代翻译研究的文化转向则进一步诱发了研究者从性别视角讨论权力、意识形态和翻译的兴趣。

在这一研究领域影响较大的有女性主义翻译研究者芭芭拉·戈达尔德（Barbara Godard）、雪莉·西蒙、路易斯·冯·弗洛图（Luise von Flotow）等人。在《翻译中的性别：文化身份和传播的政治》（*Gender in*

Translation: Cultural Identity and the Politics of Transmission)一书中，西蒙（Simon 1996）通过一系列理论思考和案例研究反思了性别在翻译中的角色，质疑了带有性别偏见的与翻译相关的传统隐喻，并特别探讨了女性作家和译者对语言的使用。弗洛图（von Flotow 1997: 35）则进一步提醒人们注意女性译者的意识形态对译文文本的各种影响。女性主义翻译研究彰显了女性译者的身份，呈现了一种独特的视角。女性主义和翻译理论有不少共同的核心议题，两者都质疑传统等级制和权威角色，对界定忠实的规则极度怀疑，对意义与价值的普遍标准保持批判审视的眼光。两者都关心不同语言所表现出的社会性差异和历史差异，认为语言应当积极介入到意义的创造之中；而翻译作为文化干预的手段，不但可以在概念层面，而且可以在语法或术语层面带来变革和解放。

　　指向性翻译研究背后的理论框架也许各不相同，然而它们对于主体、权力、意识形态的强调以及对于翻译政治性的认识可谓异曲同工。这种政治参与的积极态度和过去描写翻译研究的中立立场大相径庭。在描写翻译学盛行的几十年中，纯粹以描写为目的的翻译研究能否保证翻译学的学科发展，逐渐成了一个越来越让人担心的问题。这是因为，只要有人还在做翻译，还阅读翻译作品，还要依靠翻译来相互沟通，就无法避免对翻译作出评价。指向性翻译研究将翻译置于不同的现实背景中，用不同的理论框架来建构翻译的价值和评价标准，将学界对翻译的理解带入了一个比纯粹的描写研究更为复杂与成熟的阶段。然而与此同时，指向性翻译研究也为研究者带来了更多的问题。其中一个最大的问题就是，不同的指向性研究有不同的理论背景，它们都对翻译有一个先验定义，因此就可能会"把其他描写翻译现象的方法拒之门外"（Brownlie 2003: 57）。指向性翻译研究所借用的理论框架——无论是后殖民主义理论，文化唯物主义理论，还是女性主义理论——仅仅提供了某个研究角度，而我们必须明白，真正的翻译从来不可能存在于单一的现实背景中。

　　以中国20世纪初的文学翻译运动为例：我们既可以用后殖民主义理

论,也可以用文化唯物主义理论来分析这一现象。前者的理据是当时中国正遭受着西方列强的欺凌和侵略,救亡图存和启迪民智在许多翻译活动中都成为最重要的主题;后者的理据是20世纪初的文学翻译运动代表着几个世纪以来中国文化和西方文化最大规模的相遇。虽然两种理论都可以用来解释这一时期的翻译现象,但由于两者的出发点不同,对同一事物的阐释角度和得出的结论也可能会截然不同。例如,用古文的形式来改写西方现代文学作品的做法凸显了目标语文学的民族身份,因而这一做法也许会得到后殖民主义理论家的支持;而文化学者很可能就会提出反对意见,认为归化的翻译策略掩盖了异质文化的特性。我们很难说哪一个理论框架更合理,因为它们提供了不同的视角,展现了翻译活动中涉及的不同因素和关系。但若承认两种角度同样合理,我们就会陷入相对主义的陷阱,并因此无法对翻译中的决策作出评价。从这一角度来讲,指向性翻译研究提出了翻译中涉及的各种不同价值和责任,然而却没有为各种理论对翻译的预设进行充分的辩护,也没有提出合理的解决方案来权衡它们各自不同的诉求。因此,在对翻译进行价值评判的时候,我们依然面临着许多尚未解决的问题。

在分析指向性翻译研究的特点时,赫曼斯也批评这类研究没有充分注意自身的盲点,导致作出的解释和描写有可能较为片面。西沃恩·布朗利(Siobhan Brownlie)(2007:142)则提出,赫曼斯所分析的这三种指向性研究可以归为一类,即"研究者的政治信仰促使其推崇某种特定的翻译模式"。除此之外,还有另一类指向性翻译研究,在此类研究中,"研究者声称翻译研究和翻译参与性具有重要意义,但不公开任何特定的政治观点或翻译模式"(Brownlie 2007:142)。这一类的指向性翻译研究以铁木志科和贝克为代表。

铁木志科是最早提出翻译是一种积极的政治参与行为且持有行动主义翻译立场的学者之一。她早期的研究以爱尔兰人在争取独立的斗争中所进行的翻译实践为研究对象,展示了翻译家在翻译爱尔兰民族文学遗产时如何通过各种途径表达对英国殖民主义和文化压迫的反抗。她在这一时期的研究主要遵循后殖民主义研究框架,她认为翻译既可以成为殖民霸权的共谋,也可以成为消解霸权的力量。在后来的研究中,铁木志科从更广泛的意义上强调翻译过程中译者的能动性(agency),提出翻译的行动主义主张,认为翻译应当能够引起、激发、见证甚至煽动反抗,因此译者应积极采用直接行动,而非仅仅参与文本层面的政治介入(参见Tymoczko 2000: 26-41)。铁木志科认为,翻译应该被看作一种政治行为,一种引发社会变革的重要工具,因而翻译研究应该有效地引导译者成为社会变革的伦理推动者,一方面积极介入社会变革,另一方面投身于集体行动之中,从而使翻译成为更具伦理价值的实践(Tymoczko 2003: 201)。铁木志科对译者的中立性毫无兴趣,她认为翻译的意识形态和译者的位置直接相关,而译者的位置绝不可能处于"中间地带"(space between)(Tymoczko 2003: 201)。此后,铁木志科在《扩展翻译,赋权译者》(*Enlarging Translation, Empowering Translators*)(Tymoczko 2007)及其为论文集《翻译、抵抗与行动主义》(*Translation, Resistance, Activism*)(Tymoczko 2010)所撰写的序言中,继续深化了翻译中的行动主义议题,提倡译者在翻译中表现出主动立场,将翻译作为一种介入行为。

这一把译者作为政治角色来解读的观点,在贝克2006年的著作《翻译与冲突:叙事性阐释》(*Translation and Conflict: A Narrative Account*)中也有系统化的阐述。贝克关注当时古巴、伊拉克、阿富汗、科索沃和世界上其他日益紧张的国家与地区间的冲突,反思翻译在这些冲突中所扮演的角色。她采用叙事理论范式,认为翻译作为一种意识形态化的叙事,已成为当今世界战争和冲突机制的一部分,而译者可以通过翻译来传播或抵制某种叙事,从而实现自己的政治目的。这就表明,在目前紧张的世界局势下,翻译实践完全可以成为一种政治干预或行动主义的手段。

与第一类指向性翻译研究相比,铁木志科和贝克的理论似乎更加开放。她们并没有直接为任何一种特定的政治主张摇旗呐喊，而是提倡翻译实践和翻译研究的政治参与性本身。然而在实际的翻译实践和研究中，这一类指向性翻译研究的局限性不免会显现出来，因为研究者不可能一味空喊政治参与的口号，总归要站在自己的政治立场上来说明问题。这两类指向性翻译研究的根本区别不在于如何开展研究，而在于研究者如何看待由自身主体位置所造成的理解预设。贝克将翻译作为一种叙事研究，为我们提供了一种理解自我视角的方法。根据米希亚·兰道（Misia Landau）（1991）的叙事理论，叙述并非对现实的单纯重述，而是对现实的重构。贝克（Baker 2006: 141）也同样强调，必须突破对撰写客观性的盲求，把叙述所体现出的内在责任和信仰看作评价某一叙事的重要标准；她认为，评价叙事没有绝对的标尺，每个人都有不同的价值观和追求，每个人都有不同的叙事视角。无可否认，这一观点带有一定的相对主义倾向，然而贝克对于不同主体的强调并不是没有道理的。社会学家傅以斌（Bent Flyvbjerg）（2001: 130）指出，在对这个充满相对价值观的现实世界进行分析时，"我们的社会性和历史正是我们唯一拥有的基础"，而"在社会和历史影响下形成的背景……构筑起抵御相对主义和虚无主义的最有效的壁垒"。同样，对贝克而言，理解翻译中的主体所处的社会历史位置，是对翻译进行任何评价的前提。她本人坦率承认，自己的研究受其自身特定主体位置的制约。在其著作前言中，贝克清晰地说明了自己研究背后的动因和价值观：

> 我这本书所要说的绝大多数话，可以视为对美国、英国以及以色列针对所谓第三世界国家，尤其是阿拉伯国家的政策的强烈谴责。我绝不会因这一立场而道歉……在对当前冲突的叙事中，我之所以选择重点讨论英美和以色列政治精英的叙事，是因为考虑到目前他们可以支配庞大的战争和媒体机器，他们的叙事应该得到特别关注。
>
> （Baker 2006: 6）

这一关于研究者本人政治立场的公然陈述，也许不宜在以客观描写为目的的描写翻译学范式下提出；然而在贝克看来，对自己基本价值和信念的认识正是她的研究得以合理开展的前提。她不仅愿意为自己的研究承担责任，而且还鼓励译者为自己制造的叙事负责，因为他们"会在有意无意间翻译那些参与到创造、超越或挑战社会现实过程中去的文本和话语"（Baker 2006：105）。行动主义翻译观凸显的是译者及其翻译行为的积极能动性与社会参与性。在铁木志科和贝克的翻译研究中，持有一定的政治立场不再是一个问题，而是一种手段，一个机会，甚至是一种解决之道。

对翻译政治之维的强调，不可避免地引发了学界对译者主体性的反思。尽管众多翻译理论流派对翻译的思考维度各有不同，但大多共享一个主体观念——现代西方主体哲学。这一知识体系若溯本求源，可从勒内·笛卡尔（René Descartes）、伊曼努尔·康德（Immanuel Kant）、黑格尔的思想一直追溯到马丁·海德格尔（Martin Heidegger）等人的思想。这些著名哲学家用他们的皇皇巨著，建构出一个庞大的主体哲学体系。他们强调主客体不可分割，有主体才有客体，成为主体也意味着成为客体。主体哲学对19世纪以来的人文科学意义重大，奠定了今天人们所熟知的认识论基石，也深刻影响了以往翻译理论中的主体性思考。长期以来，主体哲学的"主客二分法"在翻译研究中成为不言而喻的预设前提，且在这一学科的发展过程中，围绕二分法原则逐渐形成了一些界限清晰、含义明确的概念，如原作者与译者、源文本与译本、源语言与目标语言等。这些成对的概念将翻译建构为一个不言而喻的、具有明确意义的代码/意义转换过程，而转换之所以成立，正是由于主体对客体的可认知性。恰如根茨勒（Gentzler 2001：145）所说，尽管不同的翻译理论采用不同的视角，但这些理论都被一个概念框架统一起来，这一概念框架假设源文本是一种原始存在，且在目标语社会中能被表现出来。随着解构主义思潮对翻译研究的影响，翻译研究中一系列核心议题，尤其是译者的主体性和原作与译作的二分关系，都重新得到了审视和思考。

5.4 翻译与解构

解构主义是20世纪下半叶对西方思想界、理论界影响最大的理论学派之一。解构主义破除了原作者与译者、源文本与译本、源语言与目标语言乃至能指与所指等概念的二元对立关系，认为没有一个概念处于静止且固定不变的真空状态，概念与概念之间的界限总是模糊而暧昧的；主体也并非不言而喻地具有某种确定性意义，而是处在不可避免的某种语言转换过程（如断裂、变动、重塑）中。

在解构主义理论出现之前，预设源文本存在某种"纯粹"的原初意义，认为这种意义不仅能被认知，而且能通过语义转换尽可能地在另一种语言中表现出来的观念相当普遍。就连法国著名的存在主义哲学家让-保罗·萨特（Jean-Paul Sartre）（1949: 46）都认为："只要掌握足够多的资讯，就一定能够了解一个白痴，一个小孩，一个原始人或一个外国人"。传统的翻译研究与萨特这一观点在逻辑上不谋而合，二者皆假定只要翻译主体充分发挥能动性，掌握足够多的信息，就可以实现从原作者到译者、从源文本到译本、从源语言到目标语言的代码变换，实现语义传递，继而完成语言和文化上的对接。然而，随着解构主义理论的兴起，这样的翻译观念受到了以米歇尔·福柯（Michel Foucault）和德里达为代表的法国解构主义思想家的质疑。德里达（Derrida 1982: 116）在批判萨特时曾提及主体哲学的弊病：在萨特看来，每件事的发生都仿佛"人"这个符号没有起源，不受历史、文化或语言的限制。而福柯在对主体哲学的批判上更是不遗余力，在他的著作《词与物：人文科学考古学》（*The Order of Things: An Archaeology of the Human Sciences*）和《疯癫与文明：理性时代的疯癫史》（*Madness and Civilization: A History of Insanity in the Age of Reason*）中，他试图从谱系学和知识生成史的角度来考察权力对主体的规训与锻造，以颠覆欧洲人本主义对主体的迷信。对这两位哲学家而言，没有什么能比翻译更直接地体现主体在话语转换过程中呈现的断裂和分散状况了。解构主义为翻译理论带来的不是方法论上的不同趋向,而是认识论上的颠覆性转换,它令翻译研究冲破了封闭的结论,进入到更为广阔也更为复杂的历史语境、话语政治和权力分析之中。在福柯和德里达的启发下,解构主义时期的翻译理论成绩斐然,还衍生了影响深远的后殖民主义翻译思想以及从性别立场出发的后殖民女性主义翻译观。

5.4.1 福柯对主体的解构及其对话语秩序的思考

福柯并没有一本专门论述翻译的著作,但在他的著述之中,却有很多关于话语权力的思考,更确切地说,是关于主体在话语权力中的形成过程的思考,这为翻译研究提供了一种哲学的视角。在《词与物:人文科学考古学》中,福柯写道,"人是19世纪初被建构出来的""人只有与一种早已形成的历史性相关联时才能被发现"(Foucault 2005: 359)。换句话说,福柯在他的著述中提出了与主体哲学截然相反的主体观点,那就是没有普遍存在的抽象主体,主体是一种知识发明,是一种特定历史时期由特定知识体系建构出来的对象。这是福柯对主体哲学的颠覆性认知,它意味着主体与话语权力的关系被翻转过来;不是主体在实施权力,而是权力在形塑主体。这样一来,人便不再具有主体哲学所推崇的中心地位,不再是认识论的出发点;同样,人也不再是认知主体和认知客体。根据福柯在《词与物:人文科学考古学》中的考察,进入19世纪后,话语已具备主体性特征,它高度自律,不受作者的制约,能自我调节。福柯对主体的解构意味着以往人们熟知的主客二分法不再适用,建立在主体哲学认识论基础上的许多概念亟待重新思考与检验。一个首先浮现出来的问题是,既然话语自有规则,那么作者何为,写作何为?

1969年2月22日,福柯在法国哲学协会作了题为《什么是作者》("What is an author?")的著名演讲。在这篇演讲中福柯指出:

……如今的写作早已脱离了表达的范畴,只指涉其自身而不受其内在性的限制，与其所呈现的外在性相一致。这意味着写作是符号之间的相互作用，且符号的排列方式更多地以能指的本质而非所指内容为依据。写作就像一场总会超越其自身的规则、突破其自身的限制的游戏。

(Foucault 1969/1984: 102)

这段讨论将写作的概念从以往被操纵的情境中解放出来，使写作成了一场话语实践的游戏；它关注的既不是写作的行为，也不是作者想要表达的意图，而是每个文本形成的一般性条件，包括文本散播的空间条件和文本展开的时间条件（Foucault 1969/1984: 104）。原本在写作中扮演主体角色的作者其功能也随之发生了根本性变化，"作者的功能在于刻画出社会中某些话语的存在方式、流通方式和运作方式"（Foucault 1969/1984: 108）。

如果说福柯在《什么是作者》中提出的第一个核心问题，即作者在文本中的功能变化问题，将作者从话语创造者的神坛上拉下，使其退居到一个次要的位置上，那么他在该文中提出的第二个核心问题——作者与死亡的关系，则从根本上颠覆了传统写作观念中作者所具有的恒定与普遍意义。他这样写道：

我们的文化完全改变了这种用写作来对抗死亡的叙事或写作观念。写作开始和牺牲，甚至是生命的牺牲相联系：它因作者的存在而产生，因而甘愿自我抹除，无须再现在书中。曾经一度有创造不朽之责的作品，现在却拥有了杀戮的权力，成为谋杀作者的凶手。福楼拜、普鲁斯特和卡夫卡（的作品）皆是例证。然而，这还不是全部，写作与死亡的关系也体现在写作主体个人特征的抹除上。通过在他本人和其笔下的作品之间设置重重机关，写作主体去除了（文本中）所有可以显示其独特个性的标记。结果便是，作者的痕迹被消解殆尽，只剩下"缺席"这一特性。作者必须在写作游戏中扮演"死人"的角色。

(Foucault 1969/1984: 102-103)

在福柯看来，作品已成为谋杀作者的"凶手"，"作者的痕迹被消解殆尽，只剩下'缺席'这一特性"；这颠覆了话语与主体的惯常关系，作者不再是话语的创造者，而是由能指的无限运作建构出来的对象。这一观点被罗兰·巴特(Roland Barthes)表达得更为直接，他在著名的《作者之死》("The death of the author")(Barthes 1977: 148)一文中断言："读者的诞生必须以作者的死亡为代价。"这样一来，关键问题便不再是作者如何运用不同的话语规则在文本中建构意义，而是话语规则应在何种条件下，以何种形式存在、运作和实践。正是基于这层意义，福柯的解构主体、解放写作、令作者抹除自我痕迹乃至"死亡"等观点对翻译研究产生了巨大影响。因为他实质上重新铺设了主体与知识自律之间相辅相成的关系；也就是说，既然作者不再具有权威性，那么以作者为核心建构的源文本也不再具有权威性。翻译研究以此为出发点，对译者与译本的关系展开了新的思考。

早在福柯之前，20世纪20年代的新批评理论家威廉·库尔茨·维姆萨特(William Kurtz Wimsatt)和门罗·比尔兹利(Monroe Beardsley)(1972)就曾提出著名的意图谬误(intentional fallacy)的概念。他们指出，作品一旦完成，便不再从属于作者；文本意义不是由作者意图决定的，而是由文本本身决定的。因此，文学研究应当抛开对外部因素的考据，聚焦于作品的内在。这一说法极大地弱化了作者意图在作品生成过程中的权威作用。这种将作者意图置于文本之外的批评范式，与本节将提及的另一位解构主义大师德里达的"文本之外别无他物"(Derrida 1976: 158)一说也颇有相类之处，它们都强调文本之内自有话语规则的自我生成，而文本之间又有各自的互文关联。从新批评理论到福柯的思想框架，再到德里达的思想框架，一种反作者、去作者的思考方式逐渐被引入翻译研究中，其中最为明显的转换是：研究者们不再将源文本、原作者的意图奉为圭臬，而是将关注点转移到译本和译者这一方，转移到译本在各种条件下会呈现出怎样的话语秩序上来。

除了强调话语秩序的自律性外，福柯对翻译研究的特殊贡献还在于：他进一步提出，研究者需要关注特定历史时期的话语体系所受到的限制与所遵循的规范，以及隐藏在话语中的权力运作模式。他在《话语的秩序》("The order of discourse")（Foucault 1981）一文中指出，每个社会特定的话语体系中总是隐含着禁律、区别和歧视，它们以此维持话语在整体上的统一性与连贯性，并在此基础之上树立真理的规则。真理的规则一旦建立，便凌驾于实践之上，统领着话语的交换与交流；话语的交换与交流也只有在复杂的限定系统中才能获得合法性。限定系统界定了言语个体要具备何种资格，界定了话语生产必须具备何种姿态和环境条件，最重要的是，它"把言语主体的具体特征和约定角色都确定了下来"（Foucault 1981: 62）。然而，当福柯通过解构主体反思话语秩序时，隐藏在有序的、连贯的话语表面下大量无序的、断裂的语言便进入研究者的视野。为此，福柯提出了研究话语秩序的四种原则，它们分别是：反向原则、断裂原则、特殊性原则和外在性原则。这四个原则共同体现了福柯解构主义方法论的基本特征，即不将话语置入预先存在的意义链条之中，而是在话语本身的基础上，探索其外部条件，特别是那些沉默的、不受限定系统影响的语言因素。我们从中也可窥见福柯与新批评理论家及德里达等思想家在知识背景上的不同：他并未过多纠缠于文本，而是从文本出发，逐步走向文本产生的历史语境以及那些特殊的、限定文本话语生成的实践模式。他为翻译研究引入了知识考古学的方法论视角，即当原作者和原文并未如传统翻译研究所想象的那样具有权威地位时，翻译研究的考察对象就会从不同语言之间意图模式的更迭悄然转换为特定历史语境下话语的实践能力及限定性功能。

5.4.2 德里达翻译思想中的解构主义特质

与福柯的翻译思想相比,德里达的理论更关注翻译中语言的思辨性。同时,德里达也比福柯更肯定翻译在哲学研究中的重要地位,认为"哲学的起源就是翻译或可译性问题"(Derrida 1985b:120)。可以说,德里达也承认本雅明《译者的任务》一文中的基本前提——预设纯语言的存在,但他比本雅明更进一步。他对纯语言的预设并非为了实现黑格尔哲学意义上纯粹理念对主体的召唤,而是为了说明任何对语言哲学的讨论都必须以假设基本词语有一个共同的起源为基础,否则无法探讨与语言有关的各种问题;一旦人们开始检视这一共同起源说的内在机制,便会发现总是存在共同起源之外的某种先在之物。因此,翻译总是充满矛盾性。德里达(Derrida 2004)指出,所有文本都同时具有可译性和不可译性,文本只有具有生命力才能继续存活下去,而且只有当它同时具有可译性和不可译性时才能继续存活下去。如果完全可译,作为一个文本、一种写作方式甚至一种语言,它就会消失;如果完全不可译,甚至是在同一种语言之内都不可译,那么这个文本即刻就会死亡。

在翻译过程中,文本意义会不可避免地流失。为达到和谐功效,就不可避免地要进行语言的增补或调和,而每一次的增补或调和又再度增加了语言中的沉默与暴力。翻译中的可译性与不可译性不断循环,只要这个过程不停,差异性便会永无休止地产生。

如果说探究差异性或异质性问题是为了论证同一性律法的基石有多么脆弱,那么德里达所提出的延异(différance)则为如何拆解同一性律法提供了锐利的武器。理解延异可从以下几方面入手:(1)延异是德里达自创的新词,是一个既非词语又非概念的东西,被用作在场(the present)的替代物。(2)différance既指时间的延迟,也指空间距离。(3)以延异来强调语言中被排除、被遮蔽的沉默的部分,与德里达针对逻各斯中心主义的解构策略有关。逻各斯中心主义也称在场形而上学和语音中心主义。自柏拉图以来,西方研究形而上学的哲学家均以追寻事物的根本起源、超越现象世界以及追寻超验理念与精神力量为目标。在这一思想史传统中,在场成为意义指向的一个重要前提;也就是说,要理解存在(being),需先理解在场。由于强调在场的重要作用,语音的重要性必然在书写(writing)之上,因为语音作为存在之于现实的中介,显然要比书写更接近存在的本质。这样一来,语音的显形性便成为语言同一性律法的基础,而德里达自创的这一不是概念的概念——延异,正是为了揭示话语形成过程中的边缘状况,揭示那些沉默的、确定性意义之外的东西。

  在解构主义追问能指与所指的关系之前,结构主义翻译学想当然地假定能指与所指之间存在着稳定的所指关系或同一性关系,仿佛人们见到了语言符号(能指),脑海里就必然能唤出该语言符号所指涉的意象。德里达认为,这个在脑海里被能指唤起的意象根本就不是真实世界里的那个事物,能指所指涉的事物只是一个抽象的概念(所指),一个虚幻的在场,一个不在场的在场,一个在场的替代物;实际的事物根本没有因为书本里的符号而栩栩如生地出现在读者眼前,能指只是再现了不在场的在场,取代了在场的地位。因此,能指与它所要体现的在场之间存在着一种时空延异的关系:既有时间的延迟,也有空间的距离。在这里,符号延迟了在场,同时又指向这个被延迟的在场,旨在重获这一在场。用经典符号学的观点来看,用符号来替代事物本身是第二位的和临时性的(secondary and provisional)。之所以说它是第二位的,是因为符号是从原有的和失去的在场中派生出来的;之所以说它是临时性的,是因为符号是一个正朝着最终的、失去在场的方向运动的中介。然而,过去永远成不了当下,"痕迹不是一个在场,而是一个自我错位、自我取代、自我指涉的在场的拟像(simulacrum)"(Derrida 1968/1986:132)。最终,书写的游戏就像它所参与的延异一样,既没有存在,也没有真理(Derrida 1968/1986:136)。

  彼得·V. 齐马(Peter V. Zima)在解释德里达的延异时指出,"符号是具有历史性的意义的在场。由于它先于表达产生,且与能指分离,因而只是一个幻象;一旦把所有符号的时空可变性因素都考虑进去,这一幻象就会即刻消解。……由于意义的历史变迁，能指无法固定在特定的所指上，因此意义的在场是无法实现的"（Zima：1994/2002：35）。

延异的概念带领大家走出了传统翻译研究的一个误区——意义是确定的而且它可以在译文中得到准确的体现，颠覆了以往处于稳定主从关系中的原文相对于译文、原作者相对于译者的中心地位；更为重要的是，它提醒我们，由于语言在转换之中会不可避免地产生异质和延异，因此译者需关注、发现甚至拓展文本中潜在的、隐含的边缘性意义。上述有关德里达翻译思想中解构主义特质的论述将有助于我们更好地理解他直面翻译的名篇《巴别塔》和"What is a 'relevant' translation?"，这是目前学界公认的德里达谈翻译最为重要的两篇文献。

《巴别塔》这篇文章以《旧约》里的著名典故巴别塔的故事和本雅明的《译者的任务》为切入点，讨论了翻译的必要性和不可能性。德里达与本雅明均假设在语言之上还存在着超验的纯语言，认为这是一种关于真理的语言（language of truth）。纯语言对应着巴别塔故事中上帝的语言，它凌驾于任何现实的语言之上，是一个以上帝之名命名的专有名词。因为有上帝语言的存在，闪族人辛苦搭建巴别塔的行为就成了一种对上帝的冒犯，一种妄图为自己命名、妄图在纯语言之下建构普遍语言的渎神之举，巴别塔注定要遭到上帝的拆解。因此，巴别塔的建构始终是一种不可实现的理想。德里达（Derrida 1985a：203-204）指出，巴别塔并非完全用来喻指语言的多样性，而是展示了一种不完整性，甚至是一种任何类似于建筑或建筑结构的无法完成、不完整、不完满的特性。用巴别塔这一隐喻来指涉翻译的必要性和不可能性意味深长：一方面，翻译成为了法则和职责，同时也是不可推卸的"债务"；另一方面，这一债务又是无法偿还的，因为巴别塔早已被拆解，语言混乱才是翻译无法回避的真实状况。为了说明这个问题，德里达分析了本雅明的《译者的任务》，并对冈迪亚克的法语译本进行了分析。从这个角度来说，德里达不但从超验的层面，也从实际的层面思考了翻译的律法问题。他归纳了本雅明对译者任务的论说要旨，将其总结为以下三点：(1)译者任务并不是从接受角度来规定或宣布的；(2)翻译的本质不在于交流；(3)翻译文本并非被译文本的再现，翻译既不是被译文本的镜像，也不是被译文本的复制品。德旦达从不避讳他从纯语言律法到翻译的"债务"这一逻辑推演过程与本雅明《译者的任务》一文的思想关联。然而，他与本雅明最大的不同在于：本雅明的思考出发点是译者，并由此展开有关译者的任务、译者的"债务"、译者的承诺等问题的抽象思考，本雅明的讨论隐含着这样一个前提——承认译者的主体性；而这一点恰是德里达所反对的。德里达这样写道：

> 那么，译者是否就应该像个欠了债的接受者，只能服从于（自己有限的）才能，服从于原文给定的东西呢？绝不是这样。原因有很多，下面这个原因就是其中之一：债务的约束并不存在于给予者和接受者之间，而是存在于两个文本之间（或言两种"产品"或两种"创造物"之间）。
>
> （Derrida 2007：203）

在这段文字中，德里达再次消解了翻译的主体中心制：翻译不是对原文的接受，其本质不在于交流，源文本与译本之间不是出现与再现的关系，不是生产与再生产的关系；它与人无关，而与文本有关，与构成文本的内部语言有关。德里达称之为文本的"生存"，本雅明称之为"后续生命"（Überleben，英译作afterlife）。于是，要偿还翻译的"债务"，就要使译文出入不同的语言系统，使不同的意图模式之间连续互补，直至达到和谐的境地。如果翻译无法达到和谐的功效，纯语言就会被隐藏、遮蔽或淹没（Derrida 2007：222）。

《巴别塔》之后，德里达再次于"What is a 'relevant' translation?"一文中借用莎翁经典戏剧《威尼斯商人》法庭对峙的一幕来隐喻翻译中的"债务"与"债务偿还"问题。在这一幕喜剧中，犹太人夏洛克坚持要安东尼奥偿还他欠下的一磅肉,而女扮男装的鲍西亚用割肉不得流血为由,令夏洛克输掉了官司。德里达认为,翻译拖欠的"债务"与安东尼奥拖欠的债务极其相似,是一笔无法偿还的债务;正如夏洛克拒绝安东尼奥以钱来偿还债务一样,钱不能等同于肉,不可译性贯穿于翻译的始终。然而,翻译的自相矛盾之处在于,与不可译性共存的是另一个极端——可译性。可译性犹如鲍西亚所扮演的律师那样钻契约的空子,以现实法律迫使犹太人夏洛克(不可译性)遵从基督徒的价值观(语言运作法则)。《威尼斯商人》所描述的上述交易行为在德里达看来也是一次翻译行为,因为交易行为中"情理和法理兼顾"(when mercy seasons justice)的原则实际上同样适用于翻译。在表述这一原则的时候,德里达(Derrida 2001:194)使用的法语原文是quand le pardon relève la justice。他之所以用relève来翻译season,是因为法语中relève/relever可以表达出译文在扬弃原文的基础上对原文有升华和拔高的意思,而且这个词也是为了呼应该文中那个不可捉摸的主题词relevant。德里达(Derrida 2001:177)在文中谈到:"relevant的翻译就是'好的'翻译,也即与人们的期待相符合的翻译。简而言之,这是一种履行了自己的职责、偿还了自己的债务、完成了自己的任务或尽了自己义务的表达,它同时也在接受语中铭写上了原文最恰当的等同物,它是最正确的、合适的、相关的、充分的、适宜的、明确的、单意的、地道的语言"。然而,德里达同时指出,翻译是一项始终未完成的任务,是一种延续不断的过程。relevant这个形容词是为了更好地体现翻译的任务,那就是对原文无止境的调和(season)、升华(relève)与扬弃(Aufhebung),唯有这样的译文才能保证原文的重生。在文章结尾,德里达再次与本雅明《译者的任务》相呼应,指出译文赋予了原文双重意义上的"重生":既指延长的生命、延续的生命,也指死后的再生(Derrida 2001:199)。

在该文中,犹太人夏洛克及其所持的契约喻指言语的不可译性,言语的不可译性无法实现精确量化,而鲍西亚对该契约的挑战则喻指言语的可译性。这样看来，夏洛克与鲍西亚之间的辩论俨然是不可译性和可译性之间的一场较量。

德里达在文章一开始就指出，要求译文必须同时在量的准则和质的准则上与原文对等是翻译无法完成的任务。实际上，德里达是在质疑翻译学界借用语用学家赫伯特·保罗·格莱斯（Herbert Paul Grice）的合作原则来规约翻译的做法。格莱斯的合作原则是探讨会话交际的，而德里达却认为翻译的本质不在于交际，因此用交际的原则来要求翻译是不现实的。在这一点上，他与本雅明观点相同。

为了说明不可译性，德里达特地在该文的标题中用了一个不可捉摸而又不可译的词——relevant。他说这个词既是一个英语词，又是一个法语词，但该词在两种语言中有不同的意思。于是，他一会儿在文中用这个词的英语意思暗指格莱斯的合作原则中用关联来定义的关系准则（maxim of relation）；一会儿又用这个词的法语意思（升华、拔高）暗指翻译界美化原文的传统。而翻译是"不忠的美人"之说，也正出自德里达的祖国——法国。

抛开德里达在"What is a 'relevant' translation?"一文中晦涩又充满隐喻色彩的论述不谈，我们仍然可以窥见其翻译思想中一脉相承的解构主义色彩：(1) 安东尼奥这个角色历来被学者们视为对译者的隐喻，而安东尼奥在整个法庭辩论中是无能为力且几乎隐匿的；他既无法偿还夏洛克的债，又无力摆脱自身的厄运。(2)"以肉抵钱"喻指翻译的不可译性，而这种不可译性又隐含着两个前提：其一是原文与译文之间从量到质都无法完全对应，其二是原文与译文之间没有主从关系，没有等级差异。(3) 鲍西亚的话语扭转了局面，这暗示着原文与译文之间存在互补关系，不然无法用relevant translation调和二者之间的矛盾，并对原文进行升华。至此我们可以相对清晰地看出，德里达一直在设法推翻传统翻译中的本源概念与原文中心主义；在他看来，译文不仅不必追求与原文的同一，而且可以对原文形成有益补充。

人们在谈论德里达的时候，似乎总是把他的观点与不可译论联系在一起。但有意思的是，德里达在引导读者围观夏洛克的可笑之处时，有意无意间也让读者看到了不可译论在预设上的荒谬之处：只有把翻译的忠实度设定为像夏洛克要的一磅肉那样足斤足两、百分之百，才有可能走向不可译论，而这样的预设是违背翻译的基本常识的。由此也可以看出，不可译论本身就有着严重的预设缺陷，就如同夏洛克对那一磅肉的要求那样荒谬。真正的解构主义者不是不可译论者，但也绝对不是可译论者。"实际上，我相信没什么东西是不可译的——或者，进一步说，是可译的。"（Derrida 2001: 178）"无论是最好的翻译还是最坏的翻译，都处于两极之间。"（Derrida 2001: 179）

解构主义是20世纪下半叶对西方思想界、理论界影响最为深远的理论学派之一，它为翻译研究所带来的颠覆性思考、所开辟的全新且复杂的研究路径，时至今日依然对翻译史、翻译理论等领域影响深远。解构主义学派的思想家们将翻译视为一种涉及语言的运作、转换、博弈与妥协的实践，将解构主义相关知识领域中的权力、政治与暴力等概念融合进来，重新思考了以往翻译研究中一系列核心议题，如可译性和不可译性、原作与译作的关系、译者的身份和能动性等，进一步促使翻译研究和文化研究这两大学科相互交流与渗透，推动了具有学科范式更替意义的文化转向朝纵深发展。

5.5 翻译与社会

作为一种社会实践活动，翻译深嵌于特定的社会、政治、经济和文化等系统之中。随着社会的发展，各种翻译活动及翻译现象与社会整体系统之间的联系变得越来越复杂，从翻译产品的生产、出版、发行、传播、消费到接受，翻译活动各环节的方式和手段不断发展变化，由此产生了各种各样的新问题。然而，传统的翻译理论和模式很难回答和解释这些问题，因此我们必须借助社会因素，从各种翻译活动及翻译现象与社会整体系统的联系中寻找答案。在《翻译学的名与实》一文中，霍姆斯（Holmes 1972/1988：72）已经提出了翻译的社会语境化问题，他建议重视相关研究，促进翻译社会学的发展。自20世纪90年代起，西方翻译学界的社会学研究风潮逐渐兴起，一些具有代表性的西方社会学理论被引入翻译研究之中，其中影响颇深的有法国社会学家皮埃尔·布迪厄（Pierre Bourdieu）的社会实践理论（theory of social practice）、法国社会学家布鲁诺·拉图尔（Bruno Latour）和米歇尔·卡龙（Michel Callon）的行动者网络理论（actor-network theory）以及德国社会学家尼克拉斯·卢曼（Niklas Luhmann）的社会系统理论（social systems theory）。从社会学的角度对翻译活动、翻译现象及其背后的社会条件和社会机制进行跨学科的综合性研究，无疑为翻译学开辟了新的研究领域，开拓了更为开阔的理论视野。

5.5.1　布迪厄的社会学理论与翻译研究

布迪厄是法国当代著名社会学家、思想家和文化理论批评家。他横跨众多领域，对人类学、社会学、教育学、语言学、哲学、史学、美学、文学等领域都有研究。布迪厄以其富有独创性的学术研究和丰富的理论创作，在法国和整个西方人文社会科学界掀起了一阵阵论辩的浪潮，推动了当代西方人文社会科学理论和方法论的更新和发展。

场域、惯习和资本是布迪厄社会实践理论中最重要的概念。基于这些核心关键词，布迪厄积极探索和揭示社会生活中实践的奥秘，为我们认识世界提供了新的研究视角和思路。

场域是布迪厄社会学理论中一个重要的空间隐喻，界定了社会的背景结构。布迪厄把场域定义为"反映不同位置之间客观关系的网络或图式。这些位置的存在以及它们加诸其占据者、行动者及机构的决定性作用都是通过其在各种权力（或资本）中的分布结构而客观界定的，也就是通过其与其他位置之间的客观关系(统治、从属、同等)来界定"(Bourdieu & Wacquant 1992: 97)。场域可以被视作一个围绕特定的资本类型或资本组合而形成的结构化空间。例如，布迪厄用知识场域指称符号的生产者(如艺术家、作家以及学者等)、争夺符号资本的机构组织以及文化市场等。此外，布迪厄还把场域的概念应用于社会各阶级生活方式研究、高等教育机构研究、宗教研究及文学研究等领域之中。

在布迪厄看来，场域主要指的是：在某一社会空间内，由特定的行动者相互关系网络所体现的各种社会力量和因素的综合体。场域概念最基本的构成因素是多面向的社会关系网络。这些多面向的社会关系网络不是固定不变的架构或形式，而是历史的和现实的、可能的和实际的、无形的和有形的以及精神性的和物质性的等各种因素的结合。

作为布迪厄社会学理论的核心关键词之一，惯习是体现这一理论的根本性的概念工具。对惯习概念的定义与阐释并不是一蹴而就的，而是与布迪厄的文化社会学的内在发展逻辑同步而行的。在最初的定义中，布迪厄更强调惯习对行为模式和认知能力的体现，之后则逐渐转向强调人类行为的性情倾向和实践性特征。在《实践的逻辑》(*The Logic of Practice*)中，布迪厄(Bourdieu 1990)将惯习定义为可持续的、可转换的性情倾向系统(systems of durable, transposable dispositions)。从客观的形塑的角度来讲，它是被结构化的结构(structured structures)；就内在生成性而言，它则是建构中的结构(structuring structures)(Bourdieu 1990: 53)。

在布迪厄看来，惯习不仅仅被结构形塑，还不断地重构和产生新的结构。场域的概念侧重于描述社会世界的客观结构，惯习的概念则更偏重于行动者的主观心理方面。此外，布迪厄还使用过文化无意识(cultural unconsciousness)、塑造习惯的力量(habit-forming force)、心智习惯(mental habit)等不同术语来阐释惯习概念的含义。

资本在布迪厄早期的论述中表现为三种基本类型——经济资本

(economic capital)、文化资本(culture capital)和社会资本(social capital)[1]，每一种资本类型下还可以进一步细分出层次更低的资本。所谓经济资本，就是经济学意义上的资本类型，指可以直接兑换成货币的资本形式，这种资本类型也可制度化为产权形式。文化资本是布迪厄最感兴趣的，它指的是借助不同的教育方式来传递的文化物品。在一定条件下，文化资本可以转化为经济资本，并通过教育证书的形式实现制度化。社会资本是指一个人或一个群体凭借社会关系网络所积累的资源总和，反映了更为复杂的社会场域的结构和权力关系。

自20世纪90年代末以来，翻译学者纷纷借鉴布迪厄的社会学理论探讨翻译的社会语境化问题，尝试将布迪厄社会实践理论的一些核心概念应用到翻译领域之中。他们把翻译视为一种社会调节活动，积极探索翻译的社会维度，推动了多维文化视角下翻译社会学的理论建构。1998年，杰拉德·帕克斯(Gerald Parks)发表了题为《翻译社会学探索》("Towards a sociology of translation")的论文。在讨论文化转换过程中译者的作用这一问题时，他试图"识别翻译社会学的可能内容，采用了社会学的研究方法，将翻译作为一种社会互动形式来研究"(Parks 1998: 25)。基于其研究目的，帕克斯提出了"翻译什么""翻译在哪些语言或文化之间进行""为什么翻译"和"何时翻译"等相关问题，然而却没有提出一种切实可行的分析方法。在此情形下，他寄希望于同社会学家合作，借助社会学家的分析工具，借鉴文化历史学、文化地理学等领域的研究成果，提出真知灼见。他希望能与社会学家共同研究当代翻译的社会、文化及政治影响这一课题(Parks 1988: 33)。此外，帕克斯以布迪厄的象征形式理论(theory of symbolic forms)为依据，提出了可作为阐明翻译社会学方法论必备工具的几个因素。他触及了各种代理人的惯习以及权力场域发挥作用的必要条件等问题，并认为从权力场域的角度来讲，译本必须力争得到

---

[1] 后来，布迪厄又添加了一种资本类型——象征资本(symbolic capital)，又译作符号资本。

目标语文化的认可。

勒菲弗尔在《文化建构：文学翻译论集》(*Constructing Cultures: Essays on Literary Translation*)里有篇题为《翻译实践与文化资本的流通：〈埃涅阿斯纪〉的英译本》("Translation practice[s] and the circulation of cultural capital: Some *Aeneids* in English")的文章。该文借用布迪厄的文化资本概念，对古罗马史诗《埃涅阿斯纪》的几个英译本进行了历时研究。勒菲弗尔（Lefevere 1998）指出，作为一种文化资本，《埃涅阿斯纪》的英译本不仅能够传递信息和知识，更是帮助人们融入他们所渴望的文化环境和阶层（如贵族、知识分子等阶层）的媒介。丹尼尔·西米奥尼（Daniel Simeoni）（1998）在《译者惯习的核心地位》("The pivotal status of the translator's habitus")一文中借鉴了布迪厄的惯习这一概念，探讨了译者的独特惯习及其在翻译研究中的重要作用。他认为，从具有普遍性的意识形态层面来看，翻译深受译者的文化惯习、政治惯习及其拥有的各种资本的影响，因此需要对译者个人秉性、翻译决策过程中的促成因素进行深入分析，而对翻译惯习的研究可以与图里基于规范的描述性研究成果形成互补。翻译操纵学派的旗手赫曼斯在《系统中的翻译——描写和系统理论解说》(*Translation in Systems: Descriptive and System-oriented Approaches Explained*)（Hermans 1999）的第九章和第十章分别引入了布迪厄和卢曼的社会学理论观点，将其与翻译研究紧密结合起来，开展了跨学科的综合性研究。

加拿大康考迪亚大学法语系教授让-马克·古安维克（Jean-Marc Gouanvic）于1999出版了《翻译的社会学：20世纪50年代法国文化空间中的美国科幻小说》(*Sociologie de la Traduction. La Science-fiction Américaine dans l'Espace Culturel Français des Années 1950*)。该书借鉴布迪厄的场域理论，对1945—1960年美国科幻小说法语译本诞生过程中的翻译现象进行研究，用全新的翻译社会观阐释象征产品跨越不同社会空间的客观逻辑，探讨了法国文学场域中社会代理人与文学机构和出版机制之间的权力斗争，揭示了社会代理人与场域中的符号权力、经济权力以及政治权力之间的碰撞。值得一提的是，古安维克教授一直对布迪厄的文化社会学理论在翻译研究领域的应用表现出浓厚的兴趣，他在这方面的研究成果也不断涌现，如《翻译研究中结构的建构主义模型》("A model of structuralist constructivism in translation studies")(Gouanvic 2002a)、《翻译在文学场域中的风险》("The stakes of translation in literary fields")(Gouanvic 2002b)等。《翻译研究中结构的建构主义模型》一文收录在赫曼斯主编的论文集《跨文化侵越——翻译学研究模式（II）：历史与意识形态问题》(*Crosscultural Transgressions: Research Models in Translation Studies II. Historical and Ideological Issues*)里。在这篇论文里，古安维克借助布迪厄的理论对二战后法国文化空间里出现的大量美国现实主义文学翻译作品进行研究，分析文本的象征资本、译者、出版商、批评家等各种社会文化因素如何影响约翰·多斯·帕索斯(John Dos Passos)和约翰·斯坦贝克(John Steinbeck)等著名美国作家作品的法语译本，探讨了翻译与惯习、译者的惯习、翻译的文学场域等问题，积极推进翻译学的理论建构。文章最后指出，直到译者能够在文化生产场域获得合法地位，能够自由地述说自己独特的翻译体验之时，翻译研究才会成熟起来(Gouanvic 2002a: 102)。

随着社会学视域下的翻译研究迅猛发展，各种知名的国际翻译学术期刊也陆续发表了相关研究成果。例如，《目标》(*Target*)期刊于2003年刊载了论文《惯习、场域与话语：作为社会活动的口译》("Habitus, field and discourses: Interpreting as a socially situated activity")，于2005年刊载了论文《如何成为一名（被认可的）译者：对惯习、规范和翻译场域的再思考》("How to be a [recognized] translator: Rethinking habitus, norms, and the field of translation")。这些论文都运用了布迪厄的社会学理论来开展翻译研究，展现了全新的理论视角。2005年，《译者》(*The Translator*)期刊特别策划出版了一期特辑，主题为"布迪厄与翻译社会学"(Bourdieu and the Sociology of Translation and Interpreting)。来自世界各地的翻译学者纷纷发表论文，将布迪厄社会学理论的重要概念，如场域、惯习、资本等应用到翻译研究之中，分析翻译的社会属性以及翻译产品在社会空间中的生产、传播、流通与接受等过程。2012年，《笔译与口译研究》(Translation and Interpreting Studies)期刊推出了一期特辑，主题为"笔译与口译研究的社会学转向"(The Sociological Turn in Translation and Interpreting Studies)。该特辑所收录的论文均借鉴社会学理论和概念重新审视译者的身份角色与翻译行为的社会属性，积极推动翻译研究的社会学转向。英国翻译学者莫伊拉·伊基拉利(Moira Inghilleri)(2005)认为，布迪厄的社会学理论对于翻译社会学的理论建构具有重要意义：(1)该理论标志着翻译学科内部的一次范式转换，即开始用社会学与人类学的方法对翻译过程和翻译产品进行研究；(2)该理论是对描述翻译学与多元系统理论的重新评估，它还提出了比规范更强大的概念集来描述制约翻译行为及其产品的社会和文化条件；(3)该理论更加关注译者，批判性地分析了译者作为积极参与文本生产及再生产的社会代理人和文化代理人的角色。基于布迪厄的社会学理论，翻译学者不再将翻译视为社会空间中的转换行为，而将其视为一个充满可能性的空间，认为其中的各种权力关系必须反复协调。布迪厄的社会学理论和相关概念给翻译研究带来了全新的话语体系和阐释空间，为其提供了更开阔的理论视野。

5.5.2　行动者网络理论、社会系统理论与翻译研究

20世纪80年代中期，以法国社会学家拉图尔和卡龙为核心的科学知识社会学家提出了行动者网络理论。该理论打破了传统的人与物、主体与客体、自然与社会等二元对立的思维方式，力图将科学知识的微观研究与科学文化的宏观社会体制联系起来，为考察知识的生产过程以及知识与社会的复杂关联提供了一种新的方法和理论平台。

翻译是在特定的历史、社会和政治语境中产生的，会受到诸多行动者的影响。这些行动者相互关联，构成网络，在翻译过程中起着重要的作

用。因此,翻译研究不仅要分析翻译活动的客观社会结构,还要考虑影响翻译生产和接受的各种社会行动主体。在翻译的生产和消费过程中,除了译者之外,还存在其他各种社会行动者,如作者、读者、编辑、出版商、翻译评论家、翻译审查者、翻译赞助人及其他组织机构。译者需要与其他行动者合作、协商,共同完成翻译任务。在相互协商、相互妥协的过程中,翻译活动中的各个行动者形成了一个无形的翻译网络,并为实现翻译的目的而共同维系这个网络。

近年来,随着翻译研究的社会学转向,行动者网络理论也逐渐被应用于翻译研究领域。2005年,加拿大蒙特利尔大学海伦妮·比泽兰(Helené Buzelin)将行动者网络理论运用到了她的翻译研究中。她指出,该理论可以弥补布迪厄的社会学理论在翻译研究应用中的不足之处,两者是"意外的盟友"(unexpected allies)。她还认为,行动者网络理论将会使翻译学者更注重对翻译行动者和翻译实践过程的研究,更关注这些参与者或代理人之间的关系网络。该理论的优势在于,它能够用于分析翻译网络中每个行动者、参与者、代理人或中介的角色,"为检验与翻译过程本质相关的解释性假说……如文化研究、后殖民主义研究及阐释学研究等领域的解释性假说提供坚实的基础"(Buzelin 2005: 215)。2007年底,她在一部题为《建构翻译社会学》(Constructing a Sociology of Translation)的论文集中发表了《生产过程中的翻译产品》("Translations 'in the making'")一文,将行动者网络理论与民族学的一些方法结合在一起,实地考察了加拿大蒙特利尔市三家独立出版社一些翻译项目的运作方法,聚焦这三家出版社翻译产品的生产流程,对出版社所组织的翻译项目过程中各个行动者的作用进行了分析。

切斯特曼在《翻译社会学研究的若干问题》("Questions in the sociology of translation")一文中指出,行动者网络理论的重要性在于,它重视译者和其他行动者在翻译过程或翻译实践中完成各自任务的方法,以及这些行动者之间的相互关系(Chesterman 2006: 21-23)。行动者网络理论可以帮助研究者将翻译实践中的各种社会行动者和翻译行为本身连接起来，以一种发散性思维来建构翻译网络；它还可以帮助研究者突破和消解传统翻译研究中的原文与译文、作者与译者、主体与客体、中心与边缘等二元对立关系，为人们揭示翻译与社会之间的复杂联系提供一种新的研究视角。在翻译研究的社会学转向过程中，行动者网络理论能够帮助翻译研究克服多元系统理论中译者主体性缺席的缺陷，弥补描述翻译学的不充分性与局限性。将翻译视为一种社会文化宏观语境下的社会行为，而不仅仅聚焦于文本本身，能帮助研究者深入阐释文化再生产的复杂性以及翻译活动中各种社会行为者的主体能动性，也有助于翻译社会学的理论建构。

此外，当代德国社会学家卢曼的社会系统理论也为翻译研究提供了新颖独特的社会学概念和理论视角，受到西方翻译学者的广泛关注。卢曼一生著述颇丰，其著作可以分为对社会系统的宏观阐释和对社会各子系统（如经济、艺术、法律）的相关研究两大类。卢曼主张把社会上纷繁复杂的现象全部纳入一种理论框架中去解释，并将研究成果应用于各自独立又相互联系的子系统研究中。根据卢曼的社会系统理论，可将翻译视为一个社会系统。社会系统理论中关于翻译系统的自我指涉性、翻译过程的复杂性和偶然性、翻译的二阶观察及其反身性等问题的探讨，都有助于翻译研究拓展新的领域。

德国学者安德烈亚斯·珀尔特曼（Andreas Poltermann）最早将卢曼的理论应用于翻译研究。他将文学翻译视为相对独立的社会系统，考察了德国文学翻译规范的变迁与期待结构的关系，对文学翻译规范的变化作出了基于社会系统理论的解释。此后，德国翻译学者弗米尔也借鉴卢曼的社会系统理论开展了翻译研究。他认为，翻译活动中的各个实体构成了整个翻译系统中相互依赖的不同子系统。在《系统中的翻译——描写和系统理论解说》一书中，赫曼斯将卢曼的社会学理论与翻译研究紧密结合起来，主张把翻译视为一个自我调节和自我适应的、自我指涉和自我再生产的社会系统，对其展开跨学科的综合性研究。对于社会系统理论在翻译研究中的运用，赫曼斯提出了两个切入点：(1)将社会系统理论的观点应用于文学翻译与翻译规范研究；(2)将规范概念与社会系统理论的期待结构连接起来(Hermans 1999：139)。他指出，这种跨学科的研究方法"不仅是将翻译的自主性和杂质性概念化的一种方法，是研究关于翻译与非翻译的争议的一种手段，而且还是思考我们称之为翻译的社会空间和智力空间其内部组织与演化问题的一个工具"(Hermans 1999：138)。有趣的是，赫曼斯还在书中对布迪厄和卢曼的社会学理论进行了比较研究。他认为，整体而言，卢曼的社会学理论具有更坚决的反本质论和建构主义的立场，更接近后现代主义和后结构主义的思想(Hermans 1999：137)。2012年，英国杜伦大学翻译学者谢尔盖·丘列涅夫(Sergey Tyulenev)出版了专著《卢曼社会学理论在翻译研究中的应用：社会中的翻译》(*Applying Luhmann to Translation Studies: Translation in Society*)，全面系统地将社会系统理论与翻译研究相结合，拓宽了翻译研究的视域。

5.5.3 西方翻译社会学研究的发展趋势与展望

自20世纪90年代末以来，翻译社会学顺应急剧变化的社会现实，不断地充实和完善自身的理论建构，逐渐具备现代形态，已经趋向成熟。说它具备现代形态，主要是因为以下四种不断显现的趋势：

1)由一到多，即由单向的线性思维转变为多向的多维思维。这种思维方式一方面超越了单一社会因素的视角，将翻译放到社会的整体生活中进行多维的思考；另一方面超越了传统的内在与外在、精神与物质、审美与实用的二元论，建立起一种彼此融通的新的研究范式。在翻译社会学研究者的视野中，翻译和社会都呈现出一种多维性和复杂性。

2)由静到动，即从片面地追求历史的客观状况转向以辩证的、动态发展的眼光把握翻译与社会之间的互动关系，形成了翻译与社会、研究者与翻译、研究者与社会之间双向的动态对话。

3)由破到立,即从粗暴的、简单化的、非科学的研究转向踏踏实实的学科建设,走上了一条从政治化到学术化的道路。

4)从封闭到开放,即从拒绝吸收其他研究成果转向不断吸收和借鉴各种社会学理论的研究成果,不断丰富自身的学科内容;此外还始终注意翻译社会学研究的问题意识和问题取向,有意识地介入当下社会与翻译研究中发生的深刻变化。

当前,社会学视域下的翻译研究已呈现出强劲的发展势头,理论成果层出不穷。社会学视角给翻译研究带来了全新的话语体系和阐释空间,为其提供了新的理论方法和分析工具。随着翻译的社会维度日益受到重视,各种社会学理论将进一步推进翻译社会学的基础理论建构。然而,当前翻译社会学的发展也面临着不少问题。例如,翻译社会学的研究方法论目前还缺乏系统的论述,使研究者仍然无法对翻译研究的一些社会问题开展深入细致的调查和科学理性的分析。不过,翻译学界关于建构翻译社会学的探讨仍将持续进行,这将有助于推动翻译社会学的理论建构,使之真正成为翻译学的一个子学科。

5.6 翻译史研究

人类的翻译活动历史悠久。根据不同历史阶段社会文化和经济方面的不同交流需求,翻译活动展现出不同的历史形态。翻译活动的这种历史属性构成了翻译史研究的理论基础。自20世纪70年代以来,翻译研究不断从历史研究中借鉴理论的概念,拓展其研究领域,丰富其研究方法,对西方翻译史研究的发展产生了深远的影响。翻译史研究是对翻译历史活动的记述与研究,涉及翻译学和历史学等相关学科,具有明显的跨学科多元化特征。翻译史研究的跨学科发展趋势既具备与其他人文社会学科互通共生的特点,也符合现代翻译研究自身的发展需要。

5.6.1 西方翻译史研究的缘起与发展

在《翻译学的名与实》一文中，霍姆斯勾勒了翻译学的研究框架和学科蓝图。在论及描写翻译研究时，他指出，译本取向的描写翻译研究可采取历时和共时两种路径，此类研究对译本内部的语言特征和外部的社会文化影响加以描述，最终目标在于建构"一部翻译通史"（Holmes 1972/1988：72）；而功能取向的描写翻译研究也通常被视为"翻译史领域的内部主题或相关主题"（Holmes 1972/1988：72）。在论及理论翻译研究时，霍姆斯指出，开展此类研究时也应该具有历史意识，不仅要关注当代文本如何翻译，还要关注早期文本在不同历史时期是如何翻译的（Holmes 1972/1988：76）。不难看出，霍姆斯关于理论翻译研究的讨论实际上已经涉及了翻译史研究，并且间接指出了翻译史研究的基本作用，即通过对特定时期翻译活动的研究，归纳出该时期翻译活动的规律。在文末，霍姆斯进一步指出，作为一项学术活动，翻译研究本身也应该具有历史的维度。他认为，翻译研究中的重要研究对象应包括翻译理论的历史；此外，还应包括描述翻译研究的历史和应用翻译研究的历史（主要是翻译教学的历史和译员培训的历史）。基于翻译研究的历史维度，霍姆斯在这篇具有学科开创性意义的重要论文里勾勒了翻译史研究的研究领域和范畴，从翻译实践史逐渐拓展到翻译理论史、翻译应用史和翻译学科史。作为翻译学科的奠基性宣言，霍姆斯的《翻译学的名与实》一文已经高度概括了翻译史研究的任务、作用和范围等基本方面，为翻译史研究的进一步发展奠定了基础。

20世纪初，欧美史学界掀起了一场旨在颠覆传统史学研究模式的新史学革命，认为历史研究的对象不应仅集中于精英人物主导的政治史，还应将社会、经济、思想、文化等人类生活的诸多方面纳入历史考察范畴。随着新史学在西方史学界逐渐取得主导地位，史学的研究视野得以极大拓展，历史语境之中的翻译现象也逐渐受到翻译学界的关注。20世纪70年代末，伊文–佐哈尔提出多元系统理论，将翻译视为目标语社会、历史和文化的一部分，极大地扩展了翻译研究的视野，使翻译活动中的历史和文化因素得到进一步彰显。在霍姆斯和伊文-佐哈尔等学者的影响之下，图里基于自己对希伯来语文学翻译史的研究，于1995年出版了研究专著《描写翻译学及其他》(*Descriptive Translation Studies — And Beyond*)，对描写翻译研究进行了系统论述。在书中，图里倡议以译本为事实根据，通过对历史上的翻译现象进行系统描述，探索具有普遍性意义的翻译规律和方法。继伊文-佐哈尔的多元系统理论之后，图里所倡导的描写翻译研究将历史主义思想带入翻译研究领域，进一步凸显了与翻译相关的历史因素。尽管图里的《描写翻译学及其他》不是一部专注于翻译史研究的理论著作，但它为未来的翻译史研究打下了坚实的理论基础。

随着历史研究和翻译研究的视野进一步拓展，翻译学者也逐渐开始关注翻译史研究的意义和价值，并呼吁加强对翻译史研究的重视，以促进翻译学科的发展和建设。20世纪80年代初，巴斯内特在《翻译学》(Bassnett 1980)一书中指出，如果不从历史视角加以考察，翻译学必不完整；因此，当今学者务要将翻译史视为一个重要的研究领域。贝尔曼在《异的考验：德国浪漫主义时期的文化与翻译》(*L'Épreuve de l'Étranger. Culture et Traduction dans l'Allemagne Romantique*)中为读者描述了一幅德国浪漫主义文化背景下异彩纷呈的翻译思想史画卷。同时，他再三强调，翻译史建设是现代翻译理论的首要任务(Berman 1984：12)。何塞·兰姆伯特(José Lambert)也认为，"翻译史研究比以往任何时候都更为必要"(Lambert 1993：22)。随着翻译学作为一门独立学科的地位逐渐确立，欧美国家出版的翻译史研究著作也逐渐增多。据不完全统计，自20世纪60年代始，穆南(Mounin 1965)、托马斯·R.斯坦纳(Steiner, T. R. 1975)、凯利(Kelly 1979)及贝尔曼(Berman 1992)等人相继出版了翻译史研究著作，这些著作在翻译学界均具有较大影响力。自20世纪90年代以来，越来越多的翻译学者投身于现代学术意义上的翻译史研究，将研究目光聚焦于"语境、历史及传统等更为宏观的问题之上"(Bassnett & Lefevere

1990：11）。1990年，巴斯内特和勒菲弗尔合作编写了《翻译、历史与文化》，强调历史和文化在翻译中的地位，积极推动翻译研究的文化转向。随着翻译研究领域出现文化转向，翻译史研究也逐渐兴盛起来，具体表现为一系列翻译史料文集和研究著作的出版。例如，1992年，勒菲弗尔编辑出版了《翻译、历史与文化论集》（*Translation/History/Culture: A Sourcebook*）一书，系统地收录了自公元前106年到公元1931年西方重要的翻译思想论述，从历史和文化的视角深入探讨了翻译的方法和原则。1993年，根茨勒出版了《当代翻译理论》，比较全面地描述和评价了20世纪西方的五大翻译理论流派——美国翻译培训派、翻译科学派（或翻译语言学派）、早期翻译学派、多元系统学派以及解构主义学派，阐述了各翻译流派的历史缘起和发展情况，回顾了当代西方翻译理论在20世纪的主要发展历程。1995年，韦努蒂出版了专著《译者的隐身——一部翻译史》，对西方17世纪以来的欧美翻译实践进行了详尽的批判性探讨。在回顾翻译史的过程中，他也对这段历史时期译者将本国价值观嵌入异域文本的做法提出了质疑，拷问了这种翻译策略背后的民族中心主义和文化帝国主义。2000年，韦努蒂编辑出版了《翻译研究读本》（*The Translation Studies Reader*），主要收录了20世纪西方重要的翻译理论史料。此外，罗宾逊于1997年出版、2002年再版的《西方翻译理论：从希罗多德到尼采》（*Western Translation Theory: From Herodotus to Nietzsche*）整理和收录了20世纪之前西方的翻译理论文献，生动展现了西方翻译家两千多年的思想变迁；丹尼尔·维斯伯特（Daniel Weissbort）和埃斯特拉德·艾斯坦逊（Astradur Eysteinsson）合作编写的《翻译史读本：理论与实践》（*Translation — Theory and Practice: A Historical Reader*）由英国剑桥大学出版社于2006年出版，从历史和现代、理论和实践的不同视角探索了西方翻译史的发展轨迹。这部翻译史读本不仅比较完整地收录了西方20世纪以前的翻译史料，而且较为详尽地收录了20世纪以来翻译研究代表人物的重要作品，涉及西方历史中的翻译家、翻译思想、翻译作品、翻译机构及翻译运动等，时间跨度长，内容丰富多彩，史论结合，是西方翻译史研究领域的又一重要成果。

与此同时，一些学者开始对西方翻译史研究的现状加以总结和反思。比如，翻译学者皮姆认为，此前的翻译史研究存在诸多问题：(1)只有史料的堆积，缺乏明确的问题讨论；(2)史料不够严谨；(3)历史分期方法较为武断；(4)忽视了翻译对于历史发展的能动作用；(5)在目标语的单一文化背景下讨论翻译；(6)研究结论不可验证；(7)忽视了译者的跨文化属性；等等(Pym 1992a: 221)。随着翻译史研究实践的广泛开展，越来越多的学者对翻译史研究展开了更为深入系统的理论探讨，主要体现为：(1)翻译史相关理论专著和论文集的出版，如专著《历史上的翻译家》(Translators through History)和《翻译史研究方法》(Method in Translation History)，论文集《勾画翻译史的未来》(Charting the Future of Translation History)等。(2)各类翻译学手册、指南及百科全书中的翻译史条目，如《劳特利奇翻译学百科全书》(Routledge Encyclopedia of Translation Studies)、《翻译学指南》(A Companion to Translation Studies)、《翻译学手册》(Handbook of Translation Studies)及《劳特利奇翻译学手册》(The Routledge Handbook of Translation Studies)中的翻译史条目。(3)国际译学期刊的翻译史特辑，如《媒他》(Meta) 2004年第49卷第3期、2005年第50卷第3期，《翻译研究》(Translation Studies) 2012年第5卷第2期以及《译者》2014年第20卷第1期都先后推出了翻译史特辑，汇聚了当代西方重要的翻译史研究学者和科研成果。

5.6.2 西方翻译史研究的范畴和领域

在《翻译史研究方法》一书中，皮姆将翻译史研究视为翻译研究中一个独立完整的研究领域，并认为它与翻译理论和翻译实践同等重要。翻译史的研究对象是作为人的译者及其社会行为。皮姆(Pym 1998)认为，翻译史研究可进一步细分为三个方面：(1)挖掘和记录翻译活动的基本史实，包括翻译活动发生的时间、地点、经过、原因以及译作的影响等;(2)收集和分析前人对历史翻译现象的思考、总结与评论;(3)解释翻译行为在特定历史时期和特定地点出现的原因及其与社会变迁的关系。这三者是相互依存但又彼此独立的研究领域。兰姆伯特(Lambert 1993:9)也认为,翻译史研究是对客观翻译史的记录、描述与解释,分为史料汇总和史论结合两种类型。前者的研究成果包括翻译史料汇编以及各种关于翻译家和翻译现象的史实记录;后者是指用一定的理论话语来阐释翻译史实的成因,属于历史话语阐释的研究范畴。在《劳特利奇翻译学百科全书》第二版里,沈安德(James St. André)(2009:134)指出,翻译史研究是对历史上的翻译现象和翻译批评(或思想)的挖掘与记录,包括"翻译实践史"和"翻译理论及批评史"两部分。

基于西方学术界的翻译史研究,朱迪斯·伍兹沃斯(Judith Woodsworth)(1998)认为,20世纪90年代以前的西方翻译史研究主要考察:(1)不同区域和不同时期的翻译史;(2)不同作品题材的翻译史;(3)翻译高潮时期的翻译史。自21世纪以来,西方翻译史研究的领域不断向外拓展和延伸,到目前为止,西方主要地区、国家和文化传统的翻译史,主要历史时期的翻译史(如古罗马时期、中世纪和文艺复兴等时期的翻译史)和重要作品题材的翻译史(如文学、宗教和科技翻译史等)几乎都有所涉及。然而,随着翻译史研究的深入,有学者陆续发现了一些长期以来受到忽视的研究领域,并呼吁学界对其予以关注和重视:皮姆(Pym 1998)指出,应在翻译史研究中加强对译者的研究;约翰·弥尔顿(John Milton)和保罗·班迪亚(Paul Bandia)(2009)认为,应加强对赞助人、出版机构等其他翻译行为主体及其历史作用的研究;卡罗尔·奥沙利文(Carol O'Sullivan)(2012)提出,翻译技术发展史、翻译出版史和视听媒介的翻译史等领域也有待深入研究。需要说明的是,由于翻译问题具有多样性和复杂性,翻译史研究的领域实际上也应不断开拓。随着学界对翻译问题认识的不断深入与更新,势必还会有新的领域进入翻译史研究的视野。

5.6.3 西方翻译史研究的范式和方法

按照对历史这一概念的不同认识，可将现代西方史学界的研究范式分为两种：(1) 19世纪的实证主义传统史学研究范式，强调历史研究的客观性和物质性，倡导以自然科学的方法挖掘历史事实，以"如实直书"的方式还原历史（Tucker 2009：393-403）；(2) 20世纪以来新兴的后现代主义史学研究范式，强调历史研究的主体性和人文性，认为历史在很大程度上有赖于历史学者的主观建构，呼吁重视研究者对历史逻辑的主体介入和建构作用（Tucker 2009：540-549）。基于史学研究的这两种范式，西方译学界将翻译史研究范式也相应地划分为翻译史料研究和翻译史学研究两种（D'hulst 2010：397-398；Lambert 1993：4）。前者聚焦于历史事实本身，钩沉与鉴别历史材料，强调翻译史研究的主要任务在于对历史上的翻译现象进行挖掘、整理和记录；后者则聚焦于与历史事实，特别是与史学建构相关的历史表述，强调翻译史研究应特别关注如何以不同的叙述视角和阐释方式重构历史上的翻译现象，解释并寻找翻译现象与政治、经济、文化、思想之间的联系。不同的翻译史研究范式指向不同的研究方法。

毋庸置疑，翻译史学研究需要规范方法论，既要避免单纯地罗列和堆砌史料，缺乏对历史事件产生原因的深入探讨，也要避免出现缺乏历史事实和证据支撑的阐释和论述。在《翻译史研究方法》一书中，皮姆针对西方翻译史研究在方法方面存在的问题，在西方学术界最早提出了较为系统的翻译史研究方法。他在该书的前言中明确指出，翻译史研究应该遵循四条原则：(1) 翻译史研究需要解释译作为什么会在特定的社会时代和地点出现，即翻译史研究应解释翻译的社会起因；(2) 翻译史研究的主要对象不应是翻译文本、其语境体系或语言特点，而应是作为人的译者；(3) 翻译史的重点在于译者，因此翻译史的写作需要围绕译者生活及其经历过的社会环境展开；(4) 翻译史研究应表达、讨论或解决当前影响我们的实际问题（Pym 1998：ix-x）。这部专著共有12章，分别论述了"历史""重要性""译作书单""操作定义""频率""网络""规范与系统""共有系统""原因""译者""交互文化"和"交叉学科"等主题。该书的研究内容大致可分为两部分：前半部分围绕如何书写翻译史这一主题，详细论述了编写翻译史的方法，注重对研究方法中一些实际问题的探讨，包括选题、列出译作书单、运用操作定义展开研究、借助数据资料增强史料说服力、运用各种线索确定不同史实之间的联系等；后半部分则侧重于研究方法论的理论探索，探讨如何解释翻译活动背后的原因及怎样揭示其内在规律等。该书对翻译史写作和翻译史研究具有很强的理论和实践指导意义。例如，在"原因"一章，皮姆认为寻找翻译现象的深层原因是翻译史研究的核心问题之一。他指出，一种翻译现象产生的原因极为复杂，描写翻译学的学者往往把翻译事件发生的原因归于目标语文化的种种因素，而目的论学者则把其中的原因归于译者的目的或翻译委托人的指示。在皮姆看来，这些解释都是不全面的，它们把翻译现象发生的原因简单化了。因此，在书中，他采用了亚里士多德归纳的四大类原因——物质原因（material cause）、最终原因（final cause）、形式原因（formal cause）和效率原因（efficient cause），来说明如何更全面地解释翻译现象的起因。再如，在"译者"一章，皮姆主要讨论了译者在翻译史中的重要性和复杂性。他强调翻译史研究所考察的对象不应是一位译者，而是一群译者，并提醒翻译史研究者应注意译者的多重身份和从事翻译工作的多重目的，切勿把译者问题简单化。在最后一章"交叉学科"中，皮姆讨论了翻译史研究的学科定位问题。他认为，翻译史与其他相关学科（如社会学、历史学、语言学、比较文学等）有着千丝万缕的联系，这就决定了翻译史研究的交叉学科性质。因此，他呼吁不同学科背景的学者应加强团队合作，使翻译史得到全面而有效的研究。

利芬·德·赫尔斯特（Lieven D'hulst）对翻译史料研究范式提出了质疑。他认为，翻译史研究应该将尽可能多的因素纳入考察范围，从而"尽可能有效地还原历史真相"（D'hulst 2001：31）。然而，任何历史研究都以当代的概念和方法为基础，在某种程度上是对历史真相的一种干预，因此"还原"历史不过是一种幻想而已（D'hulst 2010: 403）。韦努蒂借鉴史学家海登·怀特（Hayden White）的元史学叙事理论指出，翻译史研究与其他领域的历史研究一样，都"通过某种特定或综合的叙事模式赋予历史上的翻译现象以意义"（Venuti 2005: 812）。其中，最基本的叙事模式有以下四种：(1) 浪漫型叙事模式，主要关注历史上的翻译行为如何不断地发展和进步，最终实现某种超越；(2) 喜剧型叙事模式，主要关注历史上的译作在传播方面遭遇的各种障碍，以及最终如何克服困难，被目标语社会接受；(3) 悲剧型叙事模式，主要关注哪些社会文化因素导致历史上的翻译行为无法完全实现其预期效果；(4) 讽刺型叙事模式，质疑翻译的社会文化价值，主要关注历史上的翻译行为如何产生与预期目标相反的社会文化效果。韦努蒂进一步指出，研究者可以将这些叙事模式灵活组合，从而对翻译史进行重构和解释。此外，塞尔贾·阿达莫（Sergia Adamo）（2006）和尼特莎·本—阿里（Nitsa Ben-Ari）（2009）认为，还应将微观历史（microhistory）和口述历史（oral history）的研究方法引入翻译史研究这一研究领域，以彰显被历史的宏大叙事所压制的边缘声音，通过更加多元化的叙事视角营造出翻译史"最真实的效果"。乔治·L. 巴斯坦（Georges L. Bastin）（2006）以拉丁美洲的翻译史研究为例，指出理想的翻译史研究应该既能确保客观事实的严密性，也能充分发挥研究者的主体性，尽力做到史料与史学并举，使二者相得益彰，从而在最大程度上接近翻译史的原貌。

自20世纪70年代以来，西方史学研究方法经历了从直观描述到批判研究、从笼统粗略到准确精微、从定性研究到定性与定量研究相结合以及从单一研究到跨学科综合研究的转变，这些都为翻译史研究提供了丰富的理论方法来源。与此同时，翻译史研究者也纷纷借鉴史学的研究方法，采用不同的研究路径和理论视角进行多维分析，既尝试探索翻译现象的规律性和同一性，也充分考虑翻译问题的特殊性和多样性，不断完善对翻译实践的认识。随着越来越多的西方学者对翻译史研究方法和理论模式的探讨，翻译史研究有望打破仅注重翻译史料整理和翻译精英叙事的传统史学桎梏，走向注重历史文化建构的新文化史学和反权威、反中心的后现代史学；既加强翻译史论的阐释力，从历史学、修辞学、社会学和文化研究等多个角度审视翻译史和研究翻译现象，又不断完善翻译史的学科建设。

自20世纪70年代以来，西方学术界开展的翻译史研究逐渐向纵深发展，对翻译史研究的领域和范畴、范式和方法等方面都产生了深远的影响。随着翻译研究的文化转向，翻译研究与历史研究之间的学科壁垒逐渐被打破，二者相互借鉴，相互融合。翻译的史学研究途径通过对历史上翻译活动和翻译现象的研究，深化了人们对翻译问题的认识，有助于更好地开展翻译实践，为翻译理论建设提供经验依据，为翻译学发展为一门独立的学科奠定基础。在《翻译史研究方法》一书中，皮姆（Pym 1998）指出，翻译史研究能够促进对一个民族的文学史、思想史和文化史的理解，也能够为国际关系研究提供素材。除了探索翻译的历史维度之外，一些西方翻译学者，如克里斯托弗·朗德尔（Christopher Rundle）（2012：236，2014：4）、梅芙·奥洛汉（Maeve Olohan）（2014：12）等进一步呼吁，作为一个跨学科的研究领域，翻译史研究应该将研究视野扩展到与翻译相关的其他历史主题，以翻译问题为切入点，对更多历史领域进行研究和探索。因此，打破翻译研究和历史研究之间固化的学科藩篱，促进双方的深度融合，将是未来翻译史研究的发展方向。

5.7 翻译与形象

随着全球化和跨民族主义（transnationalism）的发展，国家和民族形象的建构和重构成为翻译实践和理论研究中不可回避的问题。形象（image）一词对于翻译学者来说并不陌生。自文化转向之后，很多翻译学者都或多或少地探讨过形象塑造（image building）的问题（如Lefevere 1992a；Snell-Hornby 2000；Venuti 1998），但他们大多将其置于文化视角下的某个细微层面进行剖析，或将其作为意识形态系统的一个构成部分进行探讨。

作为专属名词，形象被广泛应用于多个领域，如心理学、社会学、建筑学、计算机科学等，也包括比较文学领域的形象学（imagology）本身。形象学的关注点集中于心理学和社会学层面，强调心理因素和形象对他者的影响（Dimitriu 2016：202），这恰好与目前翻译研究的社会学转向不谋而合。社会学转向下的翻译研究正试图"揭示翻译既是社会活动也是认知活动、既是群体活动也是个体活动的特征"（Sela-Sheffy 2005：14）。自2005年以来，各大国际学术出版社都陆续出版了与形象研究相关的翻译学著作。例如，圣杰罗姆出版社2007年出版了《儿童文学翻译中的文化碰撞：法译作品中的澳大利亚形象》(*Cultural Encounters in Translated Children's Literature: Images of Australia in French Translation*)；约翰·本杰明出版社2005年出版了《翻译与文化变迁：历史、规范与形象投射研究》(*Translation and Cultural Change: Studies in History, Norms and Image-projection*)，2016年推出了关注翻译研究与形象学结合方面最新成果的力作《翻译研究与形象学》(*Interconnecting Translation Studies and Imagology*)。形象学视角下的翻译研究俨然已成为翻译研究领域的又一重要发展方向。

5.7.1　形象学与翻译学的历史渊源

形象学与翻译学的历史渊源颇深。形象研究一直是比较文学的传统研究范畴之一（Leerssen 2007：24），而在翻译研究的文化转向期间，有很大一批翻译学者来自比较文学领域，这就使得两者的结合具有一定的必然性。比较文学学者勒菲弗尔很早就谈及了翻译与目标语文化自我形象之间的微妙关系。他指出，翻译具有保护和改变目标语文化自我形象的双重功能（Lefevere 1992a：125-127）。然而，勒菲弗尔对形象研究似乎采取了一种浅尝辄止的态度，并未将其作为关键研究点，而只是将其作为凸显赞助人和诗学系统操纵翻译活动的佐证。

作为新兴学科，翻译学的一大特征就是跨学科性，它在成长过程中不断向其他学科汲取养分，借鉴它们的理论视角和研究方法，以促进自身发展。如丹尼尔·西米奥尼（Daniel Simeoni）（2008）所言，翻译学发展的历史就是翻译学者不断跨界，寻求新的视野、角度和方法的过程。在此过程中，形象学不可避免地进入了翻译学者的视野，女性主义视角和后殖民主义视角的翻译研究都对民族身份和国家形象问题有所涉及和探讨。

形象学也是比较文学研究领域的新兴学科，它与民族学或人类学息息相关，但却是在对本质主义视角下的民族性的反思中产生的。关于民族性格和异国形象的描写与讨论，在文学作品和学术研究中都不鲜见，但形象学摆脱了传统本质主义视角下民族主义的牢笼，没有把"寻觅所谓根植于'民族的'固有特性视为自己的任务"，而是关注在特定社会中长期形成的、体现在各种国别文学之中的文化或民族的固定形象（Leerseen 2007：23），这是形象学作为一门学科的基本定位。

当代形象学强调形象作为一个社会文化构念的本质特征，形象和身份不再是民族与生俱来的特征，而是在社会生产和传播过程中逐渐形成的、与特定群体相联系的特性和身份。形象或身份的建构性本质是形象研究的核心（Leerseen 2007：24）。与此同时，翻译研究对形象的探讨也在不断深入，上文提及的《翻译研究与形象学》一书就集结了十几位翻译学者的最新研究成果。该书中的研究均以形象学中的核心问题（如他者形象与自我形象的建构）为讨论核心，而没有将形象作为翻译研究中次要的、二阶的观察因子。

之所以将形象学视角引入翻译学，不仅仅是因为二者具有与生俱来的历史渊源，还因为二者具有相似的研究基础。叶普·列尔森（Joep Leerssen）（2007）在其具有重要影响力的论文《形象学：历史和方法》

("Imagology: History and method")中明确指出：形象研究本质上是比较性的，它关注的是跨越国家和民族的各种关系，而不是单纯的民族身份问题。换句话说，比较文学中形象研究的关注点是各种艺术形式，特别是文学作品的跨文化、跨民族的多样性特征。这一点正好与翻译跨语言、跨文化的本质特征相一致。作为跨文化交流最重要的形式之一，翻译是形象建构尤其是他者形象建构最常见的载体，它对于不同语言群体、不同民族的身份和形象建构具有不可忽视的作用。

此外，形象学与翻译学都具有描写性和历时性特征，均排斥以静态的、本质主义的视角来观察、解释文化现象和活动（van Doorslaer *et al.* 2016: 5-6）。形象学实质上是一种文学社会学，其关注点并不仅仅在文学层面，而是更接近于民族学或人类学层面，它关注的是文学文本所呈现出的民族性或其作为文学隐喻所反映的民族性，但这种民族性绝不是本质主义视域下的民族决定论（Leerssen 2007: 21）。由此可见，就文本内部这一研究范畴而言，形象学关注的并不是客观的社会存在，其研究对象并非真实的人类社会活动，而是人类社会话语与语篇中所呈现的特定群体的属性，形象不是脱离文本内核的外部存在，而是时刻渗透和浸润在文本核心之中的存在；就文本外部这一研究范畴而言，形象研究亦无法脱离社会历史时空而存在，任何身份和形象都是在特定的社会和历史空间中逐渐形成、传播并不断强化甚至定型的（达尼埃尔-亨利·巴柔 2001b: 158-174）。这与翻译学，特别是现代描写翻译学强调的语境化原则刚好一致，即必须将任何研究对象置于特定的社会历史文化语境中进行考察，才能进一步开展功能、产品和过程研究。由此可见，翻译学和形象学均关注研究对象的历史性（historicity）和语境性（contextuality）特征，都强调外部研究与内部研究相互参照、密不可分，这就使得两者具有了共同的、基本的研究立足点（van Doorslaer *et al.* 2016: 4）。

5.7.2 翻译中的他者形象

胡戈·狄泽林克（Hugo Dyserinck）(2007)在谈及形象学的研究范畴时曾指出，形象学主要研究文学作品、文学史及文学评论中有关民族的他者形象和自我形象。然而，其研究重点并不在于探讨形象刻画得是否准确，而在于研究形象的生成、发展和影响；换句话说，形象学研究文学或非文学层面他者形象和自我形象的发展过程及其中的缘由（胡戈·狄泽林克 2007：153）。显然，形象学关注的首要对象是他者形象，这个他者形象往往是通过文学的或非文学的作品呈现出来的另一个国家、民族、社会或文化的形象，而翻译恰好是他者形象的载体之一。

对于目标语文化而言，一般情况下，翻译作品所呈现的大多是来自另一种语言文化的群体、民族或种族的形象。虽然翻译作品所建构的形象不一定完全等同于源文本所呈现的形象，但译本一旦形成，就会通过在目标语文化空间中的不断传播产生影响，使得目标语文化社会对该译本所呈现的民族或文化形成某种相似的、固定的认识和看法，这种"在文学化、社会化的运作过程中对他者看法的总和"即为他者形象（达尼埃尔-亨利·巴柔 2001b：154）。对于翻译学者而言，重构他者形象的过程就是重构特定历史文化语境下某些或某类翻译产品的生产、流通和传播的过程。从这一角度来说，形象学视角为翻译的过程研究提供了一个全新的切入点。

翻译作品所呈现的他者形象一般都经过了翻译活动中相关主体的筛选和操纵。任何民族和文化都不是绝对单一和纯粹的，而是具有多样性和阶层性。和任何其他形式的文本一样，翻译所传递的他者形象只是在特定历史语境下建构的他者形象。任何翻译活动从其开始那一刻，就通过选取源文本文化里的某些作品而屏蔽了其他作品，为在目标语文化中呈现某种特定的文化形象甚至是文化偏见提供了可能。韦努蒂（Venuti 1998）曾提到，美国在二战后的二三十年间大量译介日本小说，但选择性极强，主要选择的是川端康成、三岛由纪夫和谷崎润一郎的作品。因此，直到20世纪80年代，日本在美国人心目中的形象仍如川端康成在《雪国》中所呈现的那般"缥缈、朦胧和不确定"（Venuti 1998: 71），而反映日本真实面貌和形象的文学作品却被边缘化了。不仅如此，由于美国在二战后一直处于西方文化的中心地位，其相关主体（如出版商和译者）通过有选择地翻译某些作品而塑造的具有川端康成式怀旧风格的民族和文化形象不仅误导了美国读者，甚至还影响了整个西方世界对日本文学、民族及文化形象的认识（Venuti 1998: 72-73）。由此可见，翻译对于他者形象的塑造和传播具有不可忽视的作用。

形象学不仅关注"他者形象的生成过程"，也关注影响"它们形成的深层次的社会历史原因"，以及它们在不同文化相互接触时所发挥的功能和作出的贡献（达尼埃尔-亨利·巴柔 2001a: 140-148），这一研究取向正好与功能导向的翻译研究相互契合。韦努蒂认为，日本小说的英语译本在美国社会所塑造的具有异域风情和独特美感的日本民族形象与二战后两国之间关系发生变化的历史语境密不可分。二战后，美日由原来的"死敌"转变为同盟和伙伴关系。此时，以川端康成为代表的日本作家相关作品的英译本刚好营造了一个与二战前日本穷兵黩武的形象截然不同的"朦胧的""被美化的"日本民族形象，这样的他者形象无疑对二战后美日外交关系的巩固和发展起到了推波助澜的作用（Venuti 1998: 72-73）。当然，这种作用是意识形态操纵下他者形象与自我形象不断互动和对话的结果。这种通过特定赞助人（尤其是政府出版机构）操控翻译活动来为相关政治伙伴塑造积极正面的他者形象的策略，以及为了抹黑敌对国家、积极建构其负面的他者形象的手段，甚至成为了某些目标语社会特定时期的国家文化政策。

综上所述，翻译无疑是塑造他者形象的重要手段和途径，分析目标语社会通过翻译来塑造他者形象的过程，有助于揭示翻译生产和传播过程中的各种规约性因素，如赞助人、意识形态、文化策略、国际环境及国家之间的关系。不仅如此，考察他者形象之于目标语社会文化自我形象的观照作用，还有助于深化我们对翻译功能的认识。这就涉及下一个话题，即形象研究另一个不可或缺的参照面——自我形象。

5.7.3 翻译与自我形象

现代形象学不仅考察他者形象的形成和传播过程，还十分关注他者形象如何促进自身民族文化身份和形象的建构与变化。列尔森（Leerssen 2007：29）明确指出，特定形象固定特征的形成是他性和自我身份相互作用的结果，因为他者形象和自我形象之间的关系是相对的，自我形象总是以观察者所处的位置为参照点。

实际上，自我形象一直是翻译研究文化转向之后最为活跃的概念之一。勒菲弗尔最早使用这一概念，但是他并未给出一个明确的定义，只是将其置于目标语取向下，聚焦目标语的自我形象，强调翻译对目标语自我形象的保护、改变和塑造功能（Lefevere 1992a：125-126）。翻译研究进入文化转向时期后，一直比较注重翻译对目标语社会民族文化自我身份和自我形象的建构功能。翻译——尤其是文学翻译——有助于创造集体身份、建构民族文化，这似乎已经成为目标语取向下翻译学者的共识。

目标语取向的先行者埃文–佐哈尔和图里一直比较关注不同历史时期的翻译对希伯来民族文学文化形象的塑造功能。图里指出，从18世纪至今，希伯来文学和文化先后历经了"德化""俄化"和"英化"时期，才最终形成了自己的民族文化，而这些变化都是通过翻译实现的（Toury 2012：161-178）。这里所谓的"德化""俄化"和"英化"也就是他性作用于希伯来本土文化，从而促使其自我形象不断变化和形成的过程。用图里自己的话来说就是，翻译"通过填补希伯来文化的空白及引进新的文学和文化模式"（Toury 2012：23），不断创造和更新希伯来民族文化的自我形象。

翻译还可能为了迎合目标语社会特定群体的文化、政治、宗教、精神等方面的需求，而改变或重构该群体的自我形象。勒菲弗尔详细考察了不同时期的《圣经》译本如何改变了欧洲大陆的自我形象,如路德的德译本不仅对德国的语言和文学产生了影响,甚至还改变了基督教和整个西方文明(Lefevere 1992a: 126-127)。雷纳·埃米格(Rainer Emig)则通过探寻翻译如何塑造现代诗坛名家威斯坦·休·奥登(Wystan Hugh Auden)的个人身份,考察其独特的诗歌和戏剧风格并探究翻译如何重新定义英语的文学文化身份,得出了"翻译是个人、民族或文化身份形成的先决条件"(Emig 2001: 203-204)这一重要结论。

翻译对目标语社会自我形象的改变和塑造,是通过自我形象与他者形象的互识和互补实现的,这不仅体现了"形象言说他者和自我的双重功能"(Leerssen 2006: 563),而且彰显了他者与自我的参照性和互动性。正因如此,形象塑造成了文化输出和文化推广的重要手段之一。由于他者和自我的关系是相对的,自我形象总是以观察者所处的位置为参照点,不少研究者开始关注文化输出过程中翻译对本国、本民族形象的塑造过程及其所产生的功效。例如,罗伯托·A. 瓦尔迪昂(Roberto A. Valdeón)(2016)引入了传媒研究中自我框建(self-framing)的概念,详细考察了西班牙《国家报》(*El País*)英文版如何逐渐摒弃传统的懒惰、狂热的西班牙民族形象,建构起一个现代性的崭新的西班牙民族形象。

形象学与翻译学的契合之处远远不止以上几个方面,作为一个新的视角,形象学无疑为翻译研究提供了更多的可观测变量。任何研究都存在一定的盲点或盲区,翻译研究亦不例外,形象学和翻译学的碰撞和结合可以促使双方从他者的角度审视自我,从而为"清除其各自的盲区提供新的可能"(van Doorslaer *et al.* 2016: 8)。

形象学视角下的翻译研究属于跨学科研究,形象学视角有助于丰富翻译研究的理论分析工具。首先,形象学与翻译研究都具有描写性和历时性特征,均排斥以静态的、本质主义的视角来观察和解释文化现象和活动,外部研究与内部研究的融合与统一有助于窥探翻译文本中的形象在特定社会和历史空间中逐渐形成、传播、强化乃至定型的整个过程,从而重建各个阶段翻译与形象塑造之间的互动关系。可以说,形象学为翻译学者探索翻译活动的社会历史文化特性,为我们认识翻译在人类文化传播过程中所发挥的作用提供了一个新的角度。其次,形象学与翻译学的结合有助于翻译研究借助"个体——群体——整体"的动态链来考察不同层面的形象的形成过程,为翻译产品、过程和功能研究提供多维度的观察视角。一方面,作为跨文化形象建构的重要手段之一,翻译文学在目标语中传播和建构特定国家和民族的文学形象、文化形象和文化身份。另一方面,目标语文化群体对外国文学、文化的形象认知反作用于译者的翻译活动,影响译者对翻译文本和翻译策略的选择,翻译作品所呈现的他者形象一般都是翻译活动中相关主体筛选和操纵的结果;此外,借助形象学的社会历史视角,翻译研究可以探究不同时期的国际环境、国家之间的关系、意识形态、赞助人等因素在译者身上和译文话语中的体现,探析他者与自我、边缘与中心、弱者与强者等各种动态关系在特定翻译活动中的体现,揭示不同文化间在不同历史语境中的博弈及妥协过程,为翻译学这一学科整体及其他文化转向下的翻译研究提供启示。

5.8 结语

本章介绍了文化转向背景下翻译研究的发展。翻译研究之所以发生文化转向,既有外部动力,也有内部原因。从学科的外部环境来看,随着文化学派的蓬勃发展,翻译学也受到了当代西方文化研究学术大潮的冲击和影响;从学科的内部发展来看,语言学范式下规范取向的翻译研究弊端日益凸显,亟须翻译研究从纯粹的语言层面拓展到文化层面,突破传统的语言学模式对译作和原作之间等值关系的关注,将翻译置于特定的社会、历史和政治语境下,采用描写性的研究方法剖析语言转换与交流背后的深层次文化原因。近年来,文化视域下的翻译研究侧重点有所转移,形成了历史转向、译者转向、政治转向、社会学转向、伦理转向、权力转向以及形象学研究等新的发展方向。这些研究虽然各有侧重,但总体而言都认为翻译并非一项发生在真空中的活动,主张在语言、文化、社会或历史的语境下开展翻译实践与翻译研究,它们代表了文化视域下翻译学的不同视角。

文化视域为翻译研究带来了新视野,但也有不少学者指出,它在认识论上完全脱离了以语言研究为主的传统翻译观,在方法论上过于夸大文化的制约作用,以至于偏离了翻译研究的本体,消解了翻译研究的学科边界。事实上,文化与语言在翻译研究中是不可割裂、不可偏废的。巴斯内特(Bassnett 2002: 23)曾指出,文化是人的身体,语言是这具身体的心脏,只有心脏与身体之间相互作用,人的生命力才能延续。这段话不仅适用于译者,也适用于翻译研究者:将文本与文化割裂开来,孤立地研究其中之一,是非常不可取的。

第六章 翻译研究的未来：疆域的拓展

翻译研究进入文化转向时期后，翻译理论的跨学科发展多以文学、文化、社会学和语言学等学科的理论发展为依托。这一时期，研究者尝试挖掘翻译活动的不同面向，翻译研究的视野也实现了从语言到文化、从意义到功能、从文本到语境、从译者个体到社会等不同维度的扩展。在理论发展的同时，市场需求的爆炸式增长和科技的迅速进步也刺激着翻译实践的全球化、产业化和智能化发展。翻译研究也因此开辟了许多全新的领域，传统的翻译模式在迎来了新的机遇的同时，也面临着新的挑战，翻译学的疆域正在进一步拓展。

6.1 翻译的产业化和专业化

近20年来，随着全球化的迅猛发展和社会职业分工的进一步细化，经济、政治和社会文化等方面的跨语际交流对专业语言服务的需求也日趋增加。在翻译协会、翻译公司和相关政府机构等各方力量的推动下，翻译活动改变了个人或单个机构各自为政的局面，开始面向市场，规模化经营；越来越多的专职译员出现；翻译职业的专业分工更加细致；译者教育培训和资格认证体系日趋成熟。这些现象都是翻译市场产业化

(industrialization)和翻译专业化(professionalization)的具体表现。

虽然翻译产业和翻译职业市场的发展日新月异,但目前相关研究尚未提出系统的、被广泛接受的理论范式。在翻译市场研究的语境中,翻译被视为一种产品或服务,翻译活动的跨语言和跨文化的性质让位于其社会经济特性。因此,相关的翻译研究也主要从专业社会学和产业经济学这两个学科寻找理论依托,借助相关概念和理论框架提供的分析视角和工具,来加深对翻译产业的认识或提出解决翻译市场现存问题的方案。本节首先简单介绍与翻译市场相关的描写研究,随后重点探索应用专业社会学和产业经济学相关理论研究翻译专业化与产业化的可能性。专业化与产业化是翻译市场化进程的一体两面。前者从职业译者角度出发,属于专业社会学的范畴,研究翻译从普通职业提升至专业所经历的阶段和所需达到的指标,以及在这个过程中各方的作用和角力;后者从产业发展角度出发,属于产业经济学的范畴,主要关注产业规范、价格机制、质量控制等相关问题。尽管这二者源自不同的理论框架,但都指向建立翻译市场秩序这一最终目标。

6.1.1 翻译市场描写研究

翻译职业和产业发展研究的基本特征是以市场为导向,尤其是在产业化的较早阶段,客观描述市场状况既是理论研究的基础,也是其目标之一。因此,早期的许多研究以描写翻译市场状况为主,致力于对翻译市场现状——如翻译市场规模、译者的社会地位和薪酬待遇、翻译课程和专业培训以及翻译资格认证在市场上的接受度等——进行客观描述。早期的描写研究中最有代表性的是达尼尔·葛岱克(Daniel Gouadec)(2007)的专著《翻译这一行》(*Translation as a Profession*)。该书对翻译职业市场的描写相当全面细致,几乎可以作为职业译员的入门指南。该书着眼于职业译者工作中的具体场景,紧贴职业译者工作的方方面面,关注译者切身利益,详细介绍了翻译这一职业的特点、工作流程、角色分工、相关机构、相关培训以及行业新发展带来的挑战等。类似的文献还有Choi & Lim（2000）对韩国翻译市场的现状和问题的综述等。

尽管此类文献能够为从业者提供大量实用信息，但大多属于经验之谈，缺少客观的研究方法和理论指导。有鉴于此，一些采用社会学方法的研究用问卷调查加访谈的方式来收集翻译从业者的第一手资料。这些研究涉及翻译职业生活的各个方面，如借助问卷调查对比分析普通全职译员和公司核心员工各自心目中译员应有的薪酬、教育程度/专业程度、可见度/声誉和在公司内部的权力/影响力（Dam & Zethsen 2008，2009）。其他类似的调研还包括东盟国家的翻译市场和译者地位研究（Chan & Liu 2013），马来西亚的译者地位和自我认知研究（Kang & Shunmugam 2014）等。

Bowker（2005）通过分析加拿大翻译协会会刊和招聘广告发现，译者的专业资格认证缺乏公众认可度，招聘者更看重译者的学历和工作经验，对翻译专业资格认证机制不甚了解。其他相类似的研究也从不同侧面证实，译者职业地位偏低是全球性的普遍现象；作为一种需要专业知识技能和道德规范的职业，翻译尚未得到充分认可。问卷调查和访谈的方法一定程度上弥补了传统经验式论述的不足，是了解市场情况，尤其是从业人员职业状况的最佳途径。在描写的基础上，翻译市场研究的重点在于，通过理解和分析翻译市场状况以及选用更有效的理论视角，帮助研究者深度了解翻译市场的运行规律，解决产业化发展各个阶段所遇到的问题。在上述研究当中，社会学实证研究方法的普遍使用也反映出翻译市场研究的社会学性质，说明社会学学者针对职业和专业提出的一些理论可以用来考察翻译产业化的现状。

6.1.2　翻译的专业社会学研究

专业社会学是工作社会学（Sociology of Work）的细分领域之一，主要研究对象是具有较高社会地位的一类工作——专业（profession）。尽管国内常常将profession译作"职业",但在专业社会学的理论框架中,occupation和profession之间是有区别的,而且这一区别是其研究的根本出发点。因此,只有将二者分别译为"职业"和"专业",才能体现它们之间的差异。职业指人们经常从事的有报酬的工作,翻译——还可细分为笔译和口译——就是最基本的职业类别之一;而专业首先是一种职业,此外还要求从业者受过正式训练、具有较高学历和专业知识技能并享有较高声望和社会地位,我们最熟悉的、最典型的专业就是医生和律师这两类需专门学习的专业。简而言之,所有专业都是职业,但并不是所有职业最终都能成为专业;或者说,并不是所有有工作、有稳定收入来源的人都可以称为专业人士(professional)。目前国内翻译业界、教育界和学术界对翻译职业化的相关论述和研究,本质上描述了翻译从一种有报酬的工作(即职业)——通过建立高等专业教育和培训体系、实施资格认证和行业准入制度、规范职业道德和行业标准、提高从业者的薪酬和地位、获得社会认可等——逐渐向专业转变并获得专业地位(professional status)的过程。因此,我们认为,在专业社会学的理论框架中,使用"专业化"一词来对应英文的professionalization能够更准确地体现翻译职业地位提升的目标和过程。

在20世纪30年代专业社会学兴起之初,由于英美学者热衷于通过总结专业的一系列特征而对其进行分类学的定义(taxonomic definition),因此专业社会学又被称为特征论(trait approach)。在这条研究路径上,不同学者对不同职业的特征的总结千差万别,但其中仍存有共识。一般认为,专业之所以成为专业,需具备这样一些基本特征:专门的知识和系统的理论,以高等教育、资格认证和培训为基础的行业准入机制,职业道德规范和专业协会组织,从业者具有较高的教育水平、社会地位和薪酬回报(Adams 2013; Gorman & Sandefur 2011)。

在翻译研究领域,借鉴特征论的研究方法有助于翻译学者和译者明确行业发展的现状和前景,了解专业化的发展目标。安娜·威特—梅里修

(Anna Witter-Merithew)和蕾拉妮·约翰逊(Leilani Johnson)(2004)以特征论为基础,探讨了美国手语口译市场的专业化程度,将手语口译的专业化指标总结如下:(1)形成系统化的理论;(2)从业者对相关政策的制定有相当的影响力;(3)从业者能够取得已确立并被认可的行业和政府标准的学历和专业认证;(4)确立行业新手通过引导、监督和直接指导进入专业领域的程序;(5)确立反映专业理想和标准的道德规范;(6)明确薪资和福利范畴;(7)从业者在专业领域内有继续发展的空间;(8)努力获取公众对符合行业标准的服务的认可;(9)从业者之间有互相激励、维护共同使命的文化或正式的社群,此类社群以专业协会为主要形式。

自20世纪60年代开始,专业社会学逐渐采用了一种更为动态的研究范式来发掘专业特质,相关学者开始研究专业化过程。此类研究认为所有职业都处于不同程度的专业化过程中,它们考察职业团体实现专业自主的社会条件,关注专业化过程中相关各方争取专业自主权和管辖权的角力和斗争(Gorman & Sandefur 2011;Wilensky 1964)。因此,这一研究范式又被称为权力论(power theory)或控制论(control theory)。在考察像翻译这样正处于上升期的专业时,既绕不开对专业特征概念框架的总结性建构,也要考虑行业迅猛发展的现实。因此,从事翻译职业研究的学者在有意识地引入工作社会学的理论时,还结合了特征论和专业化过程的思路,选取了结构学派的研究路径。结构学派认为专业化过程存在确定的次序,强调各种结构性制度——如培训体系、职业团体、规章制度、道德准则等——在专业化过程中的决定性作用(Wilensky 1964)。翻译专业化过程研究试图在某一地区的行业市场中划分出翻译专业化发展的各个阶段,并明确各个阶段专业指标的完成情况。目前这方面的研究多集中在口译专业,乃至更细化的法庭口译和手语口译专业,针对笔译专业化过程的研究相对较少,这也与口译相对于笔译专业化程度较高这一市场现状有关。

皮姆等学者(Pym *et al.* 2013)综合运用专业社会学理论,为欧洲议会笔译总司撰写了有关欧盟翻译行业地位的报告。报告指出,与会议口译市场相比，笔译市场包括的范围更广泛，开放度更高，机构的介入显然无法有效地阻止不合格的从业者进入市场。报告还指出，欧洲各国的翻译产业远未成熟，若要推动翻译市场的进一步发展，就需要专业协会、翻译公司、法律权威机构以及负责专业资格认证的政府机构共同积极地干预市场发展。

在专业化过程中，专业协会发挥的角色至关重要，也应是主要研究对象。皮姆对全球217个笔译/口译协会的定位和功能进行历时性分析后发现，译者组织交流策略的变化反映了译者组织的性质从把关人到社区的深刻转变；如今的协会规模越来越小，方向划分得越来越细致，且逐渐转向组织成员进行交流、学习和开展政治活动的社区性质（Pym 2014: 481-484）。

整体而言，翻译专业化过程研究还处于较早期的发展阶段，公众对翻译专业还有相当程度的误解，其专业地位甚至准专业的地位远未得到普遍认可。

6.1.3 翻译专业社会学研究的反思

早期的专业社会学研究基本上都以欧美国家的医疗和法律专业为研究对象，后来才逐渐将注意力转向一些发展中的新兴专业，如教育、护理等。这些研究或许对翻译专业化过程研究有一定借鉴意义，但上述专业与翻译专业之间仍存在巨大的行业差异和社会文化背景差异。因此，当我们从专业社会学的视角审视翻译职业发展时，应植根于对翻译实践和翻译本质的理解。

专业社会学的观点是，专业或专业化并没有也不可能存在一个统一的标准。这种不确定性基于以下认识：(1) 专业——或者说专业地位——本身处于不断变动的动态过程中，即便是通常被认为取得了较高社会地位的医疗和法律专业，随着科技和社会文化的发展，也要面对新的挑战和专业地位的变动。(2) 就行业本身的属性而言，并非所有的职业知识都同样深奥难解，并非所有职业都需要以接受同等程度的教育为先决条件。因此，当翻译界为翻译专业化摇旗呐喊、积极建构市场准入制度时，仍然要面对翻译资格认证的市场接受度不高、翻译市场具有相当程度的开放性这一现实状况。在这种情况下，与其以完全的、绝对的专业化为终极目标，不如先审视并反思一些业内认为理所当然的方面，明确翻译专业化的目标定位。

专业地位意味着一定程度的专业自主权，即专业人士有权决定自己的工作内容和方式。影响专业自主权的社会历史因素十分复杂，但其根本前提还在于专业本身，即专业知识要足够复杂艰深，以至于没有接受过专门教育的外部人士很难理解或掌握这些知识。只有这样，专业人士才能获得客户和社会的认可，也才有可能从国家的政策或法规层面落实市场准入制度。也就是说，一定程度的专业排他性（professional exclusivity）是保证专业地位的前提。然而，相较于西方国家专业社会学的经典研究对象——医疗和法律专业而言，我们不难理解职业译者所需的知识和技能并不能毫无争议地达到专业排他的程度。首先，翻译能力研究和译者能力研究所揭示的翻译职业技能中有相当一部分并非翻译专业所独有，有时懂外语的专业人士比不懂专业的译者更能胜任那些专业性强的翻译任务。其次，目前的翻译职业教育主要以技能为导向，复杂抽象的理论研究或有帮助，但起不到决定性作用。再次，在全球化、网络科技发展以及国家政策等多重因素的作用之下，双语能力教育和跨文化能力教育日渐普及，这必然导致整个社会对翻译职业的认识偏差，使翻译市场仍保有一定程度的开放性，增加推行行业准入机制的难度。相关调查也显示，市场对翻译资格认证的接受度不高（Bowker 2005）。

一定程度的市场准入机制能够同时保护客户和从业者的利益，有助于维护市场秩序。就翻译专业而言，要实现完全的市场垄断式的控制——即只有获得资格的人才可以从事翻译工作——显然是不现实的，甚至并不一定总是好事。譬如，外语好的哲学家可能比外语更好但缺乏哲学素养的专业译者更有资格从事哲学翻译。具有讽刺意味的是，在这个具有专业排他性的场景中，被排挤的竟是译者本人。当然这并不具有普遍意义，除了传统意义上的完全专业化之外，还可以根据专业化的不同程度和性质，划分出其他的专业类型。半专业（semi-profession）是指翻译这类新兴专业，与其类似的专业还包括工程、教育、护理等，它们只具有部分专业特征，或专业特征表现较弱；辅助专业（para-profession）指具有部分专业特征、主要为成熟专业提供辅助性服务的职业，如辅助医务人员（paramedic）（Volti 2011：156）。此外，贝尔（Bell 2000）还提出了伪专业（pseudo-profession）和初级专业（proto-profession）的概念。前者只是模仿专业或声称自己是专业，但实际并未获得社会认可；后者处于专业化发展早期，有望获得专业地位。贝尔认为翻译应专注于目前初级专业的地位，并相信假以时日，翻译专业有可能发展成为成熟的、完全的专业。

上述对专业种类的划分可以为我们思考翻译专业化的目标定位带来一些启发，比如翻译职业内部是否可以作层级性的划分。威特—梅里修和约翰逊（Witter-Merithew & Johnson 2004：25-26）指出，正如在护理、医疗、教育、法律等专业领域内都存在辅助专业和专业的层级划分（不同层级的专业在知识、技能和评价标准上都有区别），口译专业中也存在实际上的层级差异，只是尚未规范化。再进一步，面对网络时代下的非职业翻译热潮，我们还可以考虑将非职业翻译纳入翻译市场的层级当中，与其他类型的职业翻译共同构成翻译市场的有机组成部分。除了纵向的层级划分之外，横向的细分专业之间也存在着极大差异。如上文所述，口译与笔译的专业化发展步调并不一致，在某种程度上可以说，口译相对于笔译更容易获得专业地位。而在口译内部，又可以对相关情况作进一步细分，如会议口译20世纪50年代开始获得国际声誉，迅速职业化；社区口译的职业化则分领域逐步展开，其中的法庭口译在20世纪末才开始与一些专业标准挂钩。

影响专业地位的因素多种多样，除了上述提到的专业知识和技术的高深程度之外，还有一些因素也会影响某种职业在社会结构中的地位。据统计，在专业社会学领域，20世纪末至今最热门的话题就是与专业实践以及与获得实践机会和奖励相关的各种不平等问题，涉及性别、种族/民族、移民地位及社会经济地位等维度（Adams 2015）。在专业与权力不平等的话题之下，翻译研究尚有大量可以发掘的话题，如译员性别比例和专职兼职的比例。专业社会学者认为，一些处于半专业地位的职业（如护理）在获得专业地位的道路上困难重重，其中一个可能的原因是这些职业的女性从业者比例较高。一方面，相对于"男性工作"而言，"女性工作"常常被认为"价值不高"；另一方面，这些工作常常被认为与"传统女性的美德"（如同情心、服从态度以及自我牺牲精神）相关联，而与获得专业地位所必需的自主权和权威性关联较弱。由于这些原因的存在，以女性为主的职业在获得完全的专业地位的道路上将遭遇更大的阻力。世界各地的翻译市场调查报告显示，各个国家和地区的女性译者占比在70%以上。尽管有报告初步认为，译者性别比例与翻译职业地位之间并无直接关联（Pym et al. 2013: 75），但鉴于社会性别差异在现代职业生活中影响深远，对翻译研究和译者的职业发展都具有相当程度的理论与现实意义，因而这一话题仍然值得我们进行更多的理论探索和实证研究。

6.1.4　翻译的产业经济学和项目管理

除了上述关注翻译专业地位的专业社会学层面，翻译产业化研究还可以从产业经济学层面展开，相关研究通常运用信息不对称理论和信号传递理论来分析影响翻译产品价格（译者的薪酬）的因素。信息不对称理论是指在市场经济条件下，买卖双方不能完全占有对方的信息，以免双方争取自己利益最大化的同时损害另一方的利益；信号传递理论是指尽管买卖双方之间存在信息不对称现象，仍可以实现潜在的交易收益。

网络化时代对翻译市场的影响不容忽视。网络沟通方式的发展使翻译工作和翻译协会的组织模式发生了转变。在全球网络化环境下，标识译者专业地位的社会信号逐步转向电子媒体，随之兴起的外包翻译、志愿翻译和机器翻译常常被视为扰乱翻译市场秩序的因素。事实上，网络科技发展或许会在初始阶段带来市场失序，但随着时间的推移，会发展出新的传递不同翻译水平的信号机制，而译者专业地位的确立手段也应作出相应调整，以适应兼容电子沟通模式的信号传递方式（Pym *et al.* 2016）。

除了专业社会学和产业经济学的理论之外，翻译产业化研究还从许多其他相关学科的理论中汲取了养分。例如，探讨项目管理的概念、工具和技巧在翻译和本地化项目中的应用问题（Dunne & Dunne 2011），利用风险管理理论尝试为翻译和本地化服务建立风险来源模型（Dunne 2013），以及用人力资源管理和成人学习理论尝试建立译者职业发展评估框架（Alowedi 2015）等。

6.1.5 去专业化的忧虑与挑战：互联网时代非职业翻译的兴起

在当今新媒体革命的时代，互联网协作技术的发展推动着全球文化的生产、传播和交流转向以计算机为媒介（Manovich 2001：19）。文化全球化和网络化创造了海量的翻译需求，单凭商业翻译无法满足这些翻译需求，于是在互联网互动、协作和传播等相关技术的支持下，消费生产合一的参与式网络文化蓬勃发展，出现了大量乐于无偿翻译的"义工"。他们以翻译为乐，在业余时间从事免费的翻译活动，历经十几年的时间已经发展成为一股不容忽视的"互联网翻译大军"。

基于互联网共享精神和参与式文化（participatory culture）的非职业翻译大潮，已经从根本上改变了过去自上而下的由国家、行业机构、出版社等赞助人发起的跨文化传播模式；在赞助人缺席或者不能满足受众的需求的情况下，过去的文化传播的受众主动站在了跨文化传播者的位置上，制作他们想要的翻译产品，建构他们理想的语言文化交流模式。从这一意义上来讲，以字幕组为代表的互联网志愿翻译者们，已经为翻译实践，尤其是服务于跨文化交流的翻译实践带来了深刻的变化，促使我们重新审视翻译过程中各个参与者的身份角色和相互关系。功能学派中的委托人、目的说和忠诚原则,勒菲弗尔的赞助人的概念以及关于译者主体性和主体间性的讨论,在这种新的翻译模式下都产生了新的意义和讨论空间。

新兴的翻译现象引起了业界和学界的普遍关注,用来描述这一现象的术语可谓五花八门,其中包括:非职业翻译(non-professional translation)、网络翻译(online translation)、业余翻译(amateur translation)、粉丝翻译(fan translation)、社区翻译(community translation)、用户生成翻译(user-generated translation)、众包翻译(crowdsourcing translation)、志愿翻译(volunteer translation)和参与式翻译(participatory translation)等。

这些术语反映了不同学者对这一翻译现象的不同关注点。例如,网络翻译反映其传播渠道,业余翻译侧重于译者身份,粉丝翻译体现了译者动机,社区翻译强调服务目的和服务对象。美奈子·奥哈根(Minako O'Hagan)(2009:97)从媒体研究领域借用了新媒体时代的互联网术语——用户生成内容(user-generated content),以用户生成翻译来指任何个人自发在数字媒体空间所进行的无偿的翻译活动。众包翻译源自美国记者杰夫·豪(Jeff Howe)(2006:1)的新创词——众包,即公司或机构通过公开征集的形式,将原本应由员工完成的工作外包给不确定的大众完成。众包集合了大众(crowd)的力量和产品外包(outsourcing)的自上而下的模式。2008年,社交网站脸书(Facebook)成功借助40万忠实用户的共同参与将其网站实现了60种语言的本地化。这是众包翻译的一个典型案例。众包翻译在翻译行业协会报告和出版物的翻译过程中也得到了广泛应用(Baer 2010;Dodd 2011;Ray & Kelly 2011a,2011b)。

鉴于我们在此讨论的重点是翻译职业所面临的来自非职业翻译的挑战,因此主要使用非职业翻译这一术语。非职业翻译指那些自发进行的、不收取报酬的翻译活动。自此类翻译出现以来,不少职业译者和翻译学者都将其视为对翻译行业的威胁,关于非职业翻译的质量、标准和伦理问题的担忧和探讨从未停止（Mcdonough-Dolmaya 2011）。这些学者指出，无偿的非职业翻译可能扰乱原本就问题重重的翻译市场，影响职业译者的工作机会和市场价格；而更多的学者则对此持乐观态度，认为这是日益开放和多样化的翻译市场面临的挑战乃至机遇。理由如下：

1）职业翻译并不能完全满足市场对翻译的巨大需求，非职业翻译的出现是对职业翻译的有效补充。互联网上的英文内容与其他语言内容之间的信息不对称催生了大量的翻译需求。文化全球化和网络化所催生的海量信息使得翻译的内容和领域急速扩张，大量的娱乐、影视资料为渴望接触全球文化的网民提供了便捷的入口。但由于版权交易规则、商业规则以及国家政策给文化产品的引入设置了种种限制条件，这种翻译需求没有通过商业途径得到满足，造成了供应与需求之间的缺口，而非职业翻译的出现恰恰在一定程度上填补了这一翻译缺口。

2）非职业翻译常见的协作和共享的工作模式顺应了当今数字时代的发展趋势，对翻译行业的发展具有相当的启发意义。在当今后工业时代的信息社会中，非职业翻译一直是劳动力市场结构的最大威胁，也是职业翻译身份和生计的最大威胁（Pérez González & Susam-Saraeva 2012: 151）。奥哈根（O'Hagan 2009: 116）注意到，在全新的开放、协作和分享的数字时代，职业翻译现有的工作模式中潜在的问题日益凸显，翻译专业应当反思并积极响应这一潮流所带来的变化，谋求发展和进步。

3）通过某种分工配合的方式，非职业翻译有可能为职业翻译带来更多的专业发展机会。事实上，尽管非职业译者能够完成某些翻译工作，表面上看来有取代职业译者之嫌，但他们所承担的翻译任务大多工作量大、标准低、时间紧迫，需要大量译者协同完成，这就需要受过专业教育和培训的职业译者一同参与进来。正如美国语言行业独立调查机构卡门森斯顾问公司[1]的报告（Ray & Kelly 2011b）所显示的，非职业翻译带来了更多的

1　Common Sense Advisory，该公司现已更名为CSA Research。

翻译编辑和审阅这类对专业技能要求更高的工作机会。因此，许多学者颇为看好职业翻译和非职业翻译之间协同合作的前景：职业译者能够提供较高水平的职业技能和服务，能够促使非职业译者注重提升专业技能。此外，项目和进程管理、技术支持、术语控制、质量保证及资格验证等也都是职业译者与非职业译者可以合作的方面。

在翻译教学方面，尽管还没有普及，但已有不少翻译教师开始将网络翻译平台和志愿翻译项目融入翻译课程设置和教学实践。志愿翻译项目为译者提供了锻炼的平台，为其从事职业翻译工作积累了翻译经验和资本，能够帮助其顺利实现从学生到职业译者的转换。在翻译学习的同时进行志愿翻译，不但能够帮助学生提高翻译技巧，更重要的是，还能够提升学生的社会服务意识，培养其团队协作能力，帮助其积累经验，为职业道路发展作好准备。

就像其他经济领域中出现的消费者积极参与产品生产的趋势一样，由翻译受众发起的非职业翻译可以与职业翻译形成一种互为补充的动态平衡关系，二者通过合作翻译、翻译教学、职业培训、分工细化、相互转换等方式构成翻译产业的不同侧面。此外，速度快、完成量大的非职业翻译与专业优质的职业翻译可以分工配合，各取所长（如聘请职业译者对非职业译者翻译的产品进行编辑修改），为翻译市场发展提供更多的机会。另外，由于不受出版社和行业机构对翻译选材和策略选择等方面的限制，且享有一定的自由度，无偿的非职业翻译甚至可以成为一些翻译新规范的试验场，这一点在字幕组的翻译实践中体现得尤为突出。

事实上，技术和网络科技进步所带来的去专业化浪潮冲击着包括医疗和法律在内的所有专业（Gorman & Sandefur 2011：280）。翻译这样的新兴职业原本就立足未稳，自然也不能幸免。从表面上看，非职业翻译的去专业化趋势与职业翻译的专业化趋势代表了两个截然相反的发展方向，但这并非意味着二者绝无相容的可能。本节简单介绍了职业翻译与非职业翻译合作互补的可能方式，但理论层面的探讨和市场层面的实践只是刚刚起步，当我们能够正视这一趋势并接受其存在的合理性之后，将有许多新的课题可以深入探讨。

6.2 语料库翻译研究

作为描写翻译研究的一个重要组成部分，语料库翻译研究是伴随着语料库语言学的蓬勃发展而兴起的。在前语料库时期，由于受到数据规模的限制，翻译研究领域无法展开大规模的定量研究，因而以定性研究为主。描写性研究范式出现后，在多元系统理论的视角下，翻译被视作目标语多元系统（包括文学、文化、历史等）的一部分，对"理想翻译"的追求逐渐让位于对"真实翻译"的描写。特别是在基于语料库的研究模式出现后，随着语料库规模的扩大以及技术的发展，系统客观地描述翻译产品、翻译现象乃至翻译过程都成为可能，对翻译的研究变得更加直观科学。自贝克（Baker 1993，1995）提倡结合大型语料库进行翻译研究以来，语料库翻译研究受到越来越多学者的关注。该领域发展至今二十余年，成果有目共睹，研究方法与手段也随着科学技术的进步与日俱新，日臻成熟。正如费代里科·扎内廷（Federico Zanettin）（2012：1）所言，在描写翻译研究中，语料库研究方法几乎占据了主流；许多大学开设的译员培训课程里，基于语料库的语言培训亦成了标配。时至今日，基于语料库的翻译研究（Corpus-based Translation Studies，简称CTS或CBTS）已经发展成为翻译研究下的一个分支，并涵盖了众多不同的研究方向。以下将主要对国外语料库翻译研究作概括性介绍。

6.2.1 用于翻译研究的语料库类型

语料库的设计与类型划分是语料库研究中的一个重要话题，依据不同的研究目的及分类标准，可以将语料库划分为不同类型。国际上学者们曾对可用于翻译研究的语料库类型有如下讨论：

西尔维娅·贝尔纳迪尼等人（Silvia Bernardini et al.）（2003）曾大致将语料库分为单语语料库（monolingual corpora）、可比双语语料库（comparable bilingual corpora）和平行语料库（parallel corpora），其中后两者均包括可相互匹配进行对比研究的源语与目标语子库，因此均可用于翻译研究。

一般来说，可用于翻译研究的平行语料库包含源语文本及与其在一定层面上平行对齐的目标语文本，这种对应关系既可以是单向的（源语文本→目标语文本），如兰卡斯特大学的Babel英汉平行语料库（the Babel English-Chinese Parallel Corpus）；也可以是双向的（包含两种语言各自的源语文本及对应的目标语文本），如由奥斯陆大学英美研究系研制的英语–挪威语平行语料库（the English-Norwegian Parallel Corpus，简称ENPC）；还可以是多向的（包含多种语言的源语文本及各种语言之间互译的译本），如奥斯陆多语种语料库（the Oslo Multilingual Corpus，简称OMC）。而可比语料库的可比性则来自库中文本相近的抽样标准和方法，这些文本组合既可以是单语的，也可以是双语的；既可以包含同一种语言的原创文本及翻译文本，也可以包含不同语言的原创文本。例如，FLOB英国英语语料库（the Freiburg-LOB Corpus of British English）（原生英语）和COTE语料库（the Corpus of Translational English）（翻译英语）可构成单语的可比语料库；FLOB语料库与兰卡斯特汉语语料库（the Lancaster Corpus of Mandarin Chinese，简称LCMC）（原生汉语）可构成双语的可比语料库。

从语体、语域的覆盖面来看，语料库又可划分为通用语料库和专门用途语料库。前者包含多种语体和语域，"主要用来在总体上描述一种语言或语言变体"（McEnery et al. 2006：15），如英国国家语料库（the British National Corpus，简称BNC）以及上面提到的FLOB、COTE和LCMC，这些语料库都可能包含不同语体和语域的子库；后者用于专门用途的研究,如博洛尼亚大学的欧洲议会口译语料库(the European Parliament Interpreting Corpus,简称EPIC)、名古屋大学的CIAIR(the Center for Integrated Acoustic Information Research)同传语料库等。

扎内廷(Zanettin 2012)从单语、双语和多语及可比和平行的角度对翻译语料库的类型进行了阐述,并绘出图6.1。他指出,双语交互式语料库如图6.1的下半部分所示,是一个被对角线切开的正方形,其中不同的子语料库位于各个对角上。多语交互式语料库的结构较为复杂,可以描述为星形或菱形结构,图6.1中未包含相关图形。

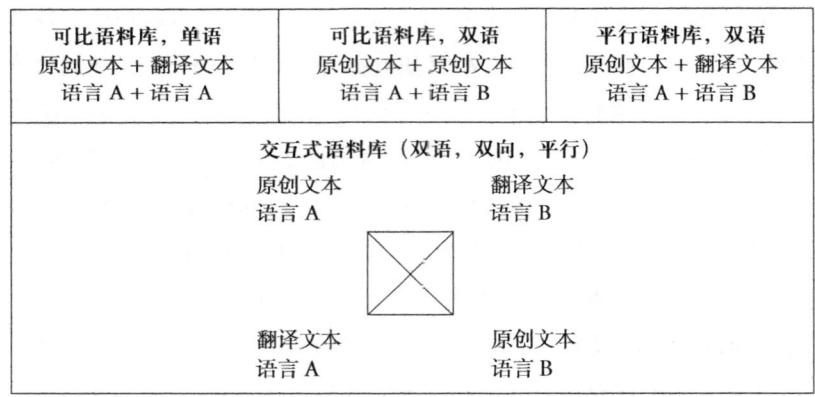

图6.1 翻译语料库的类型(Zanettin 2012: 11)

此外,近年来翻译语料库的材料形式更加丰富,出现了口译语料库(Costantini *et al.* 2002)、翻译电影语料库(Mouka *et al.* 2015)、翻译过程语料库(Serbina *et al.* 2015)等多模态语料库。限于技术等原因,目前此类语料库大多属于专门用途语料库,仍多采用人工标注、校对的方式,耗时费力,建设成本高,因而规模受到制约。然而,此类语料库具有广阔的发展前景,对语料库翻译研究具有不可小觑的探索与示范意义。

6.2.2 语料库翻译研究概览

语料库方法既适用于产品导向和过程导向的翻译研究，也适用于归纳型和演绎型的翻译研究（Laviosa 1996）。图里（Toury 1995：10）根据霍姆斯对翻译学所涵盖的内容的描述，绘出如下结构图[1]：

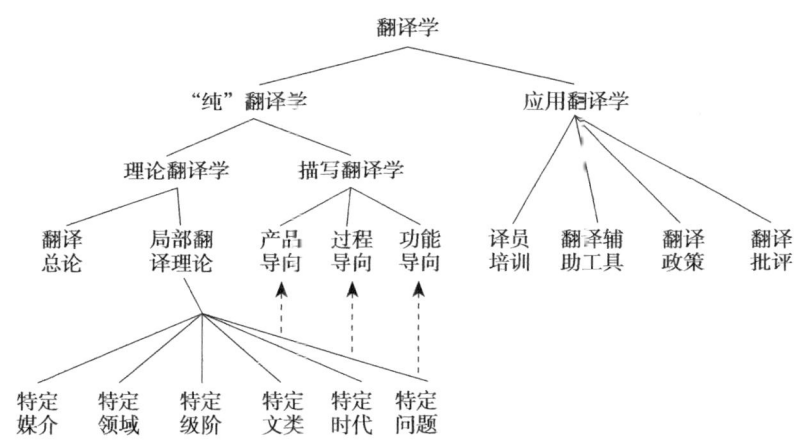

图 6.2　霍姆斯的翻译学图谱（Toury 1995：10）

结合已有的研究成果来看，从理论上讲，语料库几乎可以与理论翻译学及应用翻译学的方方面面相结合，为后两者提供一种更直观、更科学有效的研究方法。基于语料库的翻译研究成果丰硕，著述颇多，一些著名的学术期刊还专门推出过语料库翻译研究的特辑，如由萨拉·拉维奥萨（Sara Laviosa）主编，1998年出版的《媒他》第43卷第4期，主题为"基于语料库的方法：翻译研究新范式"（The Corpus-based Approach: A New Paradigm in Translation Studies）。到目前为止，有关语料库翻译研究的文献主要涉及两大类：理论建设和实证探索。

---

[1] 图里所绘的图中未包括霍姆斯提到的翻译政策（translation policy），本书作者已增补。

6.2.2.1　语料库翻译研究的理论建设

在理论建设方面，国外相关学者主要针对语料库翻译学的研究领域、研究对象和研究方法等问题进行了理论上的探讨。

贝克在其20世纪90年代发表的一系列语料库翻译研究的文章（Baker 1993，1995，1996，1998）中，主要从理论角度详细探讨了将语料库与翻译研究相结合的意义，语料库翻译研究的目标和重点，翻译研究中不同类型语料库的具体应用领域，语料库翻译研究中的一些重要概念，以及语料库翻译研究在发展过程中所面临的问题和挑战。铁木志科（Tymoczko 1998）也探讨并肯定了语料库研究方法在整个翻译学科中的重要地位，但同时也提醒大家，要注意因过度依赖定量数据而导致的研究形式僵化、研究内容空洞等问题。米瑞安姆·谢莱森格（Miriam Shlesinger）（1998）不仅论述了将语料库方法应用于口译研究的优缺点，还深入探讨了借助语料库取得丰硕的口译研究成果的两种方法：（1）根据研究目的直接建立或参与建立新的平行语料库和对比语料库；（2）从已有的单语语料库中提取有用的材料，将其应用于口译研究。桑德拉·霍尔沃森（Sandra Halverson）（1998）探讨了在创建翻译语料库过程中的语料代表性问题，认为在开展语料库翻译研究时应将研究目标、研究理论与研究材料联系在一起；若从本体论和认识论的角度出发，原型范畴理论在帮助研究者选择代表性语料方面要优于经典范畴理论。克尔斯滕·马尔姆克（Kirsten Malmkjær）（1998）探讨了应用平行语料库解决翻译研究问题的优势与存在的困难，提出了如下观点：（1）翻译平行语料库的规模可以不必太大，但要包括源语文本及尽可能多的与其对应的目标语文本；（2）应将文学体裁的文本与非文学体裁的文本分开考虑；（3）文本分析与阐释亦应在语料库翻译研究中得到重视。

扎内廷（Zanettin 2012）所著的《翻译驱动型语料库：描写与应用翻译研究中的语料库资源》（*Translation-driven Corpora: Corpus Resources for Descriptive and Applied Translation Studies*）对语料库翻译研究作了全

面的介绍与探讨；从应用于翻译研究的语料库的类型、语料库翻译研究目前所取得的成果及存在的问题，到翻译语料库的获取、设计、标注以及所使用的语料库工具和对数据的分析方法，作者均作了详细说明，并提供了一些实践材料与范例。在此基础上，作者还对语料库标注标准的建立与统一等问题提出了自己的看法，为语料库翻译研究的发展方向提出了建议。该书体现了扎内廷对语料库翻译研究的系统化思考，也为当下语料库翻译学的理论建设与发展提供了助力。

里雅德·哈利勒·易卜拉欣（Riyadh Khalil Ibrahim）（2015）主要着眼于翻译研究的语言学层面，探讨了语言对比研究、作为应用语言学研究分支的翻译研究与计算机语料库之间的关系。他认为，这三者之间交叉互动的关系使研究者逐渐对真实语料产生了依赖感，这在某种程度上改变了传统的研究模式：语言对比研究的关注范围得到了扩展，研究对象从语言系统扩展至语言使用；大量的源语与目标语电子文本语料为职业译者提供了多种便利的参考；而对于基于翻译语料库的语言对比研究来说，对比真实的语料有助于解释翻译中出现的种种现象。因此，对作为一种交际行为的翻译来说，若能找到适合其自身的描写研究工具并善加利用，无疑会对发展出一种成熟的描写性研究范式大有裨益，而计算机语料库会在这个过程中扮演决定性的角色。

索菲娅·玛拉玛蒂朵（Sofia Malamatidou）（2018）则在她的书中介绍了——或者说整理出了——一种开展语料库翻译研究的思路，尝试了一种将理论与实践相结合的方法。她试图通过将一种基于新的VVA（variables, values & attributes）语料库分类方法的数据互证模式和定量与定性研究方法的对比互证模式结合起来，构建一种更为严密而有说服力的语料库三角互证（corpus triangulation）研究模式，并将这种方法论框架应用到基于语料库的翻译实证研究中去。

可以看出，经过20多年的发展，语料库翻译学理论已愈加系统化与成熟化，目前正持续朝着跨学科的方向向纵深发展，其解释力与应用范围也在不断地扩大。语料库翻译学终究是一门实证性质的学科,理论研究来源于实践,其研究结果又需要在实践中得到验证,以进一步指导实践发展;如此循环往复,语料库翻译学最终将走向成熟。虽然目前语料库翻译学离成熟尚有距离,但在大量实证研究成果的支持下,相信其理论框架与方法论体系也会发展得越来越完备。

6.2.2.2 语料库翻译研究的实证探索

翻译研究者可以利用复合语料库进行历时性(diachronic)和共时性(synchronic)的探索。前者是指通过系统观察言语使用的历时特征,发现语言演化的规律,目前国外此类研究数量相对较少,且多考察翻译对语言历时变化的影响(Amouzadeh & House 2010; Bisiada 2013; Gottlieb 2005; Hoey 2011; House 2011; Laviosa 2007; Malamatidou 2013; McLaughlin 2011);后者数量居多,此类基于语料库的翻译实证研究主要涉及翻译产品研究、语料库在翻译教学/培训中的应用、口译研究和翻译过程研究等方面。

翻译产品研究

利用语料库进行的翻译产品研究大多与翻译语言有关。随着语料库规模的扩大以及技术的发展,系统、客观地描述翻译语言的特征成为可能,译文的语言特征研究变得更加直观和科学;尤其值得一提的是,学界对特征译语(translationese[1])这一概念的认识与以往相比更趋于客观化和中性化。学者们对翻译语言的考察多从词汇、句法、语义等层面出发,例如:马丁·耶勒斯坦(Martin Gellerstam)(1986)考察了瑞典翻译语言中的词汇特征;蒂娜·普尔蒂宁(Tiina Puurtinen)(2003b)考察了芬兰儿童文学翻译中的复杂非限定性结构、从句连接词及关键词;保

---

1 在国内传统译论中,多将该术语译作带有贬义的"翻译腔"。

罗·雷森等人（Paul Rayson et al.）(2008) 从词汇、词性及语义层面考察了汉—英翻译中的特征译语；由香里·福知·梅尔德伦（Yukari Fukuchi Meldrum）(2009) 从日语翻译小说中的人称代词、借词、女性用语、作为及物动词主语的抽象名词及较长段落等方面考察了日语中的特征译语；埃拉·拉宾诺维奇等人（Ella Rabinovich et al.）(2015) 通过考察功能词及衔接标记评估了其所建的特征译语语料库；迪亚娜·桑托斯（Diana Santos）(1995) 从语法的角度出发，通过考察葡萄牙语—英语双语双向平行语料库中的时体系统，归纳了特征译语的语法特征；玛丽亚·鲍洛什科（Mária Balaskó）(2008) 通过考察匈牙利语原创语言及翻译语言中的型式（pattern）特征，指出特征译语的型式特征可能出现在纵聚合和横组合关系层面；莫尼卡·罗德里格斯—卡斯特罗（Mónica Rodríguez-Castro）(2011) 通过考察英语和西班牙语原创语言及英—西翻译语料中的标点符号，指出特征译语由于受到源语的干扰，也会以标点符号为表征。

大量对翻译语言的描写研究都指向其普遍特征倾向——翻译共性（translation universals）。引发了较多讨论的、具有代表性的翻译共性假设包括：显化（explicitation）假设（Baker 1996; Johansson 1998; Olohan 2001; Olohan & Baker 2000; Øverås 1998），简化（simplification）假设（Laviosa 1998, 2002），范化（normalization）假设（Bernardini & Ferraresi 2011; Kenny 1999; Scott 1998），异常搭配（untypical collocation）假设（Mauranen 2000），独特项（unique items）假设（Tirkkonen-Condit 2004），源语透过效应（source language shining-through effect）假设（Teich 2003）及趋同（convergence）假设（Corpas Pastor et al. 2008）等。

此外，翻译单位也是一个比较受研究者关注的话题。例如，沃尔夫冈·图伯特（Wolfgang Teubert）(2001) 认为，翻译单位是翻译中最小的语义单位；肯尼（Kenny 2011）认为，翻译单位应具有良好的动态性与匹配性。

其他翻译研究

有相当一部分语料库翻译研究着眼于语料库在翻译教学/培训中的应用。例如，扎内廷（Zanettin 1998）展示了如何将小型双语语料库应用于课堂教学中，以提高学生对原文的理解和翻译能力；林恩·鲍克（Lynne Bowker）（1998）的研究表明，单语语料库辅助翻译方法在教学效果上优于传统方法；埃斯特·蒙佐·奈伯（Esther Monzó Nebot）（2008）认为，在法律翻译培训中，语料库有助于译者辨别译文特征，在不同语言及法律系统之间进行切换。这些研究表明，语料库可以在翻译教学及实践中发挥非常积极的作用。

基于语料库的口译研究虽然起步相对较晚，但"作为语料库翻译研究的一个分支"（Shlesinger 1998），其重要性和发展前景不可小觑。近年来，随着语料库技术的蓬勃发展，国外有不少学者开展了此类研究，例如：克里斯泰勒·珀蒂特（Christelle Petite）（2005）基于语料库探讨了同声传译中的纠正（repair）现象；安娜丽莎·桑德利（Annalisa Sandrelli）和克劳迪奥·本达佐利（Claudio Bendazzoli）（2005）探讨了同声传译中的词汇型式特征；等等。

还有一些研究用语料库的方法与技术来探究翻译过程，如克劳迪奥·凡蒂诺里（Claudio Fantinuoli）和扎内廷（Zanettin）（2015）构建了一个键盘录入翻译语料库（keystroke logged translation corpus），其中的语料除了常规的源语文本和目标语文本外，还包括利用Translog软件及眼动仪记录下的由翻译过程中所有信息转化而成的符号文本（如键盘及鼠标操作、目光停留、瞳孔变化等）。将这些语料进行多层次的标注与对齐后，即可对翻译过程中的多种问题进行检索查询，从而了解译文中一些语法错误的成因。限于技术等方面的原因，此类语料库建库难度比较高，起步相对较晚，因而目前相关研究还比较少，但具有良好的示范性和可持续性。

6.2.3 发展与创新

目前来看，基于语料库的翻译研究大都经历了这样一个过程：对翻译文本本身进行描写和统计分析——探讨文本的语言特征——关注点扩散至文本外部。其实这也正是描写研究的目的所在。描写研究不仅仅是为了描写研究对象本身，更是要通过描写揭示其背后隐藏的规律，从而对研究对象有全面立体的认识。若在面对一连串统计数据时，不能看到其中的联系并对其加以阐释，这些数据就仅仅是一堆冰冷枯燥的数字而已；但若结合其他因素对这些数据的变化规律加以阐释，就能描绘出一幅幅鲜活的图画。翻译学是一个兼收并蓄的综合性学科，它以翻译现象为研究基础或研究对象；翻译研究本身所具有的跨学科性特征，也会不可避免地体现在基于语料库的翻译研究中。语料库翻译研究在频率统计的基础上寻找规律，这些规律涉及语言、社会、文化、人类学、心理学等各个方面，因而也需要结合不同学科的视角来解读这些统计数据，并将其与以其他类型的研究方法所得出的数据进行互证，才能使研究结论更具有说服力。要全面立体地了解翻译现象，就要将目光从翻译本身扩展到翻译外部，从翻译文本扩展到与翻译文本有关的各类因素与变量。

对语料库翻译研究来说，建库和对语料进行标注是开展研究的第一步，语料库类型和标注形式在很大程度上决定着研究所能够开展的范围。伴随着语料库技术以及其他交叉学科在理论与方法论层面的发展，语料库的形式由单语和双语发展到多语，由可比和平行发展到多模态；用于对比考察的语言类别不再仅仅局限于自然语言，如叶卡捷琳娜·拉普希诺娃-科尔通斯基（Ekaterina Lapshinova-Koltunski）（2015）的研究；语料标注方法也在不断修改与创新，由最基本的词性标注发展到对其他非规范语言（non-canonical language）（Meyers *et al.* 2015）的标注，如塔蒂亚娜·塞尔宾等人（Tatiana Serbina *et al.*）（2015）和埃菲·穆卡等人（Effie Mouka *et al.*）（2015）的研究。越来越多的研究显示，这些趋势正在得到加强。

豪斯（House 2014）认为，由于翻译受到诸多因素的影响，还可以从关注语境控制的社会学角度和探索译者翻译策略的认知学角度开展相关研究；前者关注影响翻译的外部因素，后者关注翻译生成过程中的内部因素。随着研究范围的扩展，一些研究者开始结合各种各样的跨学科理论模型和框架，如原型理论（Charteris-Black 2003）、评价理论（Mouka et al. 2015）等，对语料库数据从内外不同的视角进行分析比较与解释。目前此类研究虽然还不多，但已有的研究证明了将语料库翻译研究与跨学科理论相结合的可行性，拓宽了语料库翻译研究的思路与视野。

6.2.4 反思与展望

语料库翻译研究发展至今，已取得了巨大的进步，成为当代翻译研究的一个重要组成部分。此类研究数量多、发展快，当然也会不可避免地出现一些问题。

受技术规范等因素的限制，目前大部分研究中的非传统化标注还只属于小范围内的探索，或者仅被作为先期研究成果，因此相对而言其示范性意义更大。虽然已有研究表明，此类研究的确具有可行性与可持续性，而且可以预见，随着语料库技术的发展和语料规模的扩大，此类研究具有广阔的发展前景，但研究者仍有必要思考以下问题：在研究视角的拓展、语料规模的增长和标注分析技术的进步之后，该如何设定一个成熟化、规范化的标准？各种类型的研究方法又该如何有效互证，以减少甚至避免对研究信度与效度的负面影响？

复杂性与跨学科性是翻译研究的学科特点，然而从现有的文献来看，语料库翻译研究还未充分地体现这些特点；现有研究大多采用了基于语言现象的分析手段，主要研究话题集中于翻译语言特征、文体和翻译教学等方面。翻译需从语言和文化两个方面来认识（王克非 2014），语料库翻译研究应将语言学范式和文化范式有机地融为一体（胡开宝 2012）。虽然现在也有研究者开始更多地关注翻译过程（Serbina et al. 2015）、种族话语

（Mouka et al. 2015）等涉及心理和社会文化的方面。近年来实证翻译研究的研究思路日趋多样化，研究方法的综合程度也不断提高（黄立波 2018），但从总体上来看，对翻译中心理、社会文化等层面的特性的发掘还有待深入，研究话题的广度仍有待提升。在未来的研究中，应该怎样将数据处理结果与其他多种变量更加紧密地联系起来？相信更加丰富的跨学科研究方法以及相关语料库技术手段的进步会给此类研究向纵深方向发展持续地提供支持和帮助。

任何一门学科或分支学科都是在"发现问题——解决问题——向前推进——发现问题——解决问题——向前推进……"这种循环模式中以一种扬弃的方式螺旋式推进并逐渐走向成熟的，作为翻译学分支学科的语料库翻译学也不例外。从国外这些年来语料库翻译学所取得的成果来看，研究的应用范围在不断扩展，研究的深度与广度逐步提升，研究方法与手段逐渐多样化，学科交叉的特点愈发鲜明，这些发展特点与翻译学大学科的总体发展步调是基本一致的。作为翻译学中一个发展迅速的重要组成部分，语料库翻译学不仅具有蓬勃旺盛的生命力与良好的发展前景，而且正在以其相对直观、科学的描述与呈现特征为翻译学大学科的身份建构与成熟化发展提供着关键助力。

6.3 本地化与全球化

本地化和全球化是语言服务产业化的体现。根据美国研究机构CSA Research关于语言服务的调查报告来看，2017年1月至2018年6月，全球语言服务的金额达到了465.2亿美元（DePalma et al. 2018），且根据预测，这一数字还将逐年攀升。有学者甚至提出，本地化将是翻译研究的新范式或新方向（Cronin 2003；Munday 2016；Pym 2010）。本节将梳理国外学者有关本地化和全球化的讨论，介绍本地化产业的基本概念，思考全球化与本地化给翻译活动带来的影响以及本地化翻译活动与传统翻译活动的异同。

6.3.1　本地化产业及相关概念

20世纪80年代，随着经济全球化的发展，产品跨国运营和市场全球化的趋势日渐显著。以微软和IBM等为代表的企业通过翻译软件的操作界面和帮助文档，将产品销往不同国家，从而催生了本地化产业。随着全球化的不断深入，本地化产业从早期的软件和电子科技行业扩展到工程机械和医药等行业；本地化产业中的语言处理环节也从开始的软件操作界面和帮助文档的翻译，扩展到目前的软件安装包的构建及本地化软件的测试、排版、营销和管理服务等。那么，本地化产业具体包含哪些内容？它和翻译研究又存在哪些联系？

本地化产业所对应的英文术语为GILT industry，四个大写英语字母分别代表globalization（全球化，缩写为G11N）[1]、internationalization（国际化，缩写为I18N）、localization（本地化，缩写为L10N）和translation（翻译）这四个英语单词。本地化产业是一个新兴产业。一方面，不同公司对本地化的理解各不相同，有些公司甚至拥有自身的一套术语体系，这就使得与本地化产业相关的关键词其内涵较难统一；另一方面，由于本地化产业快速发展，一些关键词的内涵有所扩大甚至发生了转变，原来的定义无法包含新增的内容，因而导致行业内部对一些关键词的定义不同。下文在讨论本地化产业中的几个关键词时，主要参考了本地化行业标准协会（the Localization Industry Standards Association，简称LISA）给出的相关定义以及知名学者和专家发表在权威期刊上的文章。

1　之所以将globalization缩写为G11N，是因为在该词的第一个字母和最后一个字母之间有11个字母。其后的internationalization和localization的缩写形式和缩写原因与此类似。

6.3.1.1 本地化

在本地化产业兴起之初，本地化被定义为"把软件应用从一种语言转换或翻译到另一种语言中，使其在语言和文化上适应特定的本土市场的过程"（Esselink 1998：2）。随着本地化产业内容的扩展，该词语的内涵也不断泛化。LISA 把本地化定义为"使产品在语言上和文化上符合使用和销售该产品的目的地（国家/地区和语言）的要求的过程"（Esselink 2000：3），不再突出先前定义中科技软件的部分。奥哈根（O'Hagan）和大卫·阿什沃思（David Ashworth）（2002：66-67）将本地化定义为"帮助与（讯息）发送者拥有不同语言和文化背景的（讯息）接受者清除语言和文化障碍，从而推进全球化的过程"。罗伯特·施普龙（Robert Sprung）和西蒙娜·杰罗尼克（Simone Jaroniec）（2000：xviii）则将"改编产品及其服务方式以适应目标市场"的行为统称为本地化。伊沃娜·马祖尔（Iwona Mazur）（2007：347-348）结合这些不同的定义，选择了一个既能表达本地化内涵，同时又不至于将该词语过度泛化的定义：所谓本地化，就是使全球分销网络中的产品适应特定地区的语言和文化要求的过程。本地化的过程一般包含如图 6.3 所示的几个基本步骤：

图 6.3　本地化工作基本流程

本地化公司在接收到一个产品任务之后，通常会先对项目产品进行整体分析，确定需要本地化的内容，经过技术工程师的国际化处理（详见本书 6.3.1.2）后，再将需要翻译的具体内容分发给语言供应商（详见本书 6.3.1.3）。当翻译好的文档返回本地化公司之后，本地化公司会安排工程师对产品进行故障排除和质量检查，最后经排版和再度质量检查后在不同区域发布新产品。在这个本地化过程中，除了要实现产品在技术、语言和文化上的适应性,还要对产品进行信息技术管理和市场营销,因此除了和产品有直接关系的项目经理、工程师、语言专家和译者之外,销售经理、资源管理者、法律顾问和区域办公室工作人员等主体也会参与其中。

在本地化产业中,一般以产品而非文本来讨论任务对象;同时,本地化过程中没有强调翻译(虽然本地化过程也包含翻译),而是强调产品对目标语言文化的适应性,为的是突出在全球传播过程中需要根据不同目的地的要求对产品的语言部分作不同的筛选和编辑处理。在此过程中,除了语言之外,还必须考虑文化因素以及当地法律、法规和安全标准等与产品使用相关的内容。

6.3.1.2 国际化

本地化产业的另一个关键词是国际化。根据LISA的描述,在本地化产业中,国际化主要指将产品进行泛化处理,使之无须重新设计便能够适应不同的语言和文化惯例的过程(Esselink 2000:2)。马祖尔将国际化定义为"将一个产品(在技术和语言方面)设计成便于后期实现本地化的模式的过程"(Mazur 2007:346),使产品处理的内容更具体化。德博拉·弗里(Deborah Fry)(2003:43)对国际化的定义也与此类似,即保证产品在技术或设计层面后期更容易实现本地化的过程。具体来说,国际化环节的产品处理过程是,将一些具有地域特性的字符串、日期和时间格式等从软件代码中分离出来,与此同时保留国际自然语言字符集。国际化发生在程序设计和文档形成阶段,是一个具体的、技术设计层面的概念。在本地化产业中,国际化的必要性主要体现在两大方面:一是方便后期编辑;二是节省开支。

经过国际化环节处理的产品,在技术层面和语言文化层面都更方便后期编辑。从技术层面来看,国际化环节会根据各类国际标准,优化产品的代码架构(code architecture),生成单一和统一的源代码(source code),

以此作为后期所有版本的改编基础。技术上的处理也包括移除产品设计中的硬编码(即避免使用固定值),而改用标记来表示一个变量名称,这样既方便后期编译程序时实现变量名称的改变,也可避免本地化过程中因为变量名称的改变而影响程序的性能。技术上的操作还包括处理文本字符串及实现格式和信息的多元化,为后期的本地化作准备。具体来说,就是要使代码包含双字节,书写方向不同的文字(如从左向右书写的英语和从右向左书写的阿拉伯语),不同的时间、数字和货币格式等。因此,国际化不仅是去掉源产品的原产地特色的过程,也可能是一个"扩张原文"、增加某些地区需要的内容和格式的过程(Pym 2010:125)。这些优化处理为后期改编产品的应用和内容提供了便利,使产品更容易编辑,更容易适应不同目的区域的要求,也使产品与其他相关软件和工具更为兼容。

除了技术层面之外,国际化环节还会从语言和文化层面对产品加以处理,如去除一些可能引起文化误解的图标,以避免商品使用和销售过程中产生跨文化交际摩擦,影响产品使用和销售;删除或替换依赖源语言的文字游戏或多义词语,以减少沟通过程中歧义的产生。

商业需求催生本地化产业,因此可将追求效率和利润视作本地化产业的主要目的。国际化环节为对产品作后期的技术改编提供了便利,能够使产品更加方便、快速地实现本地化,可以节省产品开发时间,提高产品销售效率。皮姆将国际化过程通过图6.4表现出来:

图 6.4　翻译加国际化的简单模型(Pym 2010: 124)

经过国际化处理的产品消除了原来的产品在语言和文化上的原产地因素,统一了编程代码,有助于产品同时实现多语种、多区域的本地化,提高了本地化产业的工作效率。如图6.5所示:

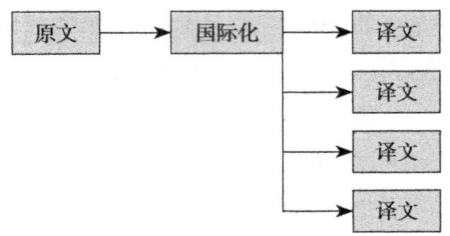

图 6.5　本地化模型（Pym 2010：124）

此外，国际化环节将编程和内容分开，也有利于产品的后期维护和更新。最后，国际化环节也保证了产品在语言和文化上能够顺利地被目标语国家或区域接纳和使用，有助于销售产品，从而获得商业利润。

6.3.1.3　翻译

在本地化产业中，翻译需要保证将原来材料的全部意思准确地传递到另一种语言中，并需要特别注意文化差别和文体差异（Esselink 2000：4）。和传统翻译活动的定义相比，这一说法更强调文化因素在翻译过程中的重要性。这是因为，翻译后的产品能否被目的区域文化所接受，直接关系到产品的销售。

本地化翻译的主要内容是产品的文字部分。以软件翻译为例，翻译内容主要包括软件界面，在线帮助文档以及诸如产品介绍、安装文件、索引等文档。本地化与传统翻译活动的主要区别在于，二者对翻译软件的依赖程度不同。随着技术的发展，各类传统翻译活动都或多或少地使用软件来辅助工作，而本地化产业的翻译活动则主要基于软件和机器进行。对翻译软件的依赖一方面是因为技术软件的一些功能（如文本对齐、翻译记忆库、术语库等）能够提高翻译效率，保证术语的一致性，有利于提高译文的质量；另一方面，这也和本地化产业的运作方式相关。大部分本地化公司都会把翻译工作外包给单语服务供应商（single language vendor，简称

SLV）或多语服务供应商（multi-language vendor，简称MLV），而为了提高效率，这些供应商又可能将翻译任务通过翻译软件平台进一步转包给更小的语言服务供应商或自由译者，如图6.6和图6.7所示：

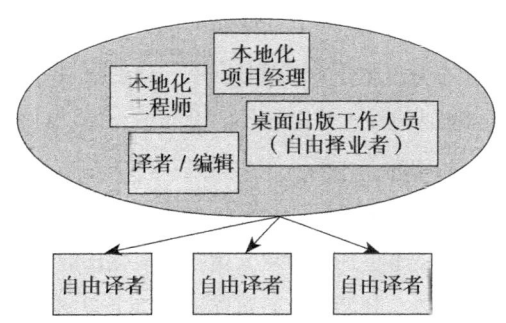

图 6.6　单语服务供应商工作模式

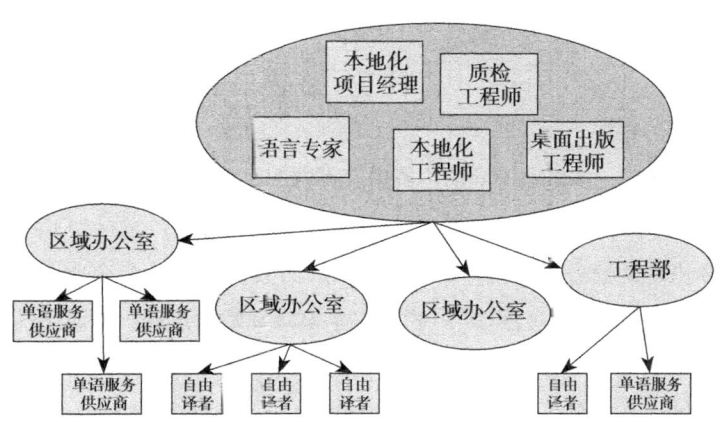

图 6.7　多语服务供应商工作模式

由图6.6和图6.7可见，除了基本的人员配备之外，如本地化项目经理、本地化工程师和桌面出版工作人员/工程师等，单语服务供应商和多语服务供应商大多数情况下会把具体的翻译任务派发给位于全球不同地区

245

的自由译者。在这个过程中,翻译软件平台和机器辅助翻译等技术工具能够帮助相关人员实现远程的项目管理和质量监控。借助这些软件,有时候还能统筹不同时区的自由译者,提高翻译项目的完成效率。

与传统翻译活动强调译文的准确性并保留译者创新点的做法不同,本地化过程中的翻译更强调风格统一、术语准确、语言简明清晰。由于译文要配合编程,译者的创造性会受到部分限制,译者更多地是根据标准要求处理语言;有些标准还被融入翻译软件的设计中,译者只有根据要求完成对译文格式和语言的处理,才能使译文通过软件的基本质量审核,顺利完成翻译任务。本地化过程中的翻译与传统翻译活动的另一点不同就是,本地化产业中要翻译的文本更加碎片化。由于本地化产业中的文本将以字符串形式出现,因此译者拿到的文本有可能不是一个完整的语篇,而是一系列独立的句子,这使得译者的翻译不是基于语篇的分析,而是对句子的处理,是一种高度去语境化的翻译行为。这种做法有利于后期文本的再利用和维护,也有利于文本在风格上达成统一。

6.3.1.4 全球化

全球化这一术语在不同的语境中有不同的解释。根据伯特·厄斯林克(Bert Esselink)(2000:4)的解释,全球化至少有三种含义:(1)指经济发展至今出现的商务全球化,是地理政治层面的概念;(2)指企业在全球不同地区设立部门和办公点;(3)指建立本地化网站的过程,即网站的全球化。在本地化产业中,LISA对全球化的定义是把产品带到全球的商务事件。弗里认为,全球化是"促使所有必要的技术、财政、管理、人员、市场营销和企业其他相关决策都协助本地化的过程"(Fry 2003:42)。马祖尔(Mazur 2007:345)将其笼统地定义为一个公司在全球范围内扩张,在许多不同的国家销售产品的情况。皮埃尔·卡迪厄(Pierre Cadieux)和厄斯林克(Esselink)(2004:3)则将全球化定义为"将一个社会项目、市场营销策略、网站或者软件产品等事物拓展到几个不同的国家,使它们在这些国家中得以应用和使用的过程";他们还列出了"全球化=国际化+N×本地化"的公式,将全球化作为国际化和本地化的上义词,强调全球化是不同地区的本地化的统称。皮姆对本地化产业四大关键词的关系的总结比较有代表性,他认为,当一个公司全球化(经济的概念)了,产品便会被国际化,这样才能使它们同时或更快地被本地化,本地化过程中的一个环节便是翻译(Pym 2010:125)。因此,可以将全球化理解为催生本地化产业的社会经济因素。

总体而言,本地化产业中关于全球化的讨论并不多,全球化被默认为本地化产生的前提条件和保证本地化顺利进行的先决条件。

6.3.2 本地化与传统翻译活动的异同

6.3.2.1 翻译与本地化的关系之争

究竟是本地化属于翻译的一部分,还是翻译属于本地化的一部分,这是关于翻译与本地化之间关系的主要争论。迈克尔·克罗宁(Michael Cronin)(2003:62)认为,翻译与本地化是从旧的二分法发展起来的新的对立概念,是取代传统的文学与科技二分法的新名词。换言之,虽然本地化能给翻译带来新的内涵,但改变不了翻译的本质特性,本地化仍然属于翻译活动的一部分。克罗宁(Cronin 2003:63)还提到,本地化意味着"与本土毫不费力地融合",它可以弥补传统的翻译活动在商业推广上的不足,是一种以目标语文化为导向的翻译行为。他也强调,尽管本地化涉及机器翻译、计算机辅助翻译等技术手段,但这些新增的技术手段"并不意味着翻译现象更容易理解,或者翻译没有我们想象的那么困难了"(Cronin 2003:63),本地化这一词语的使用有助于将翻译隐身和去政治化。克罗宁此说针对的是那些抛开翻译实践,从文化政治视角讨论翻译的做法。但是,借助机器翻译等工具等同于实现了翻译的去政治化的观点仍有待商榷。由于商业活动具有追求盈利的本质,本地化活动其实也涉及对接受性的操控,这便涉及翻译的政治和伦理问题了。

马祖尔（Mazur 2007）认为，如果单独从使文本在语言和文化上适应目标语文化规范的角度来看，那么传统译学理论中奈达的动态等值、诺德的工具型翻译、豪斯的显性翻译和韦努蒂的归化等概念的内涵也都与本地化这一概念的内涵相似；但他也同时指出，在全球化这个更为广阔的语境下提及本地化，有传统的实用文本翻译概念（如动态等值、工具性等值）所无法涵盖的内容（Mazur 2007:352）。皮姆同样认为本地化语境下的翻译具有传统的翻译活动所无法涵盖的内容。他认为在商业模式下，"翻译只是本地化的一部分，因为本地化包含更广范围的过程"（Pym 2004:4）；但他同时也提出，把翻译看作本地化的一部分的观点是建立在人工等值基础上的，因此不能推广至其他行业或其他种类的翻译活动中（Pym 2010:135）。人工等值在这里指的是，为了使不同译者的风格相统一，本地化的翻译环节会通过风格指南对具体词汇和句式的翻译方法作出严格规定。

在讨论翻译和本地化的关系时，还要区分翻译研究和翻译行为。翻译研究"关注翻译产生和翻译描写所引申出的问题"（Lefevere 1978:234），探索翻译活动的本质和规律。如果从翻译学科的角度来看，本地化作为一种应用型的翻译活动，应当属于翻译研究的对象之一。具体来说，本地化属于霍姆斯提出的功能导向的描写研究，甚至可以看作翻译研究的新范式或新方向。如果从具体的翻译行为来看，本地化过程中涉及的翻译行为只是本地化产业中的一个环节，"本地化产业一般把翻译看作本地化的一部分"（Pym 2010:136）。由于从不同的视角、不同的立场来看，会对翻译与本地化之间的关系有不同的理解，因此在研究过程中阐明立场和角度对处理这两个关键词的关系便显得格外重要。

6.3.2.2 本地化与传统翻译活动的区别

具体而言，本地化与传统的翻译活动在翻译意识的介入时间、翻译流程、译者角色以及对等值的态度等方面均有差别。

1) 翻译意识的介入时间不同

在本地化产业中,刚开始作全球化规划时就开始考虑翻译问题了(O'Hagan & Ashworth 2002:70),为翻译而写作是本地化产业中的一个重要原则。但是,我们不能将为翻译而写作简单地理解为一种具体的行为,不能认为原文的创作是为了它后期被翻译出来。虽然在跨国公司中,采用主要语言(如英语)书写文本,然后再将其译入其他各种语言的这种为翻译而写作的情况经常发生,但奥哈根和阿什沃思所说的为翻译而写作指的是贯穿原文整个文本创作过程的翻译意识;即在书写产品原文时,要注意文本格式(如排版、图表规范等)的统一以及文本遣词造句的统一,尽量表意清晰(如避免使用俚语、明确句中动作的施动者等),以免后期给翻译造成格式上或语言理解上的困难。为翻译而写作是本地化产业商业性的一种体现,其内在的动因是节约翻译成本和提高效率。项目原文的成功标准之一是能被成功地翻译出来,即能生成低成本、高质量的译本(Sichel 2009:3-4)。

相比之下,在传统翻译活动中,翻译需求一般出现在原文诞生之后,翻译意识的产生必定迟于原文的产生,鲜有作者在写作的过程中就考虑到如何为后期的翻译作准备。由于作者在写作过程中没有受到翻译需求意识的影响,或者说没有从方便翻译的角度思考格式统一和语言明晰化等问题,因而传统的写作与本地化产业中程序化的写作方式相比,更具有作者的个人风格和特点,或者说更具有源语的语言和文化色彩。而在本地化语境中,处理这些个人风格和文化特色方面的因素不仅会给翻译带来更高的成本,还会影响翻译效率。

2) 翻译流程不同

传统翻译活动一般按照"原文——翻译——译文"的流程操作,在这一过程中,有固定不变的原文作为翻译的依据;相比之下,在本地化产业的翻译活动中,原文的概念通常比较模糊和不确定。在本地化产业的国际化环节,原文被转化为多种格式或模式,甚至被添加了更多的信息,国际化成了皮姆所说的扩张原文的过程。这一过程中产生的文本可以看作产品的信息资源库,译者可以根据各种语言和文化的特点,从资源库中选择和提取相应的文本,最快地实现本地化。因此,本地化产业的翻译流程是:译者根据对产品使用和销售目的地的了解,筛选国际化之后的信息资源,完成"原文——国际化——翻译"的过程,这一操作甚至不用直接参照最初的原文。由于经过了国际化环节的处理,原文和译文也从传统的直接关系变成了间接关系,甚至没有传统上所谓的原文和译文在语言或信息上的对应关系。本地化产业中的译文是根据不同产品使用和销售目的地的特点,从国际化的资源库中提取原文翻译出来的,因此它们也与传统的平行翻译文本有区别,彼此之间不存在信息上的平行和对应关系。

此外,本地化的翻译活动和传统翻译活动在译文发布模式上也存在不同。一般情况下,传统翻译活动会在一定的时间内产出单个语种的译本,随后再出版其他语言的译本;而本地化的翻译活动为了产品的全球化发行,必须同时发布多种语言的版本,其中既有原文,也有多语译本。

3) 译者角色不同

由于本地化产业中的翻译意识(还不是翻译行为)在国际化过程中便开始介入,因此本地化产业的译者实际上在没有开始翻译之前,便已经根据他们对不同文化和语言的理解,参与到原文的扩张环节中了。与传统译者只关注翻译环节不同,本地化产业的译者也是扩张原文的操作者之一。

另外,本地化翻译任务一般数量庞大,时间紧迫,例如在一个新产品的开发和发布过程中,与产品研发相关的所有说明手册、宣传资料、软件语言等都需要作本地化处理,因此本地化行业中的翻译活动多由团队合作,借助各类机器翻译辅助软件完成。翻译的情境分析或者去情境部分,即根据目的地文化和语言特色所作的相应设计和修订,已经在国际化环节完成;在具体的翻译过程中,译者的主要任务是遵守团队确定的翻译规范和准则,产出统一风格和标准的译文,在去情境化条件下完成翻译。由于在翻译过程中需要遵循严格的准则,因而即使是不同地区的不同译者,他们合作产出的译文也具有高度的一致性。与此不同的是,传统翻译活动多由译者个体完成，即使是合作翻译，其统一程度也远没有机器辅助翻译产出的产品规整。由于情境分析过程多由译者在翻译过程中独立完成，译文难免受到不同译者的不同侧重点的影响，显得更具个性化特点，或者说比遵守统一标准、在机器辅助下产生的翻译更具创意性。

4) 对等值的态度不同

为了提高翻译效率，本地化产业的翻译活动需要借助机器翻译和其他翻译辅助软件。为了方便机器识别，本地化产业首先追求的是词、短语和句子层面的翻译等值，而不是语境下的等值。这种局限于语言学层面、脱离语境的等值，在皮姆看来是在追求假想的"稳定的人工语言和文化"（Pym 2010: 121）。

在过去的半个多世纪里，传统翻译活动中的译者不再仅仅重视语言学层面的等值，对语篇、文化和社会等因素也越来越重视。由于社会、文化等因素的多样化和富于变化的性质，从这些视角来审度的翻译等值观也处于不断变化之中。而在本地化产业中，翻译等值仍意味着对语言学层面等值的追求（Jiménez-Crespo 2013: 52-53）。显然，我们不能简单地以退步来评价本地化产业中的这种现象，而要考虑到本地化产业追求效率和利润的商业本质；较低的语言层面的等值仍然是众多层次的等值中最容易把握、最具操作性也最容易被机器掌握的标准，它符合本地化产业对统一标准的要求。

6.4 翻译与认知[1]

翻译研究在很长一段时间里都以口笔译的成品为主要研究对象，研究方法则以理论思辨为主。直到20世纪中后期，翻译作为一项复杂信息处

---

1 本节部分内容发表于《外国语》2012年第4期，在原文基础上略有改动，已获得编辑部的使用许可。

理活动的特征开始受到关注,人们对于描述与解释译者隐而不见的认知过程越来越感兴趣,翻译研究才开始出现从译作到译者、从成品到过程的转向,逐渐重视实证进路的研究方法。

翻译的认知过程包含对源语的理解过程、对源语意义的诠释过程、将源语转换成目标语的心理置换(transposition)过程以及目标语的表达过程等。在此期间,译员长期记忆中贮存的语言学知识与文化知识被激活,同时被激活的各种即时信息则被贮存到工作记忆中。由于上述所有过程都无法直接观测,因此图里(Toury 1982: 25)曾称翻译过程为"黑匣子",建议研究者基于已有经验对翻译过程进行推测性认识。正是在这一背景下,翻译研究开启了与认知科学的正式对话。

认知科学发展于20世纪中后期,以哲学、心理学、语言学、人类学、计算机科学和神经科学六大学科为基础[1],是进行心智研究的理论和学说。来自认知科学的研究工具、研究方法和理论视点使翻译认知过程研究成为可能,而且这一研究话题近年来迅速发展成为翻译研究的一个重要领域。

然而,目前翻译学界的认知过程研究充其量也只是揭开了其中的部分奥秘,初步了解了人脑在翻译过程中的工作原理,总体上还只是处于探索初期,研究内容还比较分散,就某个点开展的深入研究和得到反复验证的可靠成果均不算多。本节先主要以时间为线索梳理该领域迄今为止的研究发展历程,再指出相关的挑战与应对方法,以助读者形成总体印象。

6.4.1 聚焦口译的发轫期

早在1968年,一个在奥地利举行的高层口译员论坛就已经涉及了口译的认知过程以及机器口译等主题,但当时口译界开展的学术研究还主要局限于对口译行为和策略的描写、口译教材编写、培训方法等话题。最早

---

[1] 后来还借鉴了人工智能的学科知识。

从认知角度对翻译过程进行理论研究的是一批有心理学背景的学者，这是因为，口译——尤其是同声传译——的认知过程对心理语言学家格外具有吸引力。正如一位心理学家所言，也许很难找到其他任何一种比同声传译的环境更接近心理实验室的真实场景：会议口译员坐在同传箱里，其工作环境有对外部变量的控制，任务本身与其他自然语言行为相比也更具人为特征（Flores d'Arcais 1978: 393）。

心理学界率先在20世纪60年代运用实验方法开展了一系列研究，如法国心理学家皮埃尔·奥莱龙（Pierre Oléron）和休伯特·南波（Hubert Nanpon）(1965)针对同声传译过程中延时(time lag)现象的心理学实验，美国北卡罗来纳大学心理系学生亨利·查尔斯·巴利克（Henri Charles Barik）(1969)运用实验方法完成的第一篇研究同声传译中失误等现象的博士论文，英国心理语言学家弗里达·戈德曼-艾斯勒（Frieda Goldman-Eisler）(1967, 1972/2002)对同声传译过程中停顿现象开展的实验研究，英国牛津大学心理系学生大卫·杰弗（David Gerver）(1970)关于噪音对同声传译质量的影响的博士论文等。值得一提的是，杰弗还曾于1977年在威尼斯组织了一次口译研究主题的研讨会，邀请来自语言学、认知心理学、社会学、人工智能、口译实践等领域的人士参与，并于次年出版了本次会议的论文集（Gerver & Sinaiko 1978）。这次研讨会充分反映了翻译研究的跨学科特征，以及口译研究在与认知科学等学科进行跨学科合作方面的先驱作用。

这些心理学界对口译认知过程开展的早期研究不仅进一步促进了翻译学界对翻译认知过程的关注，还直接提升了翻译学界实证研究的地位。自20世纪80年代以降，翻译学界陆续出现了针对翻译认知过程的实证研究；之后因为实证方法的推广，相关研究在20世纪90年代出现第一次小高峰；21世纪伊始，因为各类新型研究工具的开发应用，实证研究在翻译界的发展势头更为迅猛；到2010年左右，翻译认知过程实证研究已俨然成为翻译研究中的重要新兴领域。

6.4.2 渐具规模的发展期

进入20世纪80年代，翻译认知过程实证研究继续发展。在英国，几名伦敦大学翻译专业的学生完成了以口译过程为主要研究对象的学位论文（如Mackintosh 1983；Stenzl 1983）；在德国，继乌尔苏拉·桑德罗克（Ursula Sandrock）1982年在其博士论文中首次使用有声思维法（think-aloud protocols）开展翻译认知过程实证研究（参见Krings 2001：71）后，又有其他数项运用有声思维法进行的研究（如Gerloff 1986；Krings 1986，1987；Lörscher 1986）。内省法（introspective methods）和有声思维法这两种心理学研究方法此前已在诸如语言习得、二语研究等领域得到广泛运用。虽然它们在翻译过程研究中的应用仍有其不足之处，但几乎无人否认，它们所呈现的数据确能在一定程度上反映过程本身，对过程研究有较强的实证意义。到20世纪80年代末，已出现十余例运用有声思维法的翻译认知过程实证研究（如Jääskeläinen 1989；Tirkkonen-Condit 1989），在翻译界引起了小范围的关注。

随之而来的是整个翻译学界对实证方法的认同。1988年，译界在芬兰举行了翻译与跨文化研究中的实证研究研讨会；1991年，同名会议论文集出版（Tirkkonen-Condit 1991），使当时翻译学界尚感陌生的、与传统思辨型翻译研究截然不同的实证方法受到了更广泛的关注。之后几年，学界就实证法之于翻译研究的意义展开讨论，学者们普遍认同实证研究的成果能与理论建构产生非常必要的互补作用，对翻译研究而言具有里程碑式的意义（Toury 1995：221）。

与此相应的是，更多翻译学者对认知科学方法与理论在翻译研究中的应用产生了兴趣，运用内省法和有声思维法进行的翻译认知过程实证研究数量大幅增加，研究的角度几乎触及翻译认知过程的方方面面。据统计，1982—2002年，共有约108篇利用有声思维法研究翻译认知过程的论文发表（Jääskeläinen 2002），其中有半数以上发表于20世纪90年代；学术期刊《媒他》于1996年专门出版了一期以"翻译过程研究"为主题的特辑；一批从认知角度进行翻译理论探讨或实证研究的著作也先后问世（如Bell 1991；Gutt 1991；Lörscher 1991等）。这些研究主题十分广泛，除了翻译策略、翻译单位、翻译能力等传统翻译概念以外，还包含译者对语言信息处理的自动化（如Jääskeläinen & Tirkkonen-Condit 1991）、翻译决策（如Tirkkonen-Condit & Laukkanen 1996）和问题解决模式等认知概念。

更重要的是，20世纪90年代开始，认知学界对翻译研究的兴趣明显增强，越来越多的认知学者开始从不同理论视角对口笔译过程展开研究，其中最有影响的当属荷兰认知心理学家安妮特·M. B. 德格鲁特（Annette M. B. de Groot）和美国认知心理学家朱迪斯·F. 克罗尔（Judith F. Kroll）。德格鲁特一直致力于研究词汇翻译过程中译者的认知表现、特点及影响因素等（de Groot 1992, 1993），为从认知角度探讨词汇翻译过程作出了突出贡献。克罗尔所提出的双语心理词库的记忆与提取模型在心理语言学界有重大影响。在此基础上，她与其他学者合作研究了翻译与命名任务中的范畴推论（Kroll & Stewart 1994）、翻译过程中的词汇与概念记忆（Kroll & de Groot 1997）等问题，与其他认知学者（如Snodgrass 1993）的翻译研究一起，推动了这一时期翻译认知过程研究的发展。

随着认知科学和翻译学领域的交流日益增多，认知学界与翻译学界都意识到，促成两个学科正式合作的时机已经基本成熟。1995年5月，由美国肯特州立大学应用心理学系主办的第七届肯特心理学论坛以"描述翻译的认知心理过程，探讨其中的关键问题"为主题，并于两年后出版了会议论文集《口笔译的认知过程》（*Cognitive Processes in Translation and Interpreting*）（Danks *et al*. 1997）。该论坛具有标志性意义，表明认知科学与翻译学这两个学科正式联手，开始了为揭秘翻译过程中的大脑运作规律而共同努力的历程。

6.4.3 不断拓展的兴盛期

21世纪以来，翻译认知过程研究蓬勃发展。2010年前后翻译认知过程已成为翻译学界公认的重要研究课题，其研究成果被公认为许多相关领域（如译员培训、翻译教学、翻译工具的设计与开发以及翻译质量评估等）的发展基础（Shreve & Angelone 2010）。这一切与两大类研究工具在翻译认知过程研究中的应用直接相关。

1）过程研究工具Translog在20世纪末的研发与应用，使翻译过程的研究方法发生了一次重要变革。Translog是一款记录译者笔头翻译过程的软件，其主要研发者昂特·吕珂·雅各布森（Arnt Lykke Jakobsen）教授所在的哥本哈根商学院在20世纪90年代中期成立了一个翻译过程研究小组，Translog乃其研究成果之一。该软件能对译者的键盘操作数据（如停顿时长）进行量化处理，若研究者将其与基于有声思维法或回溯法（retrospective method）获得的质性数据结合起来，便可实现翻译过程的三元数据分析。此后的十余年间，翻译认知过程研究迅速发展，一批综合运用有声思维法和Translog的专著面世，翻译界几大国际权威学术期刊每年都要发表数量不等的过程研究论文，《跨越语言与文化》（*Across Languages and Cultures*）和《媒他》还先后于2002年和2005年分别以"翻译与认知"和"口笔译的过程与途径"为主题出版特辑。

2）眼动法的引入和应用为翻译过程研究带来了不可忽视的新动力。传统的眼动研究主要集中于阅读领域，研究者通过观察被试的眼部运动来研究其阅读时的心理活动。在翻译界，口译研究成为应用眼动法的先驱。大约从20世纪80年代开始，陆续有学者运用眼动法研究口译的认知过程，如视译过程中译者对歧义表达式的理解过程（McDonald & Carpenter 1981）、同声传译及其他类型语言处理过程中的认知负荷情况（Tommola & Hyönä 1990; Tommola & Niemi 1986）等。

笔译界对眼动法的关注始于21世纪初，当时包括Translog研发团队在内的一部分研究者已开始尝试通过观察译者翻译时的眼部运动情况来研究其翻译心理过程，并在Translog的基础上开发更先进的研究工具。2006年，在学界颇受瞩目并得到欧盟巨额基金资助的EYE-to-IT项目启动,其宗旨之一正是探索深入推进翻译过程研究的可能性,并研发以目光凝视为基础的研究工具。眼动法能够记录人眼在电脑显示屏上的聚焦位置,显示译者对翻译材料中某一内容的注视时间长短、注视次数、回视次数、回视轨迹点以及引起译者瞳孔直径变化的内容等。若将其与有声思维法和键盘记录法相结合,将有助于推断分析译者在处理翻译任务时大脑的运行机制,更完整、系统地反映人脑"黑匣子"的运作状况。2012年,当Translog Ⅱ正式发布时,已具备稳定兼容眼动追踪技术的功能。

此外,脑科学与认知科学的研究手段,如脑电图(electroencephalogram,简称EEG)、事件相关电位(event-related potentials,简称ERPs)、功能性磁共振成像(functional magnetic resonance imaging,简称fMRI)等也逐渐应用于翻译认知过程研究中。但相较而言,这些技术的使用原理更为复杂,使用成本更为昂贵,所以应用远不如眼动法普遍。

得益于上述新技术的研发与应用,翻译认知过程研究在过去20多年里取得了突飞猛进的进展。

1)大量运用各类新型研究工具的认知过程实证研究得以开展(如Alves 2003; Alves & Vale 2009; Ferreira et al. 2015; Göpferich et al. 2008; Grucza et al. 2013; Jakobsen 2011; Jakobsen & Jensen 2008; O'Brien 2006; Pavlović & Jensen 2009; Špakov et al. 2009; Tirkkonen-Condit & Jääskeläinen 2000)。这些研究不仅设计日趋科学、规范,效度与信度日益提升,而且随着更多认知学科分支理论(如专长理论、元认知理论、神经语言学理论等)被引入翻译研究,其研究领域和研究视野都得到了极大程度的扩展。一些旧的理论术语被置于新的知识语境下重新进行审视与考察,进而获得了新的理论生命。典型例子包括:在计算语言学语境下对翻译单位的考察(如Alves & Vale 2009),在认知研究视角下对翻译能力的考察(如Aubakirova 2016; Göpferich & Jääskeläinen 2009; Muñoz Martín 2014),对认知过程研究中广泛出现的翻译专家被试的评定标准的探讨(如Jääskeläinen 2010),以及将传统的翻译问题解决

(translation problem-solving)研究扩展到认知视角下的翻译不确定性管理(translation uncertainty management)研究(Angelone 2010),等等。

2)机构层面的合作研究明显增多,研究成果逐渐系统化。著名的翻译过程研究机构包括:丹麦哥本哈根商学院的翻译与翻译技术研究与创新中心(the Centre for Research and Innovation in Translation and Translation Technology,简称CRITT);挪威的翻译过程实证研究专长探索(Expert Probing through Empirical Research on Translation Processes,简称EXPERTISE)小组;西班牙的翻译能力发展与评估过程(Process in the Acquisition of Translation Competence and Evaluation,简称PACTE)研究小组和翻译专长与环境(Pericia y Entorno de la Traducción,简称PETRA)研究小组;以及奥地利的翻译能力发展(the Development of Translation Competence,简称TransComp)研究小组等。这些专门机构的设立标志着以往主要由少数个体进行的孤立的翻译过程研究已变得日益规模化和国际化,而与此相应的是研究成果的系统化。各研究机构倾向于以小组名义发表研究成果(如PACTE 2009,2014),更多专题研究成果倾向于以专题形式结集出版,如探讨翻译与阅读过程中眼部跟踪研究的文集(Göpferich *et al.* 2008)、聚焦翻译能力发展的文集(Hurtado Albir 2017; Pietrzak & Deckert 2015; Schäffner & Adab 2000; Schwieter & Ferreira 2014)等。

3)2010年至今的翻译认知过程研究开始呈现出一些微妙的新趋势,主要表现为学界在继续深化认知过程研究的同时,开始思考如何在此前研究的基础上进一步借助相邻学科来扩展研究视域。例如,结合社会学视角,考察翻译认知过程与更广阔的社会语境之间的关系(Ehrensberger-Dow *et al.* 2015);结合生态学视角,考察翻译过程与认知的种种复杂环境因素之间的关系(Muñoz Martín 2016)等。这些趋势的未来走向尚不明确,但它们无疑进一步拓宽了翻译认知过程研究的视野。

6.4.4 挑战与应对方法

过去 20 多年里,认知进路的翻译过程研究在飞速发展的同时,也一直面临着种种挑战。

1) 受学科背景的影响,认知学界与翻译学界在进行翻译过程研究时有一些显著的差异:(1) 整体研究取向不同。从认知科学的角度来看,翻译过程的各主要方面(如语言理解、语言产出、记忆、注意、对视觉或听觉信息的感知、决策过程等)都是认知科学的研究主题。认知学者习惯于采取简化研究(分化研究)的方法,将翻译过程"化整为零",其实验对象多数是单词或单句的翻译过程,少有针对语篇的翻译过程研究。例如,以德格鲁特为代表的一组认知科学家一直致力于研究单词翻译的启动与记忆实验。相比之下,翻译学者则希望翻译过程研究更能呈现整体视角,研究结果能有更强的生态效度(ecological validity),因此倾向于采用更接近真实翻译语境的语篇材料作为实验文本;偶尔进行单词或单句翻译实验时,也本着尽早实现"合零为整"的目的,具有明显的建构性特征。(2) 在研究视角与方式上,认知学者常常采用认知科学所关注的视角(如记忆、注意、信息处理等),运用本学科常用的研究设计与手段(如命名实验、启动实验、神经成像技术等)来研究翻译过程,他们对现象的分析主要依赖于数据;而翻译学者则常常从语篇翻译中译者的翻译策略和翻译单位等视角出发,在借鉴认知科学各类研究方法的同时,综合运用传统的经验归纳式分析、理论思辨等手段对翻译过程进行解释。(3) 认知学者和翻译学者抱有不同的研究期望。认知学者关注翻译过程,以求更深刻地认识翻译这一跨语言的认知活动本身,并将其纳入更宏大的人类认知研究体系;而大多数翻译学者因为其本身就是各高校翻译学系的教师,往往对研究抱有更实际而具体的期望,期待能将研究结果与翻译实践行为直接挂钩,对翻译教学及译员培训起到指导作用。

上述差异导致的一个常见问题是,认知学界的翻译研究往往显得与实际的翻译活动相脱节,被翻译学界批评缺乏生态效度。

实际上，要对翻译过程的各个环节有全面的认识与了解，确需从细节入手，但与此同时，研究者必须关注并努力解释各个环节之间的交叉与融合过程，因为翻译行为正是这种交叉与融合过程综合作用的结果。换言之，既要进行细节的研究，也要有全局观念，这样研究才不会偏离实际的翻译行为，才不会失去生态效度。

2）翻译学在实证研究传统上的欠缺及翻译学者在研究方法训练上的缺乏，导致翻译过程研究常在设计的科学性、数据的信度与效度等方面受到质疑。常见的问题包括研究设计不严密、研究过程报告过简、研究对象的选择标准不明确、数据处理与数据分析的严谨度不够等。研究设计不严密、对研究过程的描述过于简略会导致研究的可重复性不高，信度大打折扣；而研究对象的选择标准不明确、数据处理与分析不严谨则会影响研究的效度。举一个简单的例子，专家与新手的行为差异研究是过程研究的一个主要课题。在很长一段时间里，翻译学界选择专家和新手的标准都非常模糊主观，如简单地以职业译员为专家被试，以翻译学员为新手被试。但很显然，职业译员并非都具备专家能力，以他们为专家被试所收集到的数据并不能真正反映翻译专家的认知心理特征，基于这些数据所作的研究自然也效度不高。

为了提高研究信度与效度，三角互证法（triangulation）成为近年来学界盛行的一种方法。三角互证法的基本操作步骤是：先从多个角度或立场收集对研究对象的观察结果和相关解释，再对收集到的各种数据结果加以比较。不同方法能为研究者提供看问题的不同角度，因此以多种方法收集到的数据结果也会比单一方法生成的数据结果更加细致、全面和有效。实证研究中的三角互证法包括多种类型，如数据三角互证、方法三角互证、理论三角互证、研究者三角互证等（Denzin 1970）。例如，定量研究可以使用定性数据来提升研究效度；同一项研究可以结合多种方法、多种实证材料、多种研究角度或多个研究者的结果来增强研究的严密性、丰富性和深入性。

3) 在面对丰富而广泛的过程数据资料时，如何合理地对这些数据结果进行分析与解释，并进一步发展支撑性的理论，也是值得关注的课题。为此，翻译学者需要进一步拓展知识结构体系，广泛借鉴和学习认知科学相关理论与技术，深化认知科学与翻译学间的理论合作。另外，在加强翻译实证研究的科学性的同时，还需关注翻译研究特有的人文学科特性，这就要求翻译学者具有全方位的研究视野。

令人欣慰的是，近年来，随着翻译过程研究的发展，各界学者在克服各自的学科局限性方面取得了令人瞩目的进展：认知学者在研究中开始超越实验室的真空环境，更加关注翻译实际；翻译学者也在借鉴认知科学成果、拓展研究视野的同时，更注意研究设计的科学性与规范性，在概念的解释、方法的运用等方面都更为严格。

6.5　翻译与技术

根据国际标准化组织在《翻译服务——翻译服务的要求》（British Standards Institution 2015）中的定义，翻译技术是一系列由人工译者、校订者、审读者及其他相关人员所使用的帮助其开展工作的工具，具体包含如下内容：

1) 内容管理系统；
2) 写作系统；
3) 桌面排版（工具）；
4) 文字处理软件；
5) 翻译管理系统；
6) 翻译记忆工具和计算机辅助翻译（工具）；
7) 质量保证工具；
8) 校订工具；

9）本地化工具；

10）机器翻译（工具）；

11）术语管理系统；

12）项目管理软件；

13）语音识别软件。

这13类翻译技术工具是广义上的翻译技术工具，涉及面相对较广，分类所依据的标准是每一类技术工具的主要功能，因为在技术工具的实际使用过程当中，每一类技术工具的其中某项功能均有可能被用来替代另一类技术工具。狭义上的翻译技术工具是指与人工译者最直接相关的技术工具，即计算机辅助翻译（computer-aided translation，简称CAT）工具和机器翻译（machine translation，简称MT）工具，这也是一般情况下人们在谈及翻译技术时可能会最先联想到的两个概念。计算机辅助翻译是指，在翻译过程中以人为翻译主体，计算机仅为人的翻译行为提供辅助服务。至于有多大程度的辅助作用，还需视人的因素而定。计算机辅助翻译是一种"人译机助"行为，机器翻译则是一种以机器为翻译主体的"机译人助"行为或单纯的"机译"行为。

6.5.1 翻译技术的独立发展历程

1946年，世界上第一台计算机（the Electronic Numerical Integrator and Computer，简称ENIAC[1]）问世。不久之后，美国数学家瓦伦·韦弗（Warren Weaver）和伦敦大学伯贝克学院的安德鲁·D. 布斯（Andrew D. Booth）就提出了用计算机进行翻译的设想（Chan 2017: 1），从此拉开了机器翻译工具研发的大幕。1954年，美国乔治敦大学的利昂·多斯特尔特（León Dostert）和国际商业机器公司（International Business Machines Corporation，简称IBM）的彼得·谢里登（Peter Sheridan）公开演示了俄英机器翻译实验，被视为"机器翻译的里程碑"（Chan

---

[1] 可译为电子数字积分计算机。

2017：2）。同年，美国麻省理工学院推出了机器翻译领域的第一份学术刊物——《机器翻译》(Machine Translation)。1962年，国际计算语言学协会在美国成立，其后推出了自己的专门刊物《计算语言学》(Computational Linguistics)。到1965年，大约有16个国家加入了机器翻译的研究阵营，分别是：美国、苏联、英国、日本、法国、西德、意大利、捷克斯洛伐克、南斯拉夫、东德、墨西哥、匈牙利、加拿大、荷兰、罗马尼亚和比利时（Chan 2017：2）。

但轰轰烈烈的第一轮机器翻译研究热潮很快就遭遇了挫折。由于以全自动翻译为目标的机器翻译效果还不够理想，乔治敦大学的机器翻译项目于1963年被叫停。1964年，美国政府组建了一个语言自动化处理咨询委员会（the Automatic Language Prossessing Advisory Committee，简称ALPAC），对机器翻译的现状和前景进行评估。1966年，该委员会出具了一份报告，认为机器翻译无法马上投入使用，前景无法预期，建议终止对这种全自动机器翻译的资助，但同时明确指出要把研究重点转移到计算机辅助翻译上去。于是，计算机辅助翻译成了新的研究热点。计算机辅助翻译的核心理念翻译记忆最早是由杨百翰大学的艾伦·K. 梅尔比（Alan K. Melby）于1978年提出的。1979年，彼得·阿瑟恩（Peter Arthern）又提出了计算机辅助翻译的另一个关键概念——文本提取式翻译（translation by text-retrieval）（Chan 2017：3）。

从机器翻译的发展史来看，主要有基于规则的机器翻译和基于统计的机器翻译之分。

基于规则的机器翻译是机器翻译领域最早提出的翻译技术形式，它于20世纪七八十年代占据了机器翻译领域的主流。这种机器翻译方法需要相关软件先对源语文本进行语言学分析，然后再依据既有规则库将源语转换成目标语。对于那些符合语言学规则的源语句子而言，这种方法通常可以取得比较理想的翻译效果；而对于那些不符合语言学规则的源语句子而言，翻译质量乃是奢谈。由于鲜活的语言总有例外存在，因而规则库的制作就成了这种方法的关键。但问题是，我们永远无法穷尽语言的变化，这便是基于规则的机器翻译的瓶颈所在。

基于统计的机器翻译始于20世纪90年代，在当下应用范围更广。这种机器翻译方法是指，相关软件从语料库(或句对库)中学习语言知识，然后利用习得的语言知识进行后续翻译。习得的语言知识越多，其翻译结果也就越趋于成熟。要考虑的相关技术条件是：(1)语料库的大小，语料库越大效果越佳，其中高质量句对越多效果越佳；(2)语料库是否按垂直领域进行了分类；(3)翻译引擎的设计水平。现如今的机器翻译已进入神经机器翻译阶段，但仍然依赖于高精度语料库的使用。基于统计的机器翻译的局限性在于，在其执行翻译过程中缺少语言学知识的参与，这样就会因语料的不足或缺陷而无法统计出某些特殊的语言现象，进而影响到翻译的准确性。因此，机器翻译往往需要通过译后编辑来提升译文质量。

虽然早在1966年，美国的语言自动化处理咨询委员会就提出了计算机辅助翻译这一概念，但商业化的计算机辅助翻译软件直到1991年才由德国的Star公司发布出来，随后发布此类软件的还有德国的Trados GmbH公司、IBM德国分公司和法国的Atril公司等。计算机辅助翻译技术的关键在于记忆库和术语库。记忆库的作用在于反复利用以往的句对/句段语料资源，使译文的总体翻译风格实现统一。若能在启动翻译项目之前对各种记忆库进行有效组合，将直接提高记忆库的翻译产出效率。术语库的最大效用在于，通过计算机的自动提示功能，提醒译者对译文中术语的译法前后保持一致。在翻译过程中，同时应用多个术语库可以帮助译者更有效地区分什么是行业术语，什么是项目专有术语，使术语应用具有针对性。通过同时应用加载了已有语言资产的记忆库和术语库，可提升译者的翻译适应性，降低译者的劳动强度，加快翻译进度，提高译文质量。

作为一种翻译技术形式，计算机辅助翻译比机器翻译出现得晚，但其出现的机缘却与机器翻译息息相关，它是在机器翻译难以为继的情况下得到了发展。

6.5.2 翻译技术的融合发展历程

机器翻译和计算机辅助翻译这两种技术形式的融合是水到渠成之事，这是因为：现阶段的机器翻译尚需进行译后编辑，编辑后的译文方能满足较高的翻译要求，这是机器翻译的编辑之道；而计算机辅助翻译采取的是"人译机助"的模式，即在足够语料的辅助下，由计算机所生成的译文只需译者对其进行适当编辑即可得到较高质量的版本，译者在此所体现的也是一种编辑行为。

早在21世纪初，就有学者作出预测，认为未来将出现计算机辅助翻译和机器翻译一体化的计算机辅助翻译系统，二者共同使用一个双语平行语料库。这一预测很快便实现了，SDL Trados Studio 2009版已将Google的机器翻译引擎直接内置在该系统中。

6.5.3 翻译与技术的互为关系

翻译技术因翻译而生，翻译也因翻译技术而变得更加生机勃勃。翻译技术开始改变或已经在某种程度上改变了古老的翻译行为，这一点无论是否被承认，已然成为事实。技术时代下的翻译行为不再是一种个体行为，而带有群体行为的性质。这种群体性不仅直接体现在译文的生产、语料库的应用等方面，也间接体现在翻译项目的管理、翻译流程的设置等方面。最初的翻译行为决定了翻译技术的原点，但未来翻译行为对翻译技术发展路径的影响将越来越小。在基于规则的机器翻译中，人们所思考的技术仅局限于翻译文本层面；基于统计的机器翻译则侧重于语料，其译文质量的提升非常显著；神经机器翻译出现后，翻译软件也像人脑一样借由语料库实现自我学习，实现了翻译质量的突飞猛进。

为了更准确地界定翻译与技术的互为关系，首先要明确翻译主体和翻译对象这两个要素的概念。翻译主体既可以是人工译者，也可以是机器，或者是两者的有效结合体；而翻译对象则是不同体裁的待译文本。二者的匹配效果完全取决于翻译管理行为的执行力度。这也是机构类翻译主体一般都会采用翻译管理系统的原因所在。

从翻译技术的演变路径来看,辅助和替代这两个词将是其演变路径的最佳写照。在演变初期,技术最多起到辅助作用;而当技术辅助下的译文质量越来越趋近人工翻译的译文质量时,技术就会开始发挥替代作用。那么,作为翻译主体的人工译者如何才能扮演好自身的角色呢?有两方面值得注意:一是对自身翻译能力的修炼与提升;二是对翻译技术的关注与掌控。前者是一个永恒的话题,也是翻译教育的主题之一,任何一位人工译者都不能因翻译技术的有效介入而忘却自身翻译能力的提升。只有将翻译能力提升至自身所能达到的最高水平,并与现代翻译技术的应用实现有效融合,达到所谓的"人机一体"的境界,才能始终确保人工译者的翻译主体地位。

要掌控翻译技术,就应注意到翻译技术的狭义性和广义性。从狭义角度来讲,译者必须精通某一项翻译技术,因为若不能实实在在地了解某一种技术,就无法对其和整个翻译技术领域作出准确评判。从广义角度来讲,在执行某一翻译行为时,仅仅依靠某一种翻译技术还远远不够。例如,对于翻译行为所需的双语平行语料库而言,其中的语料库技术就是广义上的翻译技术中的一类,与狭义上的翻译技术之间存在一定的差异性;而对于翻译行为所需的单语语料库来说,其所依赖的数据挖掘技术也离不开特定的编程技术。基于单语语料库的翻译技术亟待开发和创新。

翻译技术的发展是永恒的,而且会迎来加速度式的发展。基于大数据的、应用于垂直领域的翻译技术已日臻完善,而基于小数据的翻译技术对精度要求很高,亟待完善。

6.6 结语

翻译学发展至今,传统研究日臻完善,而新兴研究也渐露峥嵘。本章作为本书最后一章，特意选取了当前翻译研究的热点话题——分述，以期抛砖引玉，看到更多同行研究者在翻译研究领域的高论。

1）随着翻译实践的发展，翻译逐步走向产业化、专业化，国内外形成了专业性极强的翻译市场，与此有关的翻译产业研究、翻译经济学研究和翻译项目管理研究成为了当前一大研究课题。同时，翻译的专业化推动了翻译与技术的结合，成为当今翻译技术研究的核心话题；而翻译技术又进一步推动了翻译产业的迅速发展。如此兴盛的产业发展带动了翻译本土化和全球化的深入发展，使得翻译本土化与全球化日渐引起了学界的关注。

2）20世纪大数据的兴起带动了语料库翻译研究。从国内外学界近些年的语料库翻译研究成果来看，研究的应用范围不断扩展，研究的深度与广度逐步加强，研究方法与手段日益多样化，学科交叉的特点越发明显，这些发展特点与翻译学大学科的总体发展步调是基本一致的。作为翻译研究中一个发展迅速的重要组成部分，语料库翻译研究不仅具有蓬勃旺盛的生命力与良好的发展前景，而且正在以其相对直观科学的描述与呈现特点为翻译学大学科的身份建构与成熟化发展趋向提供着关键助力。

3）20世纪末，认知科学的崛起促使翻译认知研究兴起。当前，学界在翻译的认知过程模式、翻译能力的构成与发展、翻译专家与新手的认知特征差异等方面取得了极大的研究进展；翻译认知过程研究在方法上屡有突破，研究设计不断进步；学界就翻译过程所建构的一些新的认知模式与理论不仅帮助人们揭开了翻译过程的部分奥秘，还可能促使整个认知科学在深入认识人类语言处理机制、构建相关理论方面作出独特贡献。

参考文献

Abrams, M. H. *et al.* 1979. *The Norton Anthology of English Literature* (Vol.1) (4th ed.). New York/London: W. W. Norton & Company.

Adamo, S. 2006. Microhistory of translation. In G. L. Bastin & P. F. Bandia (eds.). *Charting the Future of Translation History*. Ottawa: University of Ottawa Press. 81-100.

Adams, T. L. 2013. Occupations and professions. In V. Smith (ed.). *Sociology of Work: An Encyclopedia* (Vol. 2). Thousand Oaks, CA: Sage Publications. 643-644.

Adams, T. L. 2015. Sociology of professions: International divergences and research directions. *Work, Employment and Society 29*(1): 154-165.

Alowedi, N. A. 2015. Developing a Translator Career Path: A New Approach to In-house Translator Development Evaluation. PhD Dissertation. Kent, Ohio: Kent State University.

Alves, F. (ed.). 2003. *Triangulating Translation: Perspectives in Process Oriented Research*. Amsterdam/Philadelphia: John Benjamins.

Alves, F. & D. Vale. 2009. Probing the unit of translation in time: Aspects of the design and development of a web application for storing, annotating, and querying translation process data. *Across Languages and Cultures 10*(2): 251-273.

Amouzadeh, M. & J. House. 2010. Translation as a language contact phenomenon: The case of English and Persian passives. *Languages in Contrast 10* (1): 54-75.

Angelone, E. 2010. Uncertainty, uncertainty management and metacognitive problem solving in the translation task. In G. M. Shreve & E. Angelone (eds.).

Translation and Cognition. Amsterdam/Philadelphia: John Benjamins. 17-40.

Arnold, M. 1896. *On Translating Homer*. London: Smith, Elder, & Co.

Aubakirova, K. A. 2016. Nurturing and testing translation competence for text-translating. *International Journal of Environmental and Science Education* 11(11): 4639-4649.

Augustin, St. 1890. *St. Augustin's City of God and Christian Doctrine*. P. Schaff (ed.). New York: The Christian Literature Publishing.

Austin, J. L. 1975. *How to Do Things with Words* (2nd ed.). J. O. Urmson & M. Sbisà (ed.). Oxford: Clarendon Press.

Baer, N. 2010. Crowdsourcing: Outrage or opportunity? http://www.translorial.com/business/crowdsourcing-outrage-or-opportunity/ (accessed on 17/07/2020).

Baker, M. 1992. *In Other Words: A Coursebook on Translation*. London/New York: Routledge.

Baker, M. 1993. Corpus linguistics and translation studies – Implications and applications. In M. Baker, G. Francis & E. Tognini-Bonelli (eds.). *Text and Technology: In Honour of John Sinclair*. Amsterdam/Philadelphia: John Benjamins. 233-250.

Baker, M. 1995. Corpora in translation studies: An overview and some suggestions for future research. *Target* 7(2): 223-243.

Baker, M. 1996. Corpus-based translation studies: The challenges that lie ahead. In H. Somers (ed.). *Terminology, LSP and Translation: Studies in Language Engineering in Honour of Juan C. Sager*. Amsterdam/Philadelphia: John Benjamins. 175-186.

Baker M. 1998. Réexplorer la langue de la traduction: Une approche par corpus. *Meta* 43(4): 480-485.

Baker, M. 2006. *Translation and Conflict: A Narrative Account*. London/New York: Routledge.

Balaskó, M. 2008. What does the *figure* show? Patterns of translationese in a Hungarian comparable corpus. *trans-kom* 1(1): 58-73.

Baldry, A. & P. J. Thibault. 2006. *Multimodal Transcription and Text Analysis: A Multimedia Toolkit and Coursebook with Associated On-line Course*. London: Equinox.

Barik, H. C. 1969. A Study of Simultaneous Interpretation. PhD Thesis. Chapel Hill, NC: University of North Carolina.

Barnstone, W. 1993. *The Poetics of Translation: History, Theory, Practice*. New Haven/London: Yale University Press.

Barthes, R. 1977. The death of the author. In R. Barthes (ed.). *Image, Music, Text*, trans. S. Heath. London: Fontana Press. 142-148.

Bassnett, S. 1980. *Translation Studies*. London: Methuen.

Bassnett, S. 2002. *Translation Studies* (3rd ed.). London/New York: Routledge.

Bassnett, S. 2011. The translator as cross-cultural mediator. In K. Malmkjær & K. Windle (eds.). *The Oxford Handbook of Translation Studies*. Oxford: Oxford University Press. 94-107.

Bassnett, S. & A. Lefevere. 1990. *Translation, History and Culture*. London: Pinter Publishers.

Bassnett, S. & A. Lefevere. 1992. General editors' preface. In A. Lefevere (ed.). *Translation, Rewriting and the Manipulation of Literary Fame*. London: Routledge. vii-viii.

Bastin, G. L. 2006. Subjectivity and rigor in translation history: The case of Latin America. In G. L. Bastin & P. F. Bandia (eds.). *Charting the Future of Translation History*. Ottawa: University of Ottawa Press. 111-129.

Bastin, G. L. & P. F. Bandia (eds.). 2006. *Charting the Future of Translation History*. Ottawa: University of Ottawa Press.

Bateman, J. 2008. *Multimodality and Genre: A Foundation for the Systematic Analysis of Multimodal Documents*. Basingstoke/New York: Palgrave Macmillan.

Bateman, J. 2014. Using multimodal corpora for empirical research. In C. Jewitt (ed.). *The Routledge Handbook of Multimodal Analysis*. London/New York: Routledge. 238-252.

Batteux, C. 2002. Principles of translation. Excerpted from *Principes de Littérature*, trans. J. Miller. In D. Robinson (ed.). *Western Translation Theory: From Herodotus to Nietzsche* (2nd ed.). London/New York: Routledge. 195-199.

Bell, R. T. 1991. *Translation and Translating: Theory and Practice*. London/New York: Longman.

Bell, R. 2000. Pseudo-, para- or proto-: What kind of a professional is the translator or interpreter? *Linguist* 39(5): 147-150.

Ben-Ari, N. 2009. Popular literature in Hebrew as a marker of Anti-Sabra culture. *Translation Studies 2* (2): 178-195.

Benjamin, W. 2000. The task of the translator. In L. Venuti (ed.). *The Translation Studies Reader*, trans. H. Zohn. London/New York: Routledge. 15-25.

Berman, A. 1984. *L'Épreuve de l'Étranger. Culture et Traduction dans l'Allemagne Romantique. Herder, Goethe, Schlegel, Novalis, Humboldt, Schleiermacher, Hölderlin.* Paris: Gallimard.

Berman, A. 1992. *The Experience of the Foreign: Culture and Translation in Romantic Germany*, trans. S. Heyvaert. Albany, NY: State University of New York Press.

Berman, A. 1995. *Toward a Translation Criticism: John Donne*, trans & ed. F. Massardier-Kenney. Kent, Ohio: The Kent State University Press.

Berman, A. 1999. *La Traduction et la Lettre ou l'Auberge du Lointain*. Paris: Seuil.

Berman, A., I. Berman, & V. Sommella. 2018. *The Age of Translation: A Commentary on Walter Benjamin's "The Task of the Translator"*, trans. C. Wright. London/New York: Routledge.

Bernardini, S., & A. Ferraresi. 2011. Practice, description and theory come together – Normalization or interference in Italian technical translation? *Meta* 56 (2): 226-246.

Bernadini, S., D. Stewart & F. Zanettin. 2003. Corpora in translation education: An introduction. In F. Zanettin, S. Bernadini & D. Stewart (eds.). *Corpora in Translator Education*. Manchester: St. Jerome Publishing. 1-14.

Bisiada, M. 2013. Changing conventions in German causal clause complexes: A diachronic corpus study of translated and non-translated business articles. *Languages in Contrast 13* (1): 1-27.

Bloomfield, L. 1933. *Language*. Chicago, IL: The University of Chicago Press.

Bourdieu, P. 1990. *The Logic of Practice*. Stanford, CA: Stanford University Press.

Bourdieu, P. & L. J. D. Wacquant. 1992. *An Invitation to Reflexive Sociology*. Chicago, IL: The University of Chicago Press.

Bowker, L. 1998. Using specialized monolingual native-language corpora as a translation resource: A pilot study. *Meta* 43 (4): 631-651.

Bowker, L. 2005. Professional recognition in the Canadian translation industry: How is it perceived by translators and employers? *Translation Watch Quarterly 1* (1): 19-32.

British Standards Institution. 2015. Translation Services – Requirements for Translation Services. London: BSI Standards Limited.

Brownlie, S. 2003. Distinguishing some approaches to translation research. *The Translator* 9 (1): 39-64.

Brownlie, S. 2007. Situating discourse on translation and conflict. *Social Semiotics* 17 (2): 135-150.

Bruni, L. 2002. On the correct way to translate, trans. J. Hankins. In D. Robinson (ed.). *Western Translation Theory: From Herodotus to Nietzsche* (2nd ed.). London/New York: Routledge. 57-60.

Bühler, K. 1990. *Theory of Language: The Representational Function of Language*, trans. D. F. Goodwin & A. Eschbach. Amsterdam/Philadelphia: John Benjamins.

Burke, P. & R. Po-chia Hsia. 2007. Introduction. In P. Burke & R. Po-chia Hsia (eds.). *Cultural Translation in Early Modern Europe*. New York: Cambridge University Press. 1-4.

Buzelin, H. 2005. Unexpected allies: How Latour's network theory could complement Bourdieusian analyses in translation studies. *The Translator* 11(2): 193-218.

Buzelin, H. 2007. Translations "in the making". In M. Wolf & A. Fukari (eds.). *Constructing a Sociology of Translation*. Amsterdam/Philadelphia: John Benjamins. 135-169.

Cadieux, P. & B. Esselink. 2004. GILT: Globalization, internationalization, localization, translation. *Globalization Insider XI* (1.5): 1-5.

Campbell, G. 1789/1893. *The Four Gospels, Translated from the Greek. With Preliminary Dissertations, and Notes Critical and Explanatory* (3rd. ed.) (Vol. 2). London: Thomas Tegg.

Canale, M. 1983. From communicative competence to communicative language pedagogy. In J. C. Richards & R. W. Schmidt (eds.). *Language and Communication*. London: Longman. 2-27.

Carl, M. & A. L. Jakobsen. 2010. Relating production units and alignment units in translation activity data. In B. Sharp & M. Zock. (eds.). *Natural Language Processing and Cognitive Science: Proceedings of the 7th International Workshop on Natural Language Processing and Cognitive Science*. Madeira: SCITEPRESS Digital Library. 37-46.

Carl, M., S. Bangalore & M. Schaeffer. (eds.). 2016. *New Directions in Empirical Translation Process Research: Exploring the CRITT TPR-DB*. Cham: Springer.

Catford, J. C. 1965. *A Linguistic Theory of Translation: An Essay in Applied Linguistics*. Oxford: Oxford University Press.

Caxton, W. 1490/2002. Prologue to *The Aeneid*. In D. Robinson (ed.). *Western Translation Theory: From Herodotus to Nietzsche* (2nd ed.). London/New York Routledge. 61-62.

Chan, A. L. J. & C. F. M. Liu. 2013. The translator status, the translation market and developing economies: A preliminary study of ASEAN countries. *Southern African Linguistics and Applied Language Studies* 31(4): 435-450.

Chan, S.-W. 2017. *The Future of Translation Technology: Towards a World without Babel*. London/New York: Routledge.

Chapman, G. 1611/2002. The preface to the reader. Excerpted from his translation of *The Iliad*. In D. Robinson (ed.). *Western Translation Theory: From Herodotus to Nietzsche* (2nd ed.). London/New York: Routledge. 135-138.

Charteris-Black, J. 2003. A prototype based approach to the translation of Malay and English idioms. In S. Granger, J. Lerot & S. Petch-Tyson (eds.). *Corpus Based Approaches to Contrastive Linguistics and Translation Studies*. Amsterdam: Rodopi. 123-140.

Chesterman, A. 1996. On similarity. *Target* 8(1): 159-164.

Chesterman, A. 1997. *Memes of Translation: The Spread of Ideas in Translation Theory*. Amsterdam/Philadelphia: John Benjamins.

Chesterman, A. 2006. Questions in the sociology of translation. In J. F. Duarte, A. A. Rosa & T. Seruya (eds.). *Translation Studies at the Interface of Disciplines*. Amsterdam/Philadelphia: John Benjamins. 9-27.

Choi, J. & H. O. Lim. 2000. An overview of the Korean translation market. *Meta* 45(2): 383-392.

Cicero, M. T. 1886. *Cicero's Tusculan Disputations*, trans. A. P. Peabody. Boston: Little, Brown, and Company.

Cicero, M. T. 1914. *On Ends*, trans. H. Rackham. Cambridge, MA/London: Harvard University Press.

Cicero, M. T. 1928. *On the Republic. On the Laws*, trans. C. W. Keyes. Cambridge, MA/London: Harvard University Press.

Cicero, M. T. 1942. *On the Orator Books 1-2*, trans. E. W. Sutton & H. Rackham. Cambridge, MA/London: Harvard University Press.

Cicero, M. T. 1949. *On Invention. Best Kind of Orator. Topics*, trans. H. M. Hubbel. Cambridge, MA/London: Harvard University Press.

Cicero, M. T. 2002. The best kind of orator, trans. H. M. Hubbell. In D. Robinson (ed.). *Western Translation Theory: From Herodotus to Nietzsche* (2nd ed.). London/New York: Routledge. 7-10.

Corpas Pastor, G., R. Mitkov, N. Afzal & L. García Moya. 2008. Translation universals: Do they exist? A corpus-based and NLP approach to convergence. Paper presented at the Sixth International Conference on Language Resources and Evaluation Workshop on "Comparable Corpora", Marrakesh, Morocco, May 2008.

Costantini, E., S. Burger & F. Pianesi. 2002. NESPOLE!'s multilingual and multimodal Corpus. Paper presented at the Third International Conference on Language Resources and Evaluation, Las Palmas, Spain, May 2002.

Cowley, A. 1975. Preface to *Pindarique Odes*. In T. R. Steiner (ed.). *English Translation Theory 1650-1800*. Assen/Amsterdam: Van Gorcum & Comp. B. V. 66-67.

Cronin, M. 2003. *Translation and Globalization*. London/New York: Routledge.

d'Ablancourt. N. P. 1654/2002. To Monsieur Conrart. Dedication of the French translation *of Lucian*, trans. D. G. Ross. In D. Robinson (ed.). *Western Translation Theory: From Herodotus to Nietzsche* (2nd ed.). London/New York: Routledge. 157-159.

Dam, H. V. & K. K. Zethsen. 2008. Translator status: A study of Danish company translators. *The Translator 14*(1): 71-96.

Dam, H. V. & K. K. Zethsen. 2009. Who said low status? A study on factors affecting the perception of translator status. *The Journal of Specialised Translation 12*: 2-36.

Danks, J. H., G. M. Shreve, S. B. Fountain & M. K. McBeath (eds.). 1997. *Cognitive Processes in Translation and Interpreting*. Thousand Oaks, CA: Sage Publications.

Dante, A. 1990. *De Vulgari Eloquentia*: A translation. In M. Shapiro (eds.). *De Vulgari Eloquentia: Dante's Book of Exile*. Lincoln/London: University of Nebraska Press. 47-90.

Dante, A. 2002. Translation destroys the sweetness of the original. Excerpted from *Il Convivio*, trans. K. Hillard. In D. Robinson (ed.). *Western Translation Theory: From Herodotus to Nietzsche* (2nd ed.). London/New York: Routledge. 48.

de Groot, A. M. B. 1992. Determinants of word translation. *Journal of Experimental Psychology: Learning, Memory, and Cognition* 18 (5): 1001-1018.

de Groot, A. M. B. 1993. Word-type effects in bilingual processing tasks: Support for a mixed representational system. In R. Schreuder & B. Weltens (eds.). *The Bilingual Lexicon*. Amsterdam: John Benjamins. 27-51.

Delisle, J. & J. Woodsworth. (eds.). 1995. *Translators through History*. Amsterdam/Philadelphia: John Benjamins.

de Man, P. 1985/2000. "Conclusions" on Walter Benjamin's "The task of the translator". Messenger Lecture, Cornell University, March 4, 1983. *Yale French Studies* (97): 10-35.

de Meun, J. 2002. Translating for lay people. Excerpted from the prologue to *Le Roman de la Rose*, trans. R. Copeland. In D. Robinson (ed.). *Western Translation Theory: From Herodotus to Nietzsche* (2nd ed.). London/New York: Routledge. 47.

Denham, J. 1975. The preface to *The Destruction of Troy* (1656). In T. R. Steiner (eds.). *English Translation Theory 1650-1800*. Assen/Amsterdam: Van Gorcum & Comp. B. V. 64-66.

Denzin, N. K. 1970. *The Research Act: A Theoretical Introduction to Sociological Methods*. London: Butterworth.

DePalma, D. A., H. Pielmeier & F. G. Stewart. 2018. The Language Services Market: 2018. http://www.commonsenseadvisory.com/AbstractView/tabid/74/ArticleID/48585/Title/TheLanguageServicesMarket2018/Default.aspx (accessed on 14/08/2019).

Derrida, J. 1968/1986. Différance. In H. Adams & L. Searle. (eds.). *Critical Theory since 1965*. Tallahassee, FL: University Press of Florida. 120-136.

Derrida, J. 1976. *Of Grammatology*, trans. G. C. Spivak. Baltimore: Johns Hopkins University Press.

Derrida, J. 1982. *Margins of Philosophy*, trans. A. Bass. Chicago, IL: The University of Chicago Press.

Derrida, J. 1985a. Des tours de Babel. In J. F. Graham (ed.). *Difference in Translation*. Ithaca/London: Cornell University Press. 165-207.

Derrida, J. 1985b. *The Ear of the Other: Otobiography, Transference, Translation. Texts and Discussion with Jacques Derrida*, C. V. McDonald (ed.), trans. P. Kamuf. Lincoln, NE: University of Nebraska Press.

Derrida, J. 2001. What is a "relevant" translation? trans. L. Venuti. *Critical Inquiry 27*(2): 174-200.

Derrida, J. 2004. Living on: Border lines, trans. J. Hulbert. In H. Bloom (ed.). *Deconstruction and Criticism*. London: Continuum. 62-142.

Derrida, J. 2007. *Psyche: Inventions of the Other* (Vol. I), P. Kamuf & E. Rottenberg (eds.). Stanford, CA: Stanford University Press.

de Waard, J. & E. A. Nida. 1986. *From One Language to Another: Functional Equivalence in Bible Translating*. Nashville, TN: Thomas Nelson.

D'hulst, L. 2001. Why and how to write translation histories? *Crop 6*(1): 21-32.

D'hulst, L. 2010. Translation history. In Y. Gambier & L. van Doorslaer. (eds.). *Handbook of Translation Studies* (Vol. 1). Amsterdam/Philadelphia: John Benjamins. 397-405.

Dimitriu, R. 2016. Translation as blockage, propagation and recreation of ethnic images. In L. van Doorslaer, P. Flynn & J. Leerssen (eds.). *Interconnecting Translation Studies and Imagology*. Amsterdam/Philadelphia: John Benjamins. 201-215.

Dodd, S. M. 2011. Crowdsourcing: Social[ism] media 2.0. http://www.translorial.com/essays/crowdsourcing-socialism-media-2-0/ (accessed on 14/08/2018).

Dolet, É. 1540/2002. The way to translate well from one language into another. Excerpted from *La Manière de Bien Traduire d'une Langue en Aultre*, trans. J. S. Holmes. In D. Robinson (ed.). *Western Translation Theory: From Herodotus to Nietzsche* (2nd ed.). London/New York: Routledge. 95-97.

Doms, S. 2015. Non-human agents in subject position: Translation from English into Dutch: A corpus-based translation study of "give" and "show". In C. Fantinuoli & F. Zanettin (eds.). *New Directions in Corpus-based Translation Studies*. Berlin: Language Science Press. 115-135.

Dreyfus, S., S. Hood & M. Stenglin (eds.). 2011. *Semiotic Margins: Meaning in Multimodalities*. London/New York: Continuum.

Dryden, J. 1800. *The Critical and Miscellaneous Prose Works of John Dryden*. E. Malone (ed.). London: H. Baldwin & Son. 3-24.

du Bellay, J. 1549/2002. The defense and illustration of the French language. Excerpted from *La Déffence, et Illustration de la Langue Françoyse*, trans. J. H.

Smith & E. W. Parks. In D. Robinson (ed.). *Western Translation Theory: From Herodotus to Nietzsche* (2nd ed.). London/New York: Routledge. 102-106.

Dunne, E. S. 2013. Project Risk Management: Developing a Risk Framework for Translation Projects. PhD Dissertation. Kent, Ohio: Kent State University.

Dunne, K. J. & E. S. Dunne. 2011. *Translation and Localization Project Management: The Art of the Possible*. Amsterdam/Philadelphia: John Benjamins.

Duteil, F. P. 1998. Zum Problem der Äquivalenz in der kontrastiven Linguistik. In W. Boeder, C. Schroeder, K. H. Wagner & W. Wildgen (eds.). *Sprache in Raum und Zeit*. Tübingen: Gunter Narr Verlag. 123-137.

Ehrensberger-Dow, M., B. Englund Dimitrova, S. Hubscher-Davidson & U. Norberg. 2015. *Describing Cognitive Processes in Translation: Acts and Events*. Amsterdam/Philadelphia: John Benjamins.

Emig, R. 2001. "All the others translate": W. H. Auden's poetic dislocations of self, nation, and culture. In R. Ellis & L. Oakley-Brown (eds.). *Translation and Nation: Towards a Cultural Politics of Englishness*. Clevedon/Buffalo/Toronto: Multilingual Matters. 167-204.

Esselink, B. 1998. *A Practical Guide to Software Localization*. Amsterdam/Philadelphia: John Benjamins.

Esselink, B. 2000. *A Practical Guide to Localization*. Amsterdam/Philadelphia: John Benjamins.

Even-Zohar, I. 1978. The position of translated literature within the literary polysystem. In J. S. Holmes, J. Lambert & R. van Den Broeck. (eds.). *Literature and Translation: New Perspectives in Literary Studies*. Leuven: Acco. 117-127.

Even-Zohar, I. 1979. Polysystem theory. *Poetics Today I* (1-2): 287-310.

Even-Zohar, I. 1990. Special issue. Polysystem Studies. *Poetics Today 11*(1).

Even-Zohar, I. (ed.). 2005. *Papers in Culture Research*. Tel Aviv: Unit of Culture Research, Tel Aviv University.

Fantinuoli, C. & F. Zanettin (eds.). 2015. *New Directions in Corpus-based Translation Studies*. Berlin: Language Science Press.

Ferreira, A., J. W. Schwieter, A. Gottardo & J. Jones. 2016. Cognitive effort in direct and inverse translation performance: Insight from eye-tracking technology. *Cadernos de Tradução 36*(3): 60-80.

Filipec, J. 1971. Der Äquivalenzbegriff und das Problem der Übersetzbarkeit. *Beiheft V/VI der Zeitschrift Fremdsprachen.* 81-85.

FitzGerald, E. 1859/2002. Letter to E. B. Cowell. In D. Robinson (ed.). *Western Translation Theory: From Herodotus to Nietzsche* (2nd ed.). London/New York: Routledge. 249.

Flewitt, R. 2011. Bringing ethnography to a multimodal investigation of early literacy in a digital age. *Qualitative Research 11*(3): 293-310.

Flores d'Arcais, G. B. 1978. The contribution of cognitive psychology to the study of interpretation. In D. Gerver & H. W. Sinaiko (eds.). *Language Interpretation and Communication.* Boston, MA: Springer. 385-402.

Flyvbjerg, B. 2001. *Making Social Science Matter: Why Social Inquiry Fails and How It Can Succeed Again.* Cambridge: Cambridge University Press.

Förster, M. N. 2010. *After Herder: Philosophy of Language in the German Tradition.* Oxford/New York: Oxford University Press.

Förster, M. N. 2011. *German Philosophy of Language: From Schlegel to Hegel and beyond.* Oxford/New York: Oxford University Press.

Foucault, M. 1969/1984. What is an author? In P. Rabinow (ed.). *The Foucault Reader.* New York: Pantheon Books. 101-120.

Foucault, M. 1981. The order of discourse, trans. I. McLeod. In R. J. C. Young (ed.). *Untying the Text: A Post-structuralist Reader.* London/Boston: Routledge & Kegan Paul. 48-78.

Foucault, M. 2005. *The Order of Things: An Archaeology of the Human Sciences.* London/New York: Routledge.

Frank, H. 2007. *Cultural Encounters in Translated Children's Literature: Images of Australia in French Translation.* Manchester: St. Jerome Publishing.

Fries, C. C. 1957. The aims of language teaching and learning. In *The Teaching of Modern Languages.* Australian National Advisory Committee for UNESCO. 15-27.

Fry, D. 2003. *The Localization Industry Primer* (2nd ed.), rev. A. Lommel. https://ishare.iask.sina.com.cn/f/18977209.html. (accessed on 15/07/2020).

Fulke, M. 1583/2002. That none of these five abuses are committed by us. Excerpted from the preface to *A Defence of the Sincere and True Translations of the Holy Scriptures into the English Tongue: Against the Cavils of Gregory Martin.* In D.

Robinson (ed.). *Western Translation Theory: From Herodotus to Nietzsche* (2nd ed.). London/New York: Routledge. 123-128.

Gambier, Y. & L. van Doorslaer (eds.). 2010. *Handbook of Translation Studies* (Vol. 1). Amsterdam/Philadelphia: John Benjamins.

Gellerstam, M. 1986. Translationese in Swedish novels translated from English. In L. Wollin & H. Lindquist (eds.). *Translation Studies in Scandinavia: Proceedings from the Scandinavian Symposium on Translation Theory II, Lund 14-15 June, 1985*. Lund: CWK Gleerup. 88-95.

Gentzler, E. 1993. *Contemporary Translation Theories*. London/New York: Routledge.

Gentzler, E. 2001. *Contemporary Translation Theories* (2nd ed.). Clevedon: Multilingual Matters.

Gentzler, E. 2004. *Contemporary Translation Theories* (revised 2nd ed.). Shanghai: Shanghai Foreign Language Education Press.

Gerloff. P. 1986. Second language learner's reports on the interpretive process: Talk-aloud protocols of translation. In J. House & S. Blum-Kulka (eds.). *Interlingual and Intercultural Communication: Discourse and Cognition in Translation and Second Language Acquisition Studies*. Tübingen: Gunter Narr Verlag. 245-262.

Gerver, D. 1970. Aspects of Simultaneous Interpretation and Human Information Processing. PhD Thesis. Oxford: Oxford University.

Gerver, D. & H. W. Sinaiko (eds.). 1978. *Language Interpretation and Communication*. New York/London: Plenum Press.

Gibbons, A. 2012. *Multimodality, Cognition, and Experimental Literature*. London: Routledge.

Goethe, J. W. 1977a. The three epochs of translation. Excerpted from *West-östlicher Divan*. In A. Lefevere (ed.). *Translating Literature: The German Tradition – From Luther to Rosenzweig*. Assen/Amsterdam: Van Gorcum & Comp. B. V. 35-37.

Goethe, J. W. 1977b. Translation as discovery of the foreign. Excerpted from *Maximen und Reflexionen*. In A. Lefevere (ed.). *Translating Literature: The German Tradition – From Luther to Rosenzweig*. Assen/Amsterdam: Van Gorcum & Comp. B. V. 39.

Goethe, J. W. 1977c. Author, reader, translator: The two maxims. Excerpted from Zu brüderlichem Andenken Wielands. In A. Lefevere (ed.). *Translating Literature: The*

German Tradition – From Luther to Rosenzweig. Assen/Amsterdam: Van Gorcum & Comp. B. V. 39.

Goldman-Eisler, F. 1967. Sequential temporal patterns and cognitive processes in speech. *Language and Speech 10*(3): 122-132.

Goldman-Eisler, F. 1972/2002. Segmentation of input in simultaneous translation. In F. Pöchhacker & M. Shlesinger (eds.). *The Interpreting Studies Reader*. London/ New York: Routledge. 68-76.

Goodwin, C. 1979. The interactive construction of a sentence in natural conversation. In G. Psathas (ed.). *Everyday Language: Studies in Ethnomethodology*. New York, NY: Irvington Publishers. 97-121.

Goodwin, C. 1981. *Conversational Organization: Interaction Between Speakers and Hearers*. New York: Academic Press.

Goodwin, C. 1994. Professional vision. *American Anthropologist 96* (3): 606-633.

Goodwin, C. 2000. Action and embodiment within situated human interaction. *Journal of Pragmatics 32*(10): 1489-1522.

Göpferich, S. & R. Jääskeläinen, 2009. Process research into the development of translation competence: Where are we, and what do we need to go? *Across Languages and Cultures 10* (2): 169-191.

Göpferich, S., A. L. Jakobsen & I. M. Mees. (eds.). 2008. *Looking at Eyes: Eye-tracking Studies of Reading and Translation Processing*. Copenhagen: Samfundslitteratur Press.

Gorman, E. H. & R. L. Sandefur. 2011. "Golden age", quiescence, and revival: How the sociology of professions became the study of knowledge-based work. *Work and Occupations 38*(3): 275-302.

Gottlieb, H. 2005. Anglicisms and translation. In G. Anderman & M. Rogers (eds.). *In and out of English: For Better, for Worse?* Clevedon/Buffalo/Toronto: Multilingual Matters. 161-184.

Gouadec, D. 2007. *Translation as a Profession*. Amsterdam/Philadelphia: John Benjamins.

Gouanvic, J.-M. 1999. *Sociologie de la Traduction. La Science-fiction Américaine dans l'Espace Culturel Français des Années 1950*. Arras: Artois Presses Université.

Gouanvic, J.-M. 2002a. A model of structuralist constructivism in translation studies.

In T. Hermans (ed.). *Crosscultural Transgressions: Research Models in Translation Studies II. Historical and Ideological Issues*. London: Routledge. 93-102.

Gouanvic, J.-M. 2002b. The stakes of translation in literary fields. *Across Languages and Cultures* 3(2): 159-168.

Gritsch, E. W. 2003. Luther as Bible translator. In D. K. McKim (ed.). *The Cambridge Companion to Martin Luther*. Cambridge/New York: Cambridge University Press. 62-72.

Grucza, S., M. Pluzycka & J. Alnajjar. 2013. *Translation Studies and Eye-tracking Analysis*. Frankfurt am Main/Berlin/Bern/Bruxelles/New York/Oxford/Wien: Peter Lang.

Gutt, E-A. 1991. *Translation and Relevance: Cognition and Context*. Oxford: Basil Blackwell.

Halliday, M. A. K. 1978. *Language as Social Semiotic: The Social Interpretation of Language and Meaning*. London: Edward Arnold.

Halliday, M. A. K. 1994. *An Introduction to Functional Grammar* (2nd ed.). London: Edward Arnold.

Halliday, M. A. K. & R. Hasan. 2001. *Cohesion in English*. Beijing: Foreign Language Teaching and Research Press.

Halverson, S. 1998. Translation studies and representative corpora: Establishing links between translation corpora, theoretical/descriptive categories and a conception of the object of study. *Meta* 43(4): 494-514.

Hatim, B. & I. Mason. 1990. *Discourse and the Translator*. London: Longman.

Hatim, B. & I. Mason. 1997. *The Translator as Communicator*. London/New York: Routledge.

Hatim, B. & I. Mason. 2001. *Discourse and the Translator*. Shanghai: Shanghai Foreign Language Education Press.

Heath, C. 1986. *Body Movement and Speech in Medical Interaction*. Cambridge: Cambridge University Press.

Hegel, G. W. F. 1975. *Hegel's Aesthetics: Lectures on Fine Art* (Vol. 2), trans. T. M. Knox. Oxford: Oxford at the Clarendon Press.

Hermans, T. 1985. Introduction: Translation studies and a new paradigm. In Hermans, T. (ed.). *The Manipulation of Literature: Studies in Literary Translation*. London: Croom Helm. 7-15.

Hermans, T. 1999. *Translation in Systems: Descriptive and System-oriented Approaches Explained*. London: Routledge.

Highet, G. 2015. *The Classical Tradition: Greek & Roman Influences on Western Literature*. Oxford: Oxford University Press.

Hoey, M. 2011. Lexical priming and translation. In A. Kruger, K. Wallmach & J. Munday (eds.). *Corpus-based Translation Studies: Research and Applications*. London: Continuum. 153-168.

Holmes, J. S. 1972/1988. The name and nature of translation studies. In J. S. Holmes (ed.). *Translated! Papers on Literary Translation and Translation Studies*. Amsterdam: Rodopi. 66-80.

Holmes, J. S., J. Lambert & R. van den Broeck (eds.). 1978. *Literature and Translation: New Perspectives in Literary Studies*. Leuven: Acco.

Holsanova, J. 2014. Reception of multimodality: Applying eye-tracking methodology in multimodal research. In C. Jewitt (ed.). *The Routledge Handbook of Multimodal Analysis* (2nd ed.). London: Routledge. 285-296.

Holz-Mänttäri, J. 1984. *Translatorisches Handeln: Theorie und Methode*. Helsinki: Suomalainen Tiedeakatemia.

Horace. 1929. *Satires, Epistles and Ars Poetica*, trans. H. R. Fairclough. Cambridge, MA: Harvard University Press.

House, J. 1997. *Translation Quality Assessment: A Model Revisited*. Tübingen: Gunter Narr Verlag.

House, J. 2009. *Translation*. Oxford: Oxford University Press.

House, J. 2011. Using translation and parallel text corpora to investigate the influence of global English on textual norms in other languages. In A. Kuger, K. Wallmach & J. Munday (eds.). *Corpus-based Translation Studies: Research and Applications*. London: Continuum. 187-208.

House, J. 2014. Introduction. In J. House (ed.). *Translation: A Multidisciplinary Approach*. Berlin: Springer. 1-14.

House, J. 2015. *Translation Quality Assessment: Past and Present*. New York: Routledge.

Howe, J. 2006. The rise of crowdsourcing. https://www.wired.com/2006/06/crowds/ (accessed on 17/03/2021).

Huet, P. D. 1661/2002. Concerning the best kind of translation. Excerpted from

De Optimo Genere Interpretandi, trans. E. Dolin. In D. Robinson (ed.). *Western Translation Theory: From Herodotus to Nietzsche* (2nd ed.). London/New York: Routledge. 163-169.

Hung, E. (ed.). 2005. *Translation and Cultural Change: Studies in History, Norms and Image- projection*. Amsterdam/Philadelphia: John Benjamins

Hurtado Albir, A. 2017. *Researching Translation Competence by PACTE Group*. Amsterdam: John Benjamins.

Hymes, D. 1971. *Pidginization and Creolization of Languages: Proceedings of a Conference Held at the University of the West Indies, Mona, Jamaica, April 1968*. Cambridge: Cambridge University Press.

Ibrahim, R. K. 2015. Translation oriented corpus-based contrastive linguistics. *Babel* 61(3): 381-393.

Inghilleri, M. 2003. Habitus, field and discourse: Interpreting as a socially situated activity. *Target* 15 (2): 243-268.

Inghilleri, M. 2005. The sociology of Bourdieu and the construction of the "object" in translation and interpreting studies. *The Translator* 11(2): 125-145.

Jääskeläinen, R. 1989. The role of reference material in professional vs. non-professional translation: A think-aloud protocol study. In S. Tirkkonen-Condit & S. Condit (eds.). *Empirical Studies in Translation and Linguistics*. Joensuu: University of Joensuu. 175-200.

Jääskeläinen, R. 1996. Hard work will bear beautiful fruit. A comparison of two think-aloud protocol studies. *Meta* 41(1): 60-74.

Jääskeläinen, R. 2002. Think-aloud protocol studies into translation: An annotated bibliography. *Target* 14(1): 107-136.

Jääskeläinen, R. 2010. Are all professionals experts? Definitions of expertise and reinterpretation of research evidence in process studies. In G. M. Shreve & E. Angelone (eds.). *Translation and Cognition*. Amsterdam/Philadelphia: John Benjamins. 213-227.

Jääskeläinen, R & S. Tirkkonen-Condit. 1991. Automatised processes in professional vs. non-professional translation: A think-aloud protocol study. In S. Tirkkonen-Condit (ed.). *Empirical Research in Translation and Intercultural Studies: Selected Papers of the TRANSIF Seminar, Savonlinna 1988*. Tübingen: Gunter Narr Verlag. 89-109.

Jacobs, C. 1975. The monstrosity of translation. *MLN* 90(6): 755-766.

Jakobsen, A. L. 2011. Tracking translators' keystrokes and eye movements with Translog. In C. Alvstad, A. Hild & E. Tiselius (eds.). *Methods and Strategies of Process Research: Integrative Approaches in Translation Studies*. Amsterdam/Philadelphia: John Benjamins. 37-55.

Jakobsen, A. L. & K. T. H. Jensen. 2008. Eye movement behavior across four different types of reading task. In S. Göpferich, A. L. Jakobsen & I. M. Mees. (eds.). *Looking at Eyes: Eye-tracking Studies of Reading and Translation Processing*. Copenhagen: Samfundslitteratur Press. 103-124.

Jakobson, R. 1959. On linguistic aspects of translation. In R. A. Brower (ed.). *On Translation*. Cambridge, MA: Harvard University Press. 232-239.

Jakobson, R. 1960. Concluding statement: Linguistics and poetics. In T. Sebeok (ed.). *Style in Language*. Cambridge, MA: MIT Press. 350-377.

Jakobson, R. 1965/2000. On linguistic aspects of translation. In L. Venuti (ed.). *The Translation Studies Reader*. London/New York: Routledge. 113-118.

Jakobson, R. 1971. Language in relation to other communication systems. In *Roman Jakobson Selected Writings II: Word and Language*. The Hague/Paris: Mouton. 697-708.

Jakobson, R. 1987. Linguistics and poetics. In K. Pomorska & S. Rudy (eds.). *Language in Literature*. London/Cambridge, MA: The Belknap Press of Harvard University Press. 62-94.

Jerome. 1893/2004. *The Principal Works of St. Jerome*, trans. The Hon. W. H. Freemantle. P. Schaff (ed.). Volume 6 of Nicene and Post-Nicene Fathers (Series II). Grand Rapids, MI: Christian Literature Publishing Company.

Jerome. 1956. *The Satirical Letters of St. Jerome*, trans. P. Carroll. Chicago, IL: Henry Regnery Company.

Jewitt, C. (ed.). 2009. *The Routledge Handbook of Multimodal Analysis*. London/New York: Routledge.

Jiménez-Crespo, M. A. 2013. *Translation and Web Localization*. London/New York: Routledge.

Johansson, S. 1998. On the role of corpora in cross-linguistic research. In S. Johansson & S. Oksefjell (eds.). *Corpora and Cross-Linguistic Research: Theory,*

Method, and Case Studies. Amsterdam: Rodopi. 3-25.

Johnson, S. 1759/2002. The art of translation. Excerpted from History of translation. In D. Robinson (ed.). *Western Translation Theory: From Herodotus to Nietzsche* (2nd ed.). London/New York: Routledge. 204-205.

Johnson, W. A. 2010. *Readers and Reading Culture in the High Roman Empire: A Study of Elite Communities*. Oxford: Oxford University Press.

Jones, C. & E. Ventola (eds.). 2008. *From Language to Multimodality: New Developments in the Study of Ideational Meaning*. London: Equinox.

Jones, D. M. 1959. Cicero as a translator. *Bulletin of the Institute of Classical Studies 6* (1): 22-34.

Kade, O. 1968. *Zufall und Gesetzmässigkeit in der Übersetzung*. Leipzig: VEB Verlag Enzyklopädie.

Kaindl, K. 2013. Multimodality and translation. In Millán, C. & F. Bartrina (eds.). *The Routledge Handbook of Translation Studies*. London/New York: Routledge. 257-269.

Kang, M. S., & K. Shunmugam. 2014. The translation profession in Malaysia: The translator's status and self-perception. *GEMA Online Journal of Language Studies 14*(3): 191-205.

Katan, D. 2009. Translation as intercultural communication. In J. Munday (ed.). *The Routledge Companion to Translation Studies*. London: Routledge. 74-92.

Kelly, L. G. 1979. *The True Interpreter: A History of Translation Theory and Practice in the West*. Oxford: Basil Blackwell.

Kenny, D. 1999. Norms and Creativity: Lexis in Translated Text. PhD Dissertation. Manchester: The University of Manchester.

Kenny, D. 2001. Equivalence. In M. Baker (ed.). *Routledge Encyclopedia of Translation Studies*. London/New York: Routledge. 77-80.

Kenny, D. 2011. Translation units and corpora. In A. Kruger, K. Wallmach & J. Munday (eds.). *Corpus-based Translation Studies: Research and Applications*. London: Continuum. 76-102.

Koller, W. 1979/1992. *Einführung in die Übersetzungswissenschaft*. Heidelberg: Quelle & Meyer.

Koller, W. 1989. Equivalence in translation theory. In A. Chesterman (ed.). *Readings in Translation Theory*. Finland: Oy Finn Lectura Ab. 99-104.

Koschmieder, E. 1965. *Beiträge zur allgemeinen Syntax*. Heiderlberg: Carl Winter Universitätsverlag.

Kress, G. 2003. *Literacy in the New Media Age*. London: Routledge.

Kress, G. 2009. *Multimodality: A Social Semiotic Approach to Contemporary Communication*. London/New York: Routledge.

Kress, G. & T. van Leeuwen. 1996. *Reading Images: The Grammar of Visual Design*. London: Routledge.

Kress, G. & T. van Leeuwen. 1998. Front pages: (The critical analysis) of newspaper layout. In A. Bell & P. Garrett (eds.). *Approaches to Media Discourse*. Oxford/Malden: Blackwell. 186-219.

Kress, G. & T. van Leeuwen. 2001. *Multimodal Discourse: The Modes and Media of Contemporary Communication*. London: Arnold.

Kress, G. & T. van Leeuwen. 2006. *Reading Images: The Grammar of Visual Design* (2nd ed.). London: Routledge.

Kress, G., C. Jewitt, J. Ogborn & C. Tsatsarelis (eds.). 2001. *Multimodal Teaching and Learning: The Rhetorics of the Science Classroom*. London: Continuum.

Kress, G., C. Jewitt, J. Bourne, A. Franks, J. Hardcastle, K. Jones & E. Reid (eds.). 2004. *English in Urban Classrooms: A Multimodal Perspective on Teaching and Learning*. London/New York: RoutledgeFalmer.

Krings, H. P. 1986. Translation problems and translation strategies of advanced German learners of French (L2). In J. House & S. Blum-Kulka (eds.). *Interlingual and Intercultural Communication: Discourse and Cognition in Translation and Second Language Acquisition Studies*. Tübingen: Gunter Narr Verlag. 263-276.

Krings, H. P. 1987. The use of introspective data in translation. In C. Færch & G. Kasper (eds.). *Introspection in Second Language Research*. Clevedon: Multilingual Matters. 159-176.

Krings, H. P. 2001. *Repairing Texts: Empirical Investigations of Machine Translation Post-editing Processes*. G. S. Koby (ed.). Kent, Ohio/London: The Kent State University Press.

Kroll, J. & A. M. B. de Groot. 1997. Lexical and conceptual memory in the bilingual: Mapping form to meaning in two languages. In J. Kroll & A. M. B. de Groot.

(eds.). *Tutorials in Bilingualism: Psycholinguistic Perspectives*. Mahwah, NJ: Lawrence Erlbaum Associates. 169-199.

Kroll, J. & E. Stewart. 1994. Category interference in translation and picture naming: Evidence for asymmetric connections between bilingual memory representations. *Journal of Memory and Language 33*(2): 149-174.

Kuhiwczak P. & K. Littau (eds.). 2007. *A Companion to Translation Studies*. Clevedon/Buffalo/Toronto: Multilingual Matters.

Lambert, J. 1993. History, historiography and the discipline: A programme. In Y. Gambier & J. Tommola (eds.). *Translation and Knowledge. SSOTT IV. Scandinavian Symposium on Translation Theory. TURKU, 4.-6. 6. 1992*. Turku, Grafia Oy/Kansikuva: Maria Kald. 3-25.

Landau, M. 1991. *Narratives of Human Evolution*. New Haven, CT: Yale University Press.

Lapshinova-Koltunski, E. 2015. Variation in translation: Evidence from corpora. In C. Fantinuoli & F. Zanettin (eds.). *New Directions in Corpus-based Translation Studies*. Berlin: Language Science Press. 93-113.

Larson, M. L. 1984/1998. *Meaning-based Translation: A Guide to Cross-language Equivalence*. Oxford: University Press of America.

Laviosa, S. 1996. The English Comparable Corpus (ECC): A Resource and a Methodology for the Empirical Study of Translation. PhD Dissertation. Manchester: The University of Manchester.

Laviosa, S. 1998. Special issue. The Corpus-based Approach: A New Paradigm in Translation Studies. *Meta 43* (4).

Laviosa, S. 2002. *Corpus-based Translation Studies: Theory, Findings, Applications*. Amsterdam/New York: Rodopi.

Laviosa, S. 2007. Similarity and difference in corpus-based translation studies. *Journal of Foreign Languages 5*: 56-63.

Leech, G. 1974. *Semantics*. Harmondsworth: Penguin Books.

Leerssen, J. 2006. Nationalism and the cultivation of culture. *Nations and Nationalism 12*(4): 559-578.

Leerssen, J. 2007. Imagology: History and method. In M. Beller & J. Leerseen (eds.). *Imagology: The Cultural Construction and Literary Representation of National Characters*. Amsterdam/New York: Rodopi. 17-32.

Lefevere, A. (ed.). 1977. *Translating Literature: The German Tradition – From Luther to Rosenzweig*. Assen/Amsterdam: Van Gorcum & Comp. B. V.

Lefevere, A. 1978. Appendix. Translation studies: The goal of the discipline. In J. S. Holmes, J. Lambert & R. van den Broeck (eds.). *Literature and Translation: New Perspectives in Literary Studies with a Basic Bibliography of Books on Translation Studies*. Leuven: Acco. 234-235.

Lefevere, A. 1981. Translated literature: Towards an integrated theory. *The Bulletin of the Midwest Modern Language Association* 14(1): 68-78.

Lefevere, A. 1982. Mother Courage's cucumbers: Text, system and refraction in a theory of literature. *Modern Language Studies* 12(4): 3-20.

Lefevere, A. 1985. Why waste our time on rewrites? The trouble with interpretation and the role of rewriting in an alternative paradigm. In T. Hermans (ed.). *The Manipulation of Literature: Studies in Literary Translation*. London: Croom Helm. 215-243.

Lefevere, A. 1992a. *Translating Literature: Practice and Theory in a Comparative Literature Context*. New York: Modern Language Association of America.

Lefevere, A. (ed.). 1992b. *Translation/History/Culture: A Sourcebook*. London/New York: Routledge.

Lefevere, A. 1992c. *Translation, Rewriting and the Manipulation of Literary Fame*. London: Routledge.

Lefevere, A. 1998. Translation practice(s) and the circulation of cultural capital: Some *Aeneids* in English. In S. Bassnett & A. Lefevere (eds.). *Constructing Cultures: Essays on Literary Translation*. Clevedon: Multilingual Matters. 41-56.

Lefevere, A. (ed.). 2004. *Translating/History/Culture: A Sourcebook*. Shanghai: Shanghai Foreign Language Education Press.

Lefevere, A. & S. Bassnett. 1990. Introduction: Proust's grandmother and the Thousand and One Nights. The 'cultural turn' in translation studies. In S. Bassnett & A. Lefevere (eds.). *Translation, History and Culture*. London: Pinter Publishers. 1-13.

Liu, X.-J. 2006. The utopia of translation. *Perspectives* 13(4): 243-254.

Locke, W. N. & A. D. Booth. 1955. *Machine Translation of Languages*. Cambridge, MA/ New York, NY: Massachusetts Institute of Technology Press.

Lockwood, D. P. 1918. Two thousand years of Latin translation from the Greek. *Transactions and Proceedings of the American Philological Association 49*: 115-129.

Long, L. 2007. History and translation. In P. Kuhiwczak & K. Littau (eds.). *A Companion to Translation Studies*. Clevedon/Buffalo/Toronto: Multilingual Matters. 63-76.

Lörscher, W. 1986. Linguistic aspects of translation processes: Towards an analysis of translation performance. In J. House & S. Blum Kulka (eds.). *Interlingual and Intercultural Communication: Discourse and Cognition in Translation and Second Language Acquisition Studies*. Tübingen: Gunter Narr Verlag. 277-292.

Lörscher, W. 1991. *Translation Performance, Translation Process and Translation Strategies: A Psycholinguistic Investigation*. Tübingen: Gunter Narr Verlag.

Lucretius. 1879. *De Rerum Natura*, trans. W. H. D. Rouse & M. F. Smith. London: Trubner & Co., Ludgate Hill.

Luff, P., J. Hindmarsh & C. Health. 2000. *Workplace Studies: Recovering Work Practice and Informing System Design*. Cambridge: Cambridge University Press.

Luther, M. 1977. Enlighten and "Germanize". Excerpted from *Sendbrief vom Dolmetschen*. In A. Lefevere. (ed.). *Translating Literature: The German Tradition – From Luther to Rosenzweig*. Assen/Amsterdam: Van Gorcum & Comp. B. V. 8-9.

Lyons, J. 1977. *Semantics* (Vol. 1 & 2). Cambridge: Cambridge University Press.

Mackintosh, J. 1983. Relay Interpretation: An Exploratory Study. MA Thesis. London: University of London.

Malamatidou, S. 2013. Passive voice and the language of translation: A comparable corpus-based study of Modern Greek popular science articles. *Meta 58*(2): 411-429.

Malamatidou, S. 2018. *Corpus Triangulation: Combining Data and Methods in Corpus-based Translation Studies*. London/New York: Routledge.

Malmkjær, K. 1998. Love thy neighbour: Will parallel corpora endear linguists to translators? *Meta 43*(4): 534-541.

Manovich, L. 2001. *The Language of New Media*. London: MIT press.

Martin, G. 1582/2002. Five sundry abuses or corruptions of holy scripture. Excerpted from the preface to *A Discovery of the Manifold Corruptions of the Holy Scriptures by the Heretics of Our Days, especially the English Sectaries, and of Their Foul Dealing herein, by Partial and False Translations to the Advantage of Their Heresies, in Their*

English Bibles Used and Authorized since the Time of Schism. In D. Robinson (ed.). *Western Translation Theory: From Herodotus to Nietzsche* (2nd ed.). London/New York: Routledge. 119-121.

Mauranen, A. 2000. Strange strings in translated language: A study on corpora. In M. Olohan. (ed.). *Intercultural Faultlines: Research Models in Translation Studies I: Textual and Cognitive Aspects*. Manchester: St. Jerome Publishing. 119-142.

Mazur, I. 2007. The metalanguage of localization: Theory and practice. *Target 19*(2): 337-357.

McDonald, J. L. & P. A. Carpenter. 1981. Simultaneous translation: Idiom Interpretation and parsing heuristics. *Journal of Verbal Learning and Verbal Behavior 20*(2): 231-247.

Mcdonough-Dolmaya, J. 2011. The ethics of crowdsourcing. *Linguistica Antverpiensia New Series – Themes in Translation Studies 10*: 97-110.

McElduff, S. 2013. *Roman Theories of Translation: Surpassing the Source*. New York/London: Routledge.

McEnery, T., R. Xiao & Y. Tono. 2006. *Corpus-based Language Studies: An Advanced Resource Book*. London/New York: Routledge.

McLaughlin, M. 2011. *Syntactic Borrowing in Contemporary French: A Linguistic Analysis of News Translation*. London: Routledge.

Meldrum, Y. F. 2009. Contemporary Translationese in Japanese Popular Literature. PhD Dissertation. Edmonton: University of Alberta.

Meyers, A., I. Rehbein & H. Zinsmeister. 2015. Introduction to the workshop. In A. Meyers, I. Rehbein & H. Zinsmeister (eds.). *Proceedings of the 9th Linguistic Annotation Workshop (LAW-IX)*. iii-v.

Milton, J. & P. Bandia (eds.). 2009. *Agents of Translation*. Amsterdam/Philadelphia: John Benjamins.

Monzó Nebot, E. 2008. Corpus-based activities in legal translator training. *The Interpreter and Translator Trainer 2*(2): 221-252.

More, T. 1529/2002. Whether the clergy of this realm have forbidden all the people to have any scripture translated into our tongue. Excerpted from *Dialogue Concerning Heresies*. In D. Robinson (ed.). *Western Translation Theory: From Herodotus to Nietzsche* (2nd ed.). London/New York: Routledge. 76-83.

Mouka, E., I. E. Saridakis & A. Fotopoulou. 2015. Racism goes to the movies: A corpus-driven study of cross-linguistic racist discourse annotation and translation analysis. In C. Fantinuoli & F. Zanettin (eds.). *New Directions in Corpus-based Translation Studies*. Berlin: Language Science Press. 35-69.

Mounin, G. 1965. *Teoria e Storia della Traduzione*. Torino: Giulio Einaudi Editore.

Mounin, G. 1976. *Les Problèmes Théoriques de la Traduction*. Paris: Gallimard.

Munday, J. 2010. Translation studies. In Y. Gambier & L. van Doorslaer (eds.). *Handbook of Translation Studies* (Vol. 1). Amsterdam/Philadelphia: John Benjamins. 419-428.

Munday, J. 2012. *Introducing Translation Studies: Theories and Applications* (3rd ed.). New York: Routledge.

Munday, J. 2016. *Introducing Translation Studies: Theories and Applications* (4th ed.). New York: Routledge.

Muñoz Martín, R. 2014. Situating translation expertise: A review with a sketch of a construct. In J. W. Schwieter & A. Ferreira (eds.). *The Development of Translation Competence: Theories and Methodologies from Psycholinguistics and Cognitive Science*. Cambridge: Cambridge Scholars Publishing. 2-56.

Muñoz Martín, R. 2016. *Reembedding Translation Process Research*. Amsterdam/Philadelphia: John Benjamins.

Neubert, A & G. Shreve. 1992. *Translation as Text*. Kent, Ohio: Kent State University Press.

Newman, F. W. 1861. *Homeric Translation in Theory and Practice: A Reply to Matthew Arnold*. London: Williams & Norgate.

Newmark, P. 1981. *Approaches to Translation*. Hemel Hempstead: Prentice Hall.

Newmark, P. 1988. *A Textbook of Translation*. New York: Prentice Hall.

Nida, E. A. 1964. *Toward a Science of Translating: With Special Reference to Principles and Procedures Involved in Bible Translating*. Leiden: E. J. Brill.

Nida, E. A. 1972. Report on the United Bible Societies Consultation in Bible Translation. Paper presented at the Bernhauser Forest, Stuttgart, Germany, September 1972.

Nida, E. A. 1975. *A Componential Analysis of Meaning: An Introduction to Semantic Structures*. The Hague: Mouton.

Nida, E. A. 1982. *Translating Meaning*. San Francisco, CA: English Language Institute.

Nida, E. A. 2001a. *Contexts in Translating*. Amsterdam: John Benjamins.

Nida, E. A. 2001b. *Language and Culture – Context in Translating*. Shanghai: Shanghai Foreign Language Education Press.

Nida, E. A. & C. R. Taber. 1969. *The Theory and Practice of Translation*. Leiden: E. J. Brill.

Niranjana, T. 1992. *Siting Translation: History, Post-structuralism, and the Colonial Context*. Berkeley, CA: University of California Press.

Nord, C. 1991. *Text Analysis in Translation: Theory, Methodology, and Didactic Application of a Model for Translation-oriented Text Analysis*. Amsterdam: Rodopi.

Nord, C. 1996. Text type and translation method: An objective approach to translation criticism. *The Translator* 2(1): 81-88.

Nord, C. 1997. *Translating as a Purposeful Activity: Functionalist Approaches Explained*. Manchester: St. Jerome Publishing.

Nord, C. 2006. *Text Analysis in Translation: Theory, Methodology, and Didactic Application of a Model for Translation-oriented Text Analysis* (2nd ed.). Amsterdam/Atlanta: Rodopi.

Norris, S. 2004. *Analyzing Multimodal Interaction: A Methodological Framework*. London: Routledge.

O'Brien, S. 2006. Eye-tracking and translation memory matches. *Perspectives* 14(3): 185-205.

Ogden, C. K. & I. A. Richards. 1923. *The Meaning of Meaning: A Study of the Influence of Language upon Thought and of the Science of Symbolism*. New York: Harcourt, Brace & World.

O'Hagan, M. 2007. Video games as a new domain for translation research: From translating text to translating experience. http://www.fti.uab.es/tradumatica/revista/num5/articles/09/09.pdf (accessed on 17/07/2020).

O'Hagan, M. 2009. Evolution of user-generated translation: Fansubs, translation hacking and crowdsourcing. *The Journal of Internationalization and Localization* 1(4): 94-121.

O'Hagan, M. & D. Ashworth. 2002. *Translation-mediated Communication in a Digital World: Facing the Challenges of Globalization and Localization*. Clevedon: Multilingual Matters.

O'Halloran, K. L. 1999. Towards a systemic functional analysis of multisemiotic mathematics texts. *Semiotica* 124 (1/2): 1-29.

O'Halloran, K. L. 2000. Classroom discourse in mathematics: A multisemiotic analysis. *Linguistics and Education* 10(3): 359-388.

O'Halloran, K. L. (ed.). 2004. *Multimodal Discourse Analysis: Systemic Functional Perspective*. London/New York: Continuum.

O'Halloran, K. L. 2005. *Mathematical Discourse: Language, Symbolism and Visual Images*. London/New York: Continuum.

O'Halloran, K. L. & V. L. Fei. 2014. Systemic functional multimodal discourse analysis. In S. Norris & C. D. Maier. *Interactions, Images and Texts: A Reader in Multimodality*. Boston/Berlin: De Gruyter Mouton. 137-154.

Oléron, P. & H. Nanpon. 1965. Récherches sur la traduction simultanée. *Journal de Psychologie Normale et Pathologique* 62(1): 73-94.

Olohan, M. 2001. Spelling out the optionals in translation: A corpus study. In P. Rayson, A. Wilson, T. McEnery, A. Hardie & S. Khoja. *Proceedings of the Corpus Linguistics 2001 Conference. UCREL Technical Papers 13*. Lancashire: Lancaster University. 423- 432.

Olohan, M. 2014. History of science and history of translation: Disciplinary commensurability? *The Translator 20* (1): 9-25.

Olohan, M. & M. Baker. 2000. Reporting "that" in translated English: Evidence for subconscious processes of explicitation? *Across Languages and Cultures* 1(2): 141-158.

Orero, P. 2004. Introduction: Audiovisual translation – A new dynamic umbrella. In P. Orero (ed.). *Topics in Audiovisual Translation*. Amsterdam/Philadelphia: John Benjamins. vii-xiii.

O'Sullivan, C. 2012. Introduction: Rethinking methods in translation history. *Translation Studies* 5 (2): 131-133.

O'Toole, M. 1994. *The Language of Displayed Art*. London: Leicester University Press.

Øverås, L. 1998. In search of the third code: An investigation of norms in literary translation. *Meta* 43(4): 557-570.

PACTE. 2009. Results of the validation of the PACTE translation competence model: Acceptability and decision making. *Across Languages and Cultures* 10(2): 207-230.

PACTE. 2014. First results of PACTE group's experimental research on translation competence acquisition: The acquisition of declarative knowledge of translation. Special Issue. Minding Translation. *MonTI.* 85-115.

Parks, G. 1998. Towards a sociology of translation. *International Journal of Translation* 3: 25-35.

Pavlović, N. & K. T. H. Jensen. 2009. Eye-tracking translation directionality. In A. Pym & A. Perekrestenko (eds.). *Translation Research Projects 2.* Tarragona: Intercultural Studies Group. 93-109.

Peletier, J. 1555/2002. Of translation. Excerpted from *L'Art Poétique,* trans. D. G. Ross. In D. Robinson (ed.). *Western Translation Theory: From Herodotus to Nietzsche* (2nd ed.). London/New York: Routledge. 106-107.

Pereira, N. M. 2008. Book illustration as (intersemiotic) translation: Pictures translating words. *Meta* 53(1): 104-119.

Pérez González, L. & Ş. Susam-Saraeva. 2012. Non-professionals translating and interpreting: Participatory and engaged perspectives. *The Translator* 18(2): 149-165.

Petersson, T. 1920. *Cicero: A Biography.* Berkeley, CA: University of California Press.

Petite, C. 2005. Evidence of repair mechanisms in simultaneous interpreting: A corpus-based analysis. *Interpreting* 7(1): 27-49.

Pietrzak, P. & M. Deckert. 2015. *Constructing Translation Competence.* Bern: Peter Lang.

Pliny (The Younger). 1879. *The Letters of the Younger Pliny,* trans. J. D. Lewis. London: Trubner and Co., Ludgate Hill.

Pope, A. 1715/2002. The chief characteristic of translation. Excerpted from the preface to *The Iliad of Homer.* In D. Robinson (ed.). *Western Translation Theory: From Herodotus to Nietzsche* (2nd ed.). London/New York: Routledge. 193-195.

Popovič, A. 1976. Aspects of metatext. *Canadian Review of Comparative Literature* 3(3): 225-235.

Powell, J. G. F. 2007. Translation and culture in ancient Rome: Cicero's theory and practice of translation. In H. Kittel *et al.* (eds.). *Übersetzung. Translation. Traduction: An International Encyclopedia of Translation Studies* (Vol. 2). Berlin/ New York: Walter de Gruyter. 1132-1137.

Puurtinen, T. 2003a. Explicitating and implicitating source text ideology. *Across*

Languages and Cultures 4(1): 53-62.

Puurtinen, T. 2003b. Genre-specific features of translationese? Linguistic differences between translated and non-translated Finnish children's literature. *Literary and Linguistic Computing* 18(4): 389-406.

Pym, A. 1992a. Shortcomings in the historiography of translation. *Babel* 38 (4): 221-235.

Pym, A. 1992b. *Translation and Text Transfer: An Essay on the Principles of Intercultural Communication*. Frankfurt am Main: Peter Lang.

Pym, A. 1995. European translation studies, *Une science qui dérange*, and why equivalence needn't be a dirty word. *TTR* 8 (1): 153-176.

Pym, A. 1998. *Method in Translation History*. London/New York: Routledge.

Pym, A. 2004. *The Moving Text: Localization, Translation and Distribution*. Amsterdam/Philadelphia: John Benjamins.

Pym, A. 2010. *Exploring Translation Theories*. London/New York: Routledge.

Pym, A. 2014. Translator associations – From gatekeepers to communities. *Target* 26(3): 466-491.

Pym, A., D. Orrego-Carmona & E. Torres-Simón. 2016. Status and technology in the professionalization of translators. Market disorder and the return of hierarchy. *The Journal of Specialised Translation* (25): 33-53.

Pym, A., F. Grin, C. Sfreddo & A. L. J. Chan. 2013. *The Status of the Translation Profession in the European Union*. London/New York: Anthem Press.

Quintilian. 1876. *Quintilian's Institutes of Oratory: Or, Education of an Orator* (Vol. 2). Trans. J. S. Watson. London: George Bell and Sons.

Rabinovich, E., S. Wintner & O. L. Lewinsohn. 2015. The Haifa corpus of translationese. https://arxiv.org/abs/1509.03611v1 (accessed on 17/12/2020).

Ray, R., & N. Kelly. 2011a. *Crowdsourced Translation: Best Practices for Implementation*. Lowell, MA: Common Sense Advisory.

Ray, R., & N. Kelly. 2011b. *Trends in Crowdsourced Translation: What Every LSP Needs to Know*. Lowell, MA: Common Sense Advisory.

Rayson, P., X. Xu, J. Xiao, A. Wong & Q. Yuan. 2008. Quantitative analysis of translation revision: Contrastive corpus research on native English and Chinese translationese. https://eprints.lancs.ac.uk/id/eprint/41383/ (accessed on 17/12/2019).

Reiss, K. 1977/1989. Text types, translation types and translation assessment. In A. Chesterman. (trans. & ed.). *Readings in Translation Theory*. Helsinki: Oy Finn Lectura Ab. 105-115.

Reiss, K. 1983. Adequacy and equivalence in translation. *The Bible Translator 34*(3): 301-308.

Reiss, K. 2000. *Translation Criticism – The Potentials and Limitations. Categories and Criteria for Translation Quality Assessment*, trans. E. F. Rhodes. London: Routledge.

Rennert, S. 2008. Visual input in simultaneous interpreting. *Meta 53*(1): 204-217.

Richard, X. & N. X. Wei. 2014. Special issue. Translation and Contrastive Linguistic Studies at the Interface of English and Chinese: Significance and Implications. *Corpus Linguistics and Linguistic Theory 10*(1).

Robinson, D. 1997. *Western Translation Theory: From Herodotus to Nietzsche*. Manchester: St. Jerome Publishing.

Robinson, D. 2002. *Western Translation Theory: From Herodotus to Nietzsche* (2nd ed.). London/New York: Routledge.

Robinson, D. 2006. *Western Translation Theory: From Herodotus to Nietzsche*. Beijing: Foreign Language Teaching and Research Press.

Robinson, D. 2007. *Translation and Empire: Postcolonial Theories Explained*. Beijing: Foreign Language Teaching and Research Press.

Rodríguez-Castro, M. 2011. Translationese and punctuation: An empirical study of translated and non-translated international newspaper articles (English and Spanish). *Translation and Interpreting Studies 6*(1): 40-61.

Rose. M. G. 1982. Walter Benjamin as translation theorist: A reconsideration. *Dispositio 7*(19-20): 163-175.

Rundle, C. 2012. Translation as an approach to history. *Translation Studies 5* (2): 232-240.

Rundle, C. 2014. Theories and methodologies of translation history: The value of an interdisciplinary approach. *The Translator 20* (1): 2-8.

Sanders, J. 2003. Divine words, cramped actions: Walter Benjamin – An unlikely icon in translation studies. *TTR 16*(1): 161-183.

Sandrelli, A. & C. Bendazzoli. 2005. Lexical patterns in simultaneous interpreting: A preliminary investigation of EPIC (European Parliament Interpreting Corpus).

https://www.birmingham.ac.uk/research/activity/corpus/publications/conference-archives/2005-conf-e-journal.aspx (accessed 28/02/2018).

Santos, D. 1995. On grammatical translationese. Paper presented at the Tenth Scandinavian Conference on Computational Linguistics, Helsinki, Finland, May 1995.

Sartre, J.-P. 1949. *Existentialism and Humanism*, trans. P. Mairet. London: Methuen & Company.

Schäffner, C. 2003. Translation and intercultural communication: Similarities and differences. *Studies in Communication Sciences* 3(2): 79-107.

Schäffner, C. & B. Adab. 1997. Translation as intercultural communication – Contact as conflict. In M. Snell-Hornby, Z. Jettmarová & K. Kaindl (eds.). *Translation as Intercultural Communication: Selected Papers from the EST Congress, Prague 1995*. Amsterdam/Philadelphia: John Benjamins. 325-338.

Schäffner. C. & B. Adab. 2000. *Developing Translation Competence*. Amsterdam/Philadelphia: John Benjamins.

Schlegel, A. W. 1803/2002. The speaking voice of the civilized world. Excerpted from *Geschichte der Romantischen Literatur*, trans. D. Robinson. In D. Robinson (ed.). *Western Translation Theory: From Herodotus to Nietzsche*. London/New York: Routledge. 220-221.

Schlegel, A. W. 1977. Metrical translation. Excerpted from *Geschichte der Klassischen Literatur*. In A. Lefevere (ed.). *Translating Literature: The German Tradition – From Luther to Rosenzweig*. Assen/Amsterdam: Van Gorcum & Comp. B. V. 51-54.

Schleiermacher, F. 1838/1998. *Hermeneutics and Criticism*. A. Bowie (ed.). Cambridge: Cambridge University Press.

Schleiermacher, F. 2002. On the different methods of translating, trans. D. Robinson. In D. Robinson (ed.). *Western Translation Theory: From Herodotus to Nietzsche* (2nd ed.). London/New York: Routledge. 225-238.

Schwieter, J. W. & A. Ferreira (eds.). 2014. *The Development of Translation Competence: Theories and Methodologies from Psycholinguistics and Cognitive Science*. Newcastle: Cambridge Scholars Publishers.

Scollon, R. & S. W. Scollon. 2003. *Discourse in Place: Language in the Material World*. London: Routledge.

Scott, M. N. 1998. Normalization and Readers' Expectation. PhD Dissertation. Liverpool: University of Liverpool.

Searle, J. R. 1976. A classification of illocutionary acts. *Language in Society* 5(1): 1-23.

Sela-Sheffy, R. 2005. How to be a (recognized) translator: Rethinking habitus, norms, and the field of translation. *Target* 17(1): 1-26.

Serbina, T., P. Niemietz & S. Neumann. 2015. Development of a keystroke logged translation corpus. In C. Fantinuoli & F. Zanettin (eds.). *New Directions in Corpus-based Translation Studies*. Berlin: Language Science Press. 11-33.

Shlesinger M. 1998. Corpus-based interpreting studies as an offshoot of corpus-based translation studies. *Meta* 43(4): 486-493.

Shreve, G. M. & E. Angelone (eds.). 2010. *Translation and Cognition*. Amsterdam/Philadelphia: John Benjamins.

Shuttleworth, M. & M. Cowie. 2004. *Dictionary of Translation Studies*. Shanghai: Shanghai Foreign Language Education Press.

Sichel, B. 2009. Planning and writing for translation. *Multilingual. Writing for Translation. Getting Started: Guide*: 3-4.

Simeoni, D. 1998. The pivotal status of the translator's habitus. *Target* 10(1): 1-39.

Simeoni, D. 2008. Norms and the state: The geopolitics of translation theory. In A. Pym, M. Shlesinger & D. Simeoni (eds.). *Beyond Descriptive Translation Studies: Investigations in Homage to Gideon Toury*. Amsterdam: John Benjamins. 329-342.

Simon, S. 1996. *Gender in Translation: Cultural Identity and the Politics of Transmission*. London/New York: Routledge.

Snell-Hornby, M. 1988. *Translation Studies: An Integrated Approach*. Amsterdam/Philadelphia: John Benjamins.

Snell-Hornby, M. 1990. Linguistic transcoding or cultural transfer? A critique of translation theory in Germany. In S. Bassnett & A. Lefevere (eds.). *Translation, History and Culture*. London: Pinter Publishers. 79-86.

Snell-Hornby. M. 2000. Foreword. In K. Reiss (ed.), trans. E. F. Rhodes. *Translation Criticism – The Potentials and Limitations. Categories and Criteria for Translation Quality Assessment*. London: Routledge.

Snell-Hornby, M. 2006. *The Turns of Translation Studies: New Paradigms or Shifting Viewpoints?* Amsterdam/Philadelphia: John Benjamins.

Snell-Hornby, M. 2010. The turns of translation studies. In Y. Gambier & L. van Dooslaer (eds.). *Handbook of Translation Studies* (Vol. 1). Amsterdam/Philadelphia: John Benjamins. 366-370.

Snodgrass, J. G. 1993. Translating versus picture naming: Similarities and differences. In R. Schreuder & B. Weltens. (eds.). *The Bilingual Lexicon*. Amsterdam: John Benjamins. 83-114.

Špakov, O., C. Brunner, L. Schou & A. Gerganov. 2009. Combining eye-tracking, key logging and electroencephalographic data: Towards an integrated tool for translators. Paper presented at the Eye-to-IT Conference on Translation Processes, Copenhagen, Denmark, April 2009.

Sperber, D. & D. Wilson. 1986. *Relevance: Communication and Cognition*. Oxford: Basil Blackwell.

Spivak, G. C. 1993/2009. The politics of translation. In G. C. Spivak (ed.). *Outside in the Teaching Machine*. New York/London: Routledge. 200-225.

Spivak, G. C. 2005. Translating into English. In S. Bermann & M. Wood (eds.). *Nation, Language, and the Ethics of Translation*. Princeton, NJ: Princeton University Press. 93-110.

Sprung, R. C. & S. Jaroniec (eds.). 2000. *Translating into Success. Cutting-edge Strategies for Going Multilingual in a Global Age*. Amsterdam/Philadelphia: John Benjamins.

St. André, J. 2009. History. In M. Baker & G. Saldanha (eds.). *Routledge Encyclopedia of Translation Studies* (2nd ed.). London/New York: Routledge. 133-136.

Steiner, G. 1975. *After Babel: Aspects of Language and Translation*. Oxford/New York: Oxford University Press.

Steiner, G. 2001. *After Babel: Aspects of Language and Translation* (3rd. ed.). Shanghai: Shanghai Foreign Language Education Press.

Steiner, T. R. 1975. *English Translation Theory 1650-1800*. Assen/Amsterdam: Van Gorcum & Comp. B. V.

Stenzl, C. 1983. Simultaneous Interpretation: Groundwork Towards a Comprehensive Model. MA Thesis. London: University of London.

Stolt, B. 2014. Luther's translation of the *Bible*. *Lutheran Quarterly* (28): 373-400.

Teich, E. 2003. *Cross-Linguistic Variation in System and Text: A Methodology for the Investigation of Translations and Comparable Texts*. Berlin: De Gruyter Mouton.

Tercedor Sánchez, M. 2010. Translating web multimodalities: Towards inclusive web localization. www.fti.uab.cat/tradumatica/revista/num8/sumari.htm (accessed 28/02/2018).

Teubert, W. 2001. Corpus linguistics and lexicography. *International Journal of Corpus Linguistics* 6(3): 125-153.

Teuffel, W. S. 1891. *Teuffel's History of Roman Literature*, rev. and enl. by L. Schwabe, trans. G. C. W. Warr. London: George Bell & Sons.

Tirkkonen-Condit, S. 1989. Professional vs. non-professional translation: A think-aloud protocol study. In Séguinot, C. (ed.). *The Translation Process*. Toronto: H. G. Publications. 73-85.

Tirkkonen-Condit, S. (ed.). 1991. *Empirical Research in Translation and Intercultural Studies: Selected Papers of the TRANSIF Seminar, Savonlinna 1988*. Tübingen: Gunter Narr Verlag.

Tirkkonen-Condit, S. 2002. Translationese – A myth or an empirical fact? A study into the linguistic identiability of translated language. *Target* 14(2): 207-220.

Tirkkonen-Condit, S. 2004. Unique items – Over- or under-represented in translated language? In A. Mauranen & P. Kujamäki (eds.). *Translation Universals: Do They Exist?* Amsterdam/Philadelphia: John Benjamins. 177-184.

Tirkkonen-Condit, S. & R. Jääskeläinen (eds.). 2000. *Tapping and Mapping the Processes of Translation and Interpreting: Outlooks on Empirical Research*. Amsterdam/Philadelphia: John Benjamins.

Tirkkonen-Condit, S. & J. Laukkanen. 1996. Evaluations – A key towards understanding the affective dimension of translational decisions. *Meta* 41(1): 45-59.

Tomlinson, C. 2001. Why Dryden's translations matter. *Translation and Literature* 10(1): 3-20.

Tommola, J. & J. Hyönä. 1990. Mental load in listening, speech shadowing and simultaneous interpreting: A pupillometric study. Paper presented at the 9th World Congress of Applied Linguistics, Thessaloniki, Greece, April 1990.

Tommola, J. & P. Niemi. 1986. Mental load in simultaneous interpreting: An online pilot study. In L. S. Evensen (ed.). *Nordic Research in Text Linguistics and Discourse Analysis*. Trondheim: Tapir Academic Press. 171-184.

Toury, G. 1980. *In Search of a Theory of Translation*. Tel Aviv: The Porter Institute for Poetics and Semiotics.

Toury, G. 1982. A rationale for descriptive translation studies. *Dispositio 7* (19-20): 23-39.

Toury, G. 1985. A rationale for descriptive translation studies. In T. Hermans (ed.). *The Manipulation of Literature: Studies in Literary Translation*. London: Croom Helm. 16-41.

Toury, G. 1995. *Descriptive Translation Studies – And Beyond*. Amsterdam/Philadelphia: John Benjamins.

Toury, G. 2012. *Descriptive Translation Studies – And Beyond* (revised ed.). Amsterdam/Philadelphia: John Benjamins.

Traugott, E. C. & M. L. Pratt. 1980. *Linguistics for Students of Literature*. New York: Harcourt Brace Jovanovich.

Tucker, A. 2009. *A Companion to the Philosophy of History and Historiography*. London: Blackwell Publishing Ltd.

Tymoczko M. 1998. Computerized corpora and the future of translation studies. *Meta 43*(4): 652-660.

Tymoczko, M. 1999. *Translation in a Postcolonial Context: Early Irish Literature in English Translation*. Manchester: St. Jerome Publishing.

Tymoczko, M. 2000. Translation and political engagement: Activism, social change and the role of translation in geopolitical shifts. *The Translator 6*(1): 23-47.

Tymoczko, M. 2002. Connecting the two infinite orders: Research methods in translation studies. In T. Hermans (ed.). *Crosscultural Transgressions: Research Models in Translation II. Historical and Ideological Issues*. Manchester: St. Jerome Publishing. 9-25.

Tymoczko, M. 2003. Ideology and the position of the translator: In what sense is a translator "in between"? In M. C. Pérez (ed.). *Apropos of Ideology: Translation Studies on Ideology – Ideologies in Translation Studies*. Manchester: St. Jerome Publishing. 181-201.

Tymoczko, M. 2007. *Enlarging Translation, Empowering Translators*. Manchester: St. Jerome Publishing.

Tymoczko, M. 2010. *Translation, Resistance, Activism*. Amherst: University of Massachusetts Press.

Tyndale, W. 1531/2002. How happeneth that ye defenders translate not one yourselves? Excerpted from An answer to Sir Thomas More's dialogue. In D.

Robinson (ed.). *Western Translation Theory: From Herodotus to Nietzsche* (2nd ed.). London/New York: Routledge. 90-91.

Tytler, A. F. 1791/1907. *Essay on The Principles of Translation*. London: J. M. Dent & Sons Ltd.

Tyulenev, S. 2012. *Applying Luhmann to Translation Studies: Translation in Society*. London/New York: Routledge.

Unsworth, L. 2008. *New Literacies and English Curriculum*. London/New York: Continuum.

Valdeón, R. A. 2016. The construction of national images through news translation: Self-framing in *El País English Edition*. In L. van Doorslaer, P. Flynn & J. Leerssen (eds.). *Interconnecting Translation Studies and Imagology*. Amsterdam/Philadelphia: John Benjamins. 219-237.

van Doorslaer, L. P. Flynn & J. Leerssen (eds.). 2016. *Interconnecting Translation Studies and Imagology*. Amsterdam/Philadelphia: John Benjamins.

van Leeuwen, T. 1999. *Speech, Music, Sound*. London: Palgrave Macmillan.

van Leeuwen, T. 2005. *Introducing Social Semiotics: An Introductory Textbook*. London/New York: Routledge.

Ventola, E., C. Charles & M. Kaltenbacher (eds.). 2004. *Perspectives on Multimodality*. Amsterdam: John Benjamins.

Venuti, L. (ed.). 1992. *Rethinking Translation – Discourse, Subjectivity, Ideology*. London/New York: Routledge.

Venuti, L. 1995. *The Translator's Invisibility: A History of Translation*. London/New York: Routledge.

Venuti, L. 1998. *The Scandals of Translation: Towards an Ethics of Difference*. London: Routledge.

Venuti, L. (ed.) 2000. *The Translation Studies Reader*. London/New York: Routledge.

Venuti, L. 2005. Translation, history, narrative. *Meta 50* (3): 800-816.

Vermeer, H. J. 1987. What does it mean to translate? *Indian Journal of Applied Linguistics 13*(2): 25-33.

Vial, T. 2013. *Schleiermacher: A Guide for the Perplexed*. London/New York: Bloomsbury.

Volti, R. 2011. *An Introduction to the Sociology of Work and Occupations* (2nd ed.). California: Sage Publications.

von Flotow, L. 1997. *Translation and Gender: Translating in the "Era of Feminism"*. Manchester: St Jerome Publishing.

von Humboldt, W. 1977. A theory of translation. In A. Lefevere (ed.). *Translating Literature: The German Tradition – From Luther to Rosenzweig*. Assen/Amsterdam: Van Gorcum & Comp. B. V. 40-45.

Weissbort, D. & A. Eysteinsson. 2006. *Translation – Theory and Practice: A Historical Reader*. Oxford: Oxford University Press.

Wheelock, F. M. 2005. *Wheelock's Latin* (6th ed.), rev. R. A. LaFleur. New York: Harper Collins.

Wilensky, H. L. 1964. The professionalization of everyone? *American Journal of Sociology* 70(2): 137-158.

Wimsatt, W. K. & M. C. Beardsley. 1972. The intentional fallacy. In D. Lodge (ed.). *20th Century Literary Criticism: A Reader*. London/New York: Longman. 334-344.

Witter-Merithew, A. & L. Johnson. 2004. Market disorder within the field of sign language interpreting: Professionalization implications. *Journal of Interpretation* 14: 19-56.

Wolin, R. 1994. *Walter Benjamin: An Aesthetic of Redemption*. Berkeley, CA: University of California Press.

Woodsworth, J. 1998. History of translation. In M. Baker (ed.). *Routledge Encyclopedia of Translation Studies*. London/New York: Routledge. 100-105.

Yücesoy, H. 2009. Translation as self-consciousness: Ancient sciences, antediluvian wisdom, and the 'Abbāsid translation movement. *Journal of World History* 20(4): 523-557.

Zaky, M. M. 2000. Translation and meaning. https://translationjournal.net/journal/14theory.htm (accessed on 19/05/2020).

Zanettin, F. 1998. Bilingual comparable corpora and the training of translators. *Meta* 43(4): 616-630.

Zanettin, F. 2012. *Translation-driven Corpora: Corpus Resources for Descriptive and Applied Translation Studies*. London: Routledge.

Zanettin, F., G. Saldanha & S.-A. Harding. 2015. Sketching landscapes in translation studies: A bibliographic study. *Perspectives* 23(2): 161-182.

Zima, P. V. 1994/2002. *Deconstruction and Critical Theory*, trans. R. Emig. London/New York: Continuum.

达尼埃尔－亨利·巴柔(法),2001a,从文化形象到集体想象物,孟华译。载孟华(编),《比较文学形象学》。北京:北京大学出版社。118-152。

达尼埃尔－亨利·巴柔(法),2001b,形象,孟华译。载孟华(编),《比较文学形象学》。北京:北京大学出版社。153-184。

傅雷,2009,《高老头》重译本序。载罗新璋、陈应年(编),《翻译论集》(修订本)。北京:商务印书馆。624。

胡戈·狄泽林克(德),2007,比较文学形象学,方维规译,《中国比较文学》(3):152-167。

胡开宝,2012,语料库翻译学:内涵与意义,《外国语(上海外国语大学学报)》35(5):59-70。

胡适,1917/2020,文学改良刍议,《诗潮》(1):122-126。

黄立波,2018,实证翻译研究的发展及趋势,《外国语(上海外国语大学学报)》41(6):102-112。

王焕生,2008,《古罗马文学史》。北京:中央编译出版社。

王克非,2014,翻译需从语言和文化两个层面来认识,《外国语(上海外国语大学学报)》37(6):52-54。

严复,2009,《天演论》译例言。载罗新璋、陈应年(编),《翻译论集(修订本)》。北京:商务印书馆。202-204。

朱志瑜,2004,类型与策略:功能主义的翻译类型学,《中国翻译》25(3):3-9。

推荐文献

Barnstone, W. 1993. *The Poetics of Translation: History, Theory, Practice*. New Haven/London: Yale University Press.

Benjamin, W. 2000. The task of the translator. In L. Venuti (ed.). *The Translation Studies Reader*, trans. H. Zohn. London/New York: Routledge. 15-25.

Berman, A. 1984. *L'Épreuve de l'Étranger. Culture et Traduction dans l'Allemagne Romantique. Herder, Goethe, Schlegel, Novalis, Humboldt, Schleiermacher, Hölderlin*. Paris: Gallimard.

Berman, A. 1992. *The Experience of the Foreign: Culture and Translation in Romantic Germany*, trans. S. Heyvaert. Albany, NY: State University of New York Press.

Derrida, J. 1985. Des tours de Babel. In J. F. Graham (ed.). *Difference in Translation*. Ithaca/London: Cornell University Press. 165-207.

Derrida, J. 2001. What is a "relevant" translation? trans. L. Venuti. *Critical Inquiry* 27(2): 174-200.

Dryden, J. 1800. The preface to *Ovid's Epistles*. In E. Malone (ed.). *The Critical and Miscellaneous Prose Works of John Dryden*. London: H. Baldwin & Son. 3-24.

Fantinuoli, C. & F. Zanettin (eds.). 2015. *New Directions in Corpus-based Translation Studies*. Berlin: Language Science Press.

Inghilleri, M. 2005. The sociology of Bourdieu and the construction of the "object" in translation and interpreting studies. *The Translator* 11(2): 125-145.

Jakobson, R. 1987. Linguistics and poetics. In K. Pomorska & S. Rudy (eds.). *Language in Literature*. London/Cambridge, MA: The Belknap Press of Harvard University Press. 62-94.

Kelly, L. G. 1979. *The True Interpreter: A History of Translation Theory and Practice in the West*. Oxford: Basil Blackwell.

Lefevere, A. (ed.). 1977. *Translating Literature: The German Tradition – From Luther to Rosenzweig*. Assen/Amsterdam: Van Gorcum & Comp. B. V.

Mauranen, A. & P. Kujamäki. (eds.). 2004. *Translation Universals: Do They Exist?* Amsterdam/Philadelphia: John Benjamins.

McElduff, S. 2013. *Roman Theories of Translation: Surpassing the Source*. New York/London: Routledge.

Pym, A. 1998. *Method in Translation History*. London/New York: Routledge.

Robinson, D. 2006. *Western Translation Theory: From Herodotus to Nietzsche*. Beijing: Foreign Language Teaching and Research Press.

Shreve, G. M. & E. Angelone (eds.). 2010. *Translation and Cognition*. Amsterdam/Philadelphia: John Benjamins.

Steiner, T. R. 1975. *English Translation Theory 1650-1800*. Assen/Amsterdam: Van Gorcum & Comp. B. V.

Tyulenev, S. 2012. *Applying Luhmann to Translation Studies: Translation in Society*. London/New York: Routledge.

Tyulenev, S. 2014. *Translation and Society: An Introduction*. London/New York: Routledge.

Venuti, L. 1995. *The Translator's Invisibility: A History of Translation*. London/New York: Routledge.

Wolf, M. & A. Fukari. 2007. *Constructing a Sociology of Translation*. Amsterdam/Philadelphia: John Benjamins.

Zanettin, F. 2012. *Translation-driven Corpora: Corpus Resources for Descriptive and Applied Translation Studies*. London: Routledge.

索引

不可译性 28, 83, 103, 180, 184-186

词语对词语的翻译（简称词译）8-10, 13, 20, 22, 29-30, 33-34, 51

动态等值 94-96, 115, 120, 122, 129, 248

多元系统理论／多元系统学派 150-158, 163, 192, 194, 197-199, 228

翻译文学 151-154, 157, 159, 213

解构（主义）39, 61, 75-90, 159, 163, 174-186, 199

可译性 77, 81-84, 86, 180, 184-186

描写翻译学 99-100, 149-150, 156, 158, 170, 174, 198, 203, 208, 231

民族语言 27-32, 39, 59, 63, 73

拟译 34-35, 42, 44-45, 74

社会学转向 192-194, 206, 214

《圣经》翻译 9, 18-24, 30-33, 35-41, 85, 129, 212

诗歌翻译 4, 10-14, 28, 38, 41-43, 46-47, 50, 55-59, 65, 67-69, 71, 84-85, 99, 147

诗学 65, 68-69, 79-81, 85, 93, 100, 129, 152, 159-160, 162-163, 169, 207

释译 33-34, 44-46, 52-54, 74, 202

文化转向 2, 99, 149-151, 157-165, 169, 199, 205-206, 211, 213, 215

意义对意义的翻译（简称意译）2, 5, 9-10, 19, 21, 23-24, 36, 38, 41, 43, 51, 53-55, 81, 85, 130, 164

硬译 4, 8-9, 19-21, 24, 38, 41, 44-46, 52-55, 80-81, 94-95, 117, 120

直译 2, 6, 21, 36, 42, 53, 65, 68, 84-85, 101, 130, 164, 169

自由译 4-5, 8-9, 34, 47, 51, 85